唐五代敦煌民歌

童山題

金賢珠著

文史哲學集成
文史哲出版社印行

國立中央圖書館出版品預行編目資料

唐五代敦煌民歌 / 金賢珠著. -- 初版. -- 臺北
市：文史哲，民83
　　　面 ；　公分. -- (文史哲學集成 ；327)
參考書目:面
ISBN 957-547-897-5(平裝)

1. 民謠歌曲 - 中國

539.12　　　　　　　　　　　　　83009997

文 史 哲 學 集 成

唐五代敦煌民歌

著　　作：金　　　賢　　　珠

出　版　者：文　史　哲　出　版　社

登記證字號：行政院新聞局局版臺業字五三三七號

發　行　人：彭　　　正　　　雄

發　行　所：文　史　哲　出　版　社

印　刷　者：文　史　哲　出　版　社

臺北市羅斯福路一段七十二巷四號
郵撥〇五一二八八一二　彭正雄帳戶
電話：（〇二）三五一一〇二八

定價新臺幣 三〇〇元

中 華 民 國 八 十 三 年 十 月

唐五代敦煌民歌

童山題

序 文

　　隨著敦煌石室的開啓，敦煌學研究即蔚為風潮，敦煌遺物中豐富的歷史文化遺產，乃研究中國中古時期政治、社會、文化現象之最原始的資料。因此，研究敦煌文學，其目的不止對民俗文化之探討，在文學史上它更具有承上啓下的發展與傳承。

　　唐五代敦煌民歌題材豐富、內容樸質是民俗研究不可或缺的題材。民歌乃是流行於當代民間的小調和曲辭，它不像文人作品講究文學的興味，而是真切地傳達出市井小民的心聲和低層的文化與民俗，內容包羅萬象，舉凡政治、經濟、民俗、禮節、婚姻等等，語言形象深刻而鮮明，其可貴不在形式上的完整、工麗，而在內容思想上不落斧鑿，引人入勝。

　　金賢珠女弟研究敦煌民歌資料搜羅十分完備，除了能從文學發展的角度，更從心理、音樂、和民俗的層面來探討，又初探敦煌之舞譜及樂譜，可謂全面剖析了敦煌民歌之內涵，不僅形式的言，更能發覺其內在深刻的思想，使讀者能一覽敦煌民歌的特色和風貌。當然，這本書中亦存有許多可待商榷的問題，仍有待方家予以指教。

　　　　一九九四年十月邱燮友於臺灣師範大學國研所

唐五代敦煌民歌

目　　次

第一章　緒論……………………………………………………1

　第一節　何謂敦煌民歌……………………………………1

　第二節　唐五代敦煌民歌研究概況………………………4

　第三節　研究唐五代敦煌民歌之意義……………………8

　第四節　研究唐五代敦煌民歌之方法……………………10

第二章　唐五代敦煌民歌的研究範圍及資料來源………15

　第一節　民歌的一般概念所界定之範圍…………………15

　第二節　唐五代敦煌民歌的特殊性所界定之範圍………20

　第三節　資料來源…………………………………………25

第三章　唐五代敦煌民歌興起之原因及其社會背景……29

　第一節　新樂之產生與發展而有填辭之需………………29

　第二節　帝王之提倡及養伎之風而大量吸收民間樂工、歌伎………34

　第三節　社會背景…………………………………………36

第四章　唐五代敦煌民歌中所反映之民俗………………39

　第一節　反映日常生活的民俗……………………………40

　　一、飲食問題……………………………………………40

二、經濟問題……………………………………42

三、服飾問題……………………………………45

四、居住問題……………………………………53

五、行旅問題……………………………………57

六、稱謂問題……………………………………59

第二節　反映社會心理的民俗………………………66

一、民間信仰……………………………………66

二、迷信…………………………………………69

三、民間各種風俗觀念…………………………74

四、容體的審美觀………………………………78

第三節　反映禮俗、娛樂活動的民俗………………79

一、禮俗…………………………………………80

二、娛樂…………………………………………89

第五章　唐五代敦煌民歌之內容風格…………………99

第一節　情歌…………………………………………102

一、征婦怨思……………………………………102

二、戀愛…………………………………………106

三、棄婦、伎女之怨望…………………………108

第二節　邊塞和愛國歌曲……………………………112

第三節　民生疾苦之歌………………………………117

第六章　唐五代敦煌民歌表現形式之特色……………125

第一節　語言形構之特色……………………………125

一、語言的音樂性………………………………125

二、口語性的辭彙………………………………142

第二節　語言表現技巧之特色………………………161

一、比喻⋯⋯⋯⋯⋯⋯⋯⋯⋯⋯⋯⋯⋯⋯⋯⋯161

二、誇張和烘托⋯⋯⋯⋯⋯⋯⋯⋯⋯⋯⋯⋯165

三、描寫的多樣性⋯⋯⋯⋯⋯⋯⋯⋯⋯⋯⋯170

第七章　唐五代敦煌民歌與樂舞之關係⋯⋯⋯⋯⋯175

第一節　唐代俗樂之形成與發展⋯⋯⋯⋯⋯⋯176

一、唐代俗樂之形成⋯⋯⋯⋯⋯⋯⋯⋯⋯⋯176

二、唐代俗樂之發展及興盛⋯⋯⋯⋯⋯⋯⋯179

三、唐代俗樂之內容⋯⋯⋯⋯⋯⋯⋯⋯⋯⋯183

第二節　敦煌民歌與俗樂之關係⋯⋯⋯⋯⋯⋯190

一、唐代俗樂之庶民化⋯⋯⋯⋯⋯⋯⋯⋯⋯190

二、民間曲子⋯⋯⋯⋯⋯⋯⋯⋯⋯⋯⋯⋯⋯191

三、敦煌民歌與唐代俗樂之關係⋯⋯⋯⋯⋯192

第三節　敦煌發現樂譜及舞譜之淺探⋯⋯⋯⋯194

一、敦煌樂譜⋯⋯⋯⋯⋯⋯⋯⋯⋯⋯⋯⋯⋯195

二、敦煌舞譜⋯⋯⋯⋯⋯⋯⋯⋯⋯⋯⋯⋯⋯206

第八章　唐五代敦煌民歌對後世文學之影響⋯⋯⋯217

第一節　對音樂文學之影響⋯⋯⋯⋯⋯⋯⋯⋯217

第二節　對民間文學之影響⋯⋯⋯⋯⋯⋯⋯⋯222

第三節　對民俗學之影響⋯⋯⋯⋯⋯⋯⋯⋯⋯226

第四節　對唐五代文學形成之影響⋯⋯⋯⋯⋯230

第九章　結論⋯⋯⋯⋯⋯⋯⋯⋯⋯⋯⋯⋯⋯⋯⋯235

主要引用、參考書目⋯⋯⋯⋯⋯⋯⋯⋯⋯⋯⋯239

第一章 緒 論

第一節 何謂敦煌民歌?

　　所謂'敦煌民歌'，指敦煌一帶在民間流行的歌謠。敦煌是甘肅省西北河西走廊上的一個小城市。據《漢書·武帝記》記載:

> （元鼎六年）秋，東越王餘善反，攻殺漢將吏。遣橫海將軍韓說、
> 中尉王溫舒出會稽，樓船將軍楊僕出豫章，擊之。又遣浮沮將軍公
> 孫賀出九原，匈河將軍趙破奴出令居，皆二千餘里，不見虜而還。
> 乃分武威、酒泉地置張掖、敦煌郡，徙民以實之。

敦煌這一名是漢、武帝元鼎六年（西元前111年）設置武威、張掖、酒泉、敦煌等河西四郡的所稱爲的，也是春秋時代的稱瓜州之地（註1）。漢武帝體認到西方政策的重要性，讓大量漢人移民至黃河以西一帶，設置了四郡，這四郡一方面可做爲抵抗異族外侵的據點。另一方面，連接四郡的道路又可做爲中國西方交流之幹線。河西四郡中敦煌位於最西端，當時遠自西方而來陸路通商之道，有天山南北路及西域南道等三個路線（註2），此三路線在敦煌會合之後，由此進入中國本地。因此可以說敦煌正是西域各國和西方文化進入中國的第一關口，同時它又是一個交通要衝地，外貨商人必經這個東西文化的集散地，更促成了它的繁榮。

　　直到唐代，敦煌有時改稱沙州，唐初君主積極開展西域的經營，因此敦煌仍是唐朝勢力延伸西域的重要據點，成爲東西交通的會合點，因此更加繁榮了。雖然西元787年被吐蕃占領而受吐蕃的七十年統治，847年以後到五代時期屬於兩百年的'歸義軍時代'統治之下，但是敦煌由其地理

環境的原因，與中國本地維持有政治、文化、經濟上一定的關係。

　　清末光緒26年（1900年），發現的敦煌藏經洞莫高窟石室內遺有唐五代人的手寫文物和書籍，在沙漠中的一個小城市——敦煌的，竟然發現四萬多件寫卷中零碎抄寫的無名氏小曲歌辭，都是唐五代敦煌一帶流行的民間歌謠。

　　敦煌石室發現的民間歌謠有兩種形態。第一種是，在民間長時間醞釀產生而流行的小調上配伴的歌辭。張錫厚在《敦煌文學》說：「一般來說，民間歌謠音樂性薄弱，無曲調名，不入燕樂，沒有舞蹈形象，而〈五更轉〉、〈十二時〉等有調名，有定格，屬隋唐燕樂範圍，並可以在歌場道場演出，不能視爲民間歌謠，而是歌辭內的一種定格聯章體。」（註3）張氏從音樂的觀點看敦煌寫卷內民間小調之歌辭不屬於民間歌謠。雖然民間歌謠之音樂性薄弱於燕樂歌辭，但是那些民間小調不僅是一直在民間流行的真正的民間歌謠，而且是燕樂曲調的來源中之一（註4）。由此可說民間歌謠大體上包含由民間小調來的燕樂曲辭，張氏之說較是片面的看法。

　　另外一種是，當時國內流行的新樂曲調上配伴的曲辭。這種新樂稱爲燕樂，燕樂曲調大部分也是由民間小調來的。宋以前音樂幾乎都是歌曲或歌舞相兼的形式（註5），因此需要樂曲的歌辭，可說歌辭附屬於音樂，即由樂定辭。燕樂曲辭以燕樂曲調爲依托，其理應該以燕樂爲標準，不管句式如何，也不管單調、雙調或多疊，都應該叫作曲辭，與詩歌一定要區別（註6）。敦煌寫卷中這些曲辭，一般稱爲‘敦煌曲’或‘敦煌曲子詞’。不過，本論文研究的對象便是唐五代敦煌流行的民間歌謠。敦煌寫卷中的曲辭大多數都是人們個人或集體的創作，反映民間的生活、感情，及思想，並以民間樸素的美感經驗去加以表現，所以標題取用‘敦煌民歌’而放棄了敦煌曲或敦煌曲子詞的名稱。

　　唐代商業的發展、都市的興起，爲適應社會文化生活的需要，同時由於音樂、詩歌的發展，民間歌謠也在民間廣泛地流行起來。然而唐五代沒

有像秦漢時代采詩以察民情的制度（註7），當時在民間產生並廣爲流行
的小曲，大部分沒有受政府的保護或加以記錄保存下來。在這情況下，敦
煌寫卷中幾百篇民間歌謠的發現，不僅能彌補民間歌謠之流變史中空白的
一代，民歌之眞貌和民歌的傳統特徵也得以保存，而且對唐五代民間文學
研究，實在是很重要的證據。

依據上述敦煌的地理上特殊性和民間歌謠有容易流傳各地民間的特質
看來，可說敦煌發現的歌辭，不僅只是唐五代敦煌一帶民間流行的民歌，
更進一步，能稱爲唐五代全國流行的民歌。如P.3128〈浣溪沙〉[63]「捲去
詩書上釣船」一首，是晚唐時期反映士子對科舉制度之弊端的憤懣和不滿
的民歌，從內容和時代來看，可能是由內地而流入敦煌等西部邊陲的（註
8）。

總之，本論文將要探討的敦煌民歌，就是唐五代敦煌流行的民間小調
和無名氏所作的燕樂曲辭，這些民間文學作品，都在敦煌石室發現的寫卷
中保存下來了。它不限於敦煌這一地域，流傳全國各地民間社會，因此能
代表唐五代的民歌。

【 附 註 】

1.《漢書·地理志》第八顏師古注敦煌：「即春秋左氏傳所云『允姓戎居于瓜
　州』者也。其地今猶出大瓜，長者狐入瓜中食之，首尾不出。」
2.北道是循天山北路，從敦煌出發經伊吾（今哈密）、蒲類海（今巴里坤）、西
　突厥可汗庭（今巴勒喀什湖南部），轉東羅馬，出地中海。中道是走天山南路
　的北道，由敦煌起程往高昌（今吐魯番一帶）、焉耆（今焉耆）、龜茲（今庫
　車）、疏勒，越葱嶺面達波斯。南道是走天山南路的南道，從敦煌經鄯善、于
　闐（今和闐），過葱嶺及吐火羅至北婆羅國（今北印度）。（引自《隋唐史
　話》p.145，木鐸出版社，民國77年）
3.張錫厚《敦煌文學》p.29，上海古籍出版社，1980年。
4.燕樂曲調的來源，除了民間小調之外，還有從漢魏晉南北朝以來的舊清商樂，

從龜茲、高昌西涼等地來的外來樂等兩方面。（見《敦煌文學》中〈詞〉p.196，甘肅人民出版社，1989年。）

5.見沈知白《中國音樂史綱要》p.5，上海文藝出版社，1982年。

6.其實詩歌和曲辭的界限很模糊，雖然詩歌也能配樂而唱，但從它是由辭配樂的角度來看，與曲辭一定要區別。

7.元稹〈唐故工部員外郎杜君墓係銘并序〉中說：「秦漢以還，採詩之官既廢，天下妖謠、民謳、歌、頌、諷、賦、曲度、嬉戲之詞，亦隨時間作。」（《元氏長慶集》卷56）

8.汪泛舟〈敦煌曲子詞方音習語及其他〉（見《敦煌研究》1987年4期）。

第二節　唐五代敦煌民歌研究概況

　　四萬多件的敦煌手寫卷發現以後，學者即開始了敦煌學的研究。關於敦煌文學的整理、研究工作，不斷地進行到現在。剛開始的1920、30年代，學者們發表的著書大部分是通俗性文學（註1），自然而然，敦煌文學研究界流行了‘俗文學’概念。依照‘敦煌俗文學’這名詞的最早使用者鄭振鐸，他在《中國俗文學史》裡說法，所謂俗文學「就是通俗的文學，就是民間的文學，也就是大眾的文學」，「就是不登大雅之堂，不爲學士大夫所重視，而流行於民間，成爲大眾所嗜好，所喜悅的東西。」（註2）他們在發表的著書中，提高民間歌辭是敦煌俗文學的重要文學形態（註3）。可以說敦煌民歌的研究工作早就開始而陸續發展了。

　　最初敦煌民歌研究是從〈雲謠集雜曲子〉開始的。羅振玉、王國維、龍沐勛、冒廣生等，都先後進行〈雲謠集雜曲子〉的校勘和研究工作，如今專談〈雲謠集〉的校釋本已有數種（註4）。敦煌遺書發現以後直到現在這九十年間，有關敦煌民歌的研究情況，從研究性質與時期來可以分三個階段，現在基礎於任二北〈敦煌歌辭研究年表〉（註5）略介紹如下：

　　第一階段，是作品搜集、整理階段，這是指研究初期。

　　收錄敦煌民歌的敦煌寫卷大部分都是藏在國外的遺書，如運往英國的寫卷中九十本以上，運藏法國的寫卷中八十五本以上，都涉及歌辭。分散在世界各地的敦煌民歌搜集整理工作，從1909年羅振玉據一部〈雲謠集雜曲子〉的寫本照片來著手整理工作。1920年王國維在〈敦煌發見唐朝之通俗詩及通俗小說〉中介紹〈鳳歸雲〉等五首民歌的原辭才開始。因爲收錄敦煌民歌的寫卷在國外，而且各寫卷極爲雜亂，學者們靠自己在國外抄的抄本和攝製的照片，整理編輯，竭盡畢生之力，而從事傳抄的成果很卓然。早期搜集整理的主要編著，例如1924年羅振玉編《敦煌零拾》收錄〈雲謠集雜曲子〉十八首、俚曲三種、小曲三種，共約五十首；1925年劉復《敦煌掇瑣》收錄〈女人百歲篇〉、〈雲謠集雜曲子〉十六首、小唱類八種、佛曲歌辭六種編於經典演繹類，約一百餘首；1936年許國霖編《敦煌雜錄》收錄佛曲歌辭五種編於謁讚類，約四十餘首等。王國維、鄭振鐸、向達、王重民等通過有關敦煌民歌的文章陸續介紹作品，而且提高敦煌民歌研究的價值。

　　這一階段中，研究情況不能脫離零碎性、片面性條件，但是他們辛勤探討的成果，幫助後人的研究工作打開了新局面。

　　第二階段，乃是研究範圍擴大和作品本身研究，時間大概是從1950年到1970年代。

　　具體來看，隨著校勘、注釋工作的進展，對於作品內容與藝術性的初步探討自然興起。另一方面，也對定名、作品之文字、曲調、時代等的考證和敦煌民歌對詞的起源問題，進行深入考察和研究，這些也值得我們注意。1955年任二北編《敦煌曲校錄》，1956年王重民修訂本《敦煌曲子詞集》，1968年饒宗頤編撰《敦煌曲》，此三本書是敦煌民歌校釋工作上很有價值的著作，其作品收錄也較完整。但是在這階段，作品本身的研究，一直不免落於零碎性的研究，對敦煌民歌系統的論述也較薄弱。因爲唐五代敦煌民歌具有初期民間曲子詞的形態，學者之間出現了不少名稱。由於名稱的混亂，就造成概念上的混亂和分界上的模糊，大概有稱爲‘曲子

詞’之類和稱爲‘敦煌歌辭’之類兩種意見，到現在還沒有一定的結論，這個問題與本論文上設定民歌的範圍沒有直接關係，所以在本論文暫時不予以討論。

考證工作從1925年徐嘉瑞研究〈五更轉〉、〈十二時〉的時代開始（註6），直到1954年任二北《敦煌曲初探》對敦煌民歌的時代、曲調做了全面的考證，這對敦煌民歌研究是一種新的轉捩點。1955年姜亮夫《敦煌——偉大的文物寶藏》曾依據〈雲謠集雜曲子〉最初啟示詞的來源，民國63年林玫儀《敦煌曲研究》論述了由敦煌曲看詞的起源，頗有參考的價值。

第三階段，是從新觀念、新方法的角度來觀照敦煌民歌的階段，並起了校勘、注釋、考證，及分類工作的反思，即指最近十年的時期。這十年間，除了周紹良將十三首失調名歌辭補充於已搜集整理的作品集以外，敦煌研究工作在前人已建立的基礎上，去粗取精顯示研究範圍和方法的多樣化，成爲又深入又有系統的研究。

首先，在校勘注釋方面有不斷地進展，已出版了幾本更精細的校勘、注釋書，其中任二北《敦煌歌辭總編》三冊，是補修前人之作的總集類注釋書。這部書把所有敦煌寫卷內所見的歌辭都收錄，特別他在作品排列時，把民間主動之作品排在前面，即內容帶著民間性較強的作品排在前面，宗教歌辭排在後面，任氏大概注重敦煌民歌的民間性來分析作品。此書以外，潘重規《敦煌詞話》，高國藩《敦煌曲子詞欣賞》，林玫儀《敦煌曲子詞斠證初編》等乃是這十年中出來的較有綜合性的著作。

其次，林謙三、饒宗頤、葉棟、莊壯等試圖解釋與敦煌民歌有關的敦煌樂譜（註7），柴劍虹、王克芬、李正宇等解釋敦煌舞譜（註8）。這方面的研究都是一種新的突破，因爲民歌本身具有辭、樂、歌、舞四個因素，所以考察曲調的旋律與風格，舞蹈的動作和程式等，這兩方面的解釋工作對民歌全面性研究實在是很重要的。

另外，由敦煌民歌的民間性出現了民歌與相關學科的交叉研究，如敦

煌民歌內容與民俗學（註9），敦煌民歌語言與方言、方音學（註10）是
很獨特的新研究方法，透過它們彼此當做其研究對象和資料上的互換，使
敦煌民歌全面性研究，更多樣化。

【 附 註 】

1.例如，1920年王國維〈敦煌發見唐朝之通俗詩及通俗小說〉（《東方雜誌》17
　卷12號）；1929年鄭振鐸〈敦煌俗文學〉（《小說月報》20卷3期）；1937年
　向達〈記倫敦所藏的敦煌俗文學〉（《新中華》5卷3期）；1942年傳芸子〈敦
　煌俗文學之發見及其展開〉（《中央亞細亞》1卷5期）。

2.鄭振鐸《中國俗文學史》p.1，商務印書館，民國70年。

3.如王國維〈敦煌發見唐朝之通俗詩及通俗小說〉（1920年）中引用的五首民歌
　都看做通俗詩，鄭振鐸〈敦煌俗文學〉（1929年）中也說敦煌民歌正是民間俗
　文學之本色的眞實面目。

4.例如朱祖謀、彊村叢書本、遺書本〈雲謠集雜曲子〉；冒廣生〈新斠雲謠集雜
　曲子〉；唐圭璋〈雲謠集雜曲子校釋〉；潘重規《敦煌雲謠集新書》；沈英
　名《敦煌雲謠集新校訂本》；林玫儀〈敦煌雲謠集斠證本〉；車柱環〈雲謠集
　考釋〉等。

5.見《唐代文學研究》，陝西人民出版社，1983年。

6.引自任二北〈敦煌歌辭研究年表〉（《唐代文學研究》，陝西人民出版社。）

7.例如林謙三《敦煌琵琶譜的解讀研究》（上海音樂出版社）；饒宗頤《敦煌琵
　琶譜》（新文豐出版社）；葉棟《敦煌琵琶曲譜》（上海文藝出版社）；莊
　壯《敦煌石窟音樂》（甘肅人民出版社）等。

8.例如柴劍虹〈敦煌舞譜殘卷‘南歌子’的整理與分析〉（《舞蹈藝術》1984年
　第1期）；王克芬〈敦煌舞譜殘卷探索〉（《舞蹈藝術》1985年第4期）；李正
　宇〈敦煌遺書中發見題年‘南歌子’舞譜〉（《敦煌研究》1986年第4期)。

9.例如邱師燮友〈唐代敦煌曲的時代使命〉（《漢學研究》民國75年4卷2期）；
　高國藩《敦煌民俗學》（上海文藝出版社）。

10.例如龍晦〈唐五代西北方音與敦煌文獻研究〉(《西南師範學院學報》1983
年第3期);孫其芳〈敦煌詞中的方音釋例〉(《社會科學》1982年第3
期)、〈敦煌詞中的方言釋例〉(《社會科學》1982年第4期);蔣禮鴻《敦
煌變文字義通釋》(上海古籍出版社)。

第三節　研究唐五代敦煌民歌之意義

　　所謂民歌,依照周作人所說的,便是生於民間,為民間所用以表現情
緒或為抒情的敘事的歌,它的特質「並不偏重在有精粹的技巧與思想,只
要能真實表現民間的心情,便是純粹的民歌。」(註1)民歌最大特質,
就在真實反映了民間生活和民眾的心理意識。既然如此,那麼研究民歌究
竟有什麼意義呢?筆者在研究唐五代敦煌民歌上,著重於尋找其以下三方
面的意義。

　　第一,從學術角度看,唐五代敦煌民歌是研究中古時代民間生活、語
言、心理的絕好材料,大抵是屬於民俗學的。唐五代敦煌民歌題材豐富多
樣,內容很真實、樸素。它在以文字寫定的過程中,雖然有時經過樂工歌
伎的修正,但其在被無名和尚或抄錄員采集抄錄的觀點看來,比被統治者
所采集整理的《詩經‧國風》和兩漢樂府民歌,更多保存著民歌本來的面
貌,活生生的民間生命力。敦煌民歌還有多保留著唐五代西北邊地或唐內
地所發生的歷史事實。《詩經》和樂府所采集的歌辭,1.統治者為了維護
統治階層的利益,采詩過程中必然有選擇的;2.在采詩配樂過程中,文人
往往要對原作進行一些篡改,使內容思想喪失其原始形態(註2)。由上
兩項的原因,先秦兩漢民歌的歌辭較遠於事實。

　　總之,從寫實性與否的角度來說,唐五代敦煌民歌反映具體歷史事
實,可以補史傳的不足,並它保留著當時民間生活、語言、心理,對研究
唐五代社會史以及方言學等做為頗有價值的研究材料。

　　第二,從文藝角度看,唐五代敦煌民歌保留著更接近民歌本身的形

態，同時顯示出唐代近體詩興盛期中產生的一種嶄新的新詩體。周作人說，民歌在文藝上「可以供詩的變遷的研究，或作新詩創作參考。」（註3）實際上，唐五代敦煌民歌繼承《詩經‧國風》、樂府民歌的寫實主義時代精神，也不會落失造成民間情緒的浪漫主義優良傳統，充滿想像奇巧，構思新穎的浪漫情調和質樸渾厚，真切生動的民間色彩，是中國文學寶庫中的珍貴遺產，值得進行深入的研究。在這些藝術成就上，終於引起了詞的產生而發展。

其次，在中國詩歌史和中國音樂史上，詩與樂各自經過了漫長的發展變化過程，合了又分，分了又合，二者之間的關係也在發展中不斷地調整了。唐五代敦煌民歌處於從「以詩入樂」的傾向，進入「倚聲填辭」，這就說明了唐代音樂繁榮的一面。故探討唐五代敦煌民歌的產生來源和填辭情況，可以了解唐五代音樂與外來音樂的融合，以及其興盛過程的資料。

此外，依照「所有中國正統文學，其形式都出於民間」的觀念看，唐五代敦煌民歌也不脫離這條通例。胡適說：「一切新文學的來源都在民間。民間的小兒女，村夫農婦，癡男怨女，歌童舞妓，彈唱的，說書的，都是文學上的新形式與新風格的創造者。」（註4）它在文學史上，主要產生新的詩體──詞，另一方面，唐代邊塞詩的發展也受了敦煌民歌的影響。

第三，從敦煌學研究發展的角度看，敦煌發現這批民間歌辭在敦煌學中佔著重要地位。自從 1900 年敦煌石窟發現了四萬餘件遺書顯露於世間，至今九十餘年，世界許多學者們以‘敦煌學’名目之下從事研究這批典籍。特別值得注意的就是它保留很多民間文學體裁，這對民間文學的研究很有幫助。至於敦煌民歌之研究，在作品整理和校證方面已得到了不少成果。

本論文為強調敦煌學研究的重要性，並進一步，尋找唐五代敦煌民歌之研究在歷史上及文藝上的意義，將使用下一節所述之研究方法來進行研究。

【附　註】

1. 周作人〈中國民歌的價值〉（見鍾敬文編《歌謠論集》p.p81-82，上海文藝出版社，1989年。）
2. 見王汝弼《樂府散論》p.9，陝西人民出版社，1984年。
3. 周作人〈歌謠〉（見同註1，p.34）。
4. 胡適《白話文學史》p.13，文光圖書出版社，民國72年。

第四節　研究唐五代敦煌民歌之方法

本書的研究方法如下：

第一，研究唐五代敦煌民歌，首先應該要清楚對民間文學的概念，從此而劃清唐五代敦煌民歌的界線。

一般研究民間文學者，多從社會、歷史角度進行調查和研究，也有些人只從文藝方面進行研究，若只從一個方面進行研究，就會重蹈覆轍陷入片面性。民間文學應以文藝角度爲主而維持其主體性，另一方面以多角度地進行研究，要掌握民間文藝的立體性特點（註1）。本論文隨著上述觀點來考察唐五代敦煌民歌。

第二，爲全面有系統的研究，現從民俗理論，探索唐五代敦煌民歌中通過民俗的心理和具體事象，所反映的當時民間生活和思想。日人白川靜在《中國古代民俗》中說：

> 這些古人歌謠所歌咏的生活習俗，不用說是豐富的民俗資料；而這種歌謠的產生，它所具有的有活動能力的社會場所，又成為民俗的事實。因此作為《詩經》的解釋學方法，民俗的視野最為重要，這一點幾乎應當說是不言自明的；但這一點直到今天仍然沒有得到充分理解，實在令人不解。拒絕進行這種研究，大約是由於中國的經學傳統以及在這個傳統之上的權威主義的驕傲吧（註2）。

這是強調以民俗學而研究古代民歌的意義和當爲性的一段話。

民俗是民間生活與文化的事象，其研究對象是世代傳襲下來而繼續在現實生活中有影響的，也是在人類行爲、口頭、心理上不斷反覆的，具有穩定型的。

民歌是表現民間共同意識、感情，反映他們普遍的社會生活，它有時敘說民間生活上已習慣而受了共同承認的思考或行爲。這種民間共通性思考和行爲，也就是民俗具備的十分深刻的屬性（註3）。

由此可知，民歌與民俗都是在民間生活當中發生、反覆而固定的文化形態。民俗把民歌當做研究資料，並民歌也運用民俗當做內容。即，若民俗是生活，民歌就是生活的再現；民俗是現實，民歌就是現實的淨化；民俗是人類生活的舞臺，民歌就是人類生活的備忘錄。

民俗學者楊成志曾在〈我國民俗學運動概況〉中談過民間文學與民俗學的關係，他說：

> 民俗學，尤其是民間文學的研究範圍，是與人類、民族、歷史、語言、文學等科學有十分密切的關係，因為人民的智慧活動和精神表現是多方面的。民俗與民間文藝是人民大眾的傳統文化生活表現，……要發現民間文藝的真面目，沒有對於產生民間文藝的因素有關係的社會歷史、風俗、信仰、語言等情況的了解，是很難想像的（註4）。

民俗和民歌有這麼密切的關係，所以爲鑑賞一首民歌，一定要了解作品裏以行爲或思想隱藏的民俗內容，才能把握作品要表現的是什麼，而且起碼會避免片面性分析的誤謬。研究民歌的，如果不重視原始宗教、倫理觀，以及其他習俗來進行研究，有些現象就不能得到正確的解釋，也不能進一步深入研究。所以民俗資料和民俗理論可做爲研究民歌的重要途徑。

敦煌民歌做爲唐代民歌的一個重要內容，至今有關敦煌民歌的論文和著作中有過詳盡深入的論述，其中涉及到敦煌民歌保存的民俗內容也有，但是從民俗學的角度論述敦煌民歌的還不多。本人覺得有必要於此深入，

加深對敦煌民歌所特有的價值和認識。

第三，在民間不斷創新歌謠，唐五代敦煌民歌就是漢樂府以後歌辭與音樂合而產生的新的民歌。唐代燕樂在民間流傳，爲了給燕樂配上歌辭，於是民間開始了塡辭的嘗試，唐五代敦煌民歌都是民間創作的入樂歌辭。唐朝是樂、歌、舞三位一體藝術形式的極盛期，因此當時合樂歌辭的創作目的中，主要是爲應歌合舞。任二北在《敦煌曲初探》曾提到敦煌民歌的特徵時說：「敦煌曲，乃唐（五代）代一種配合樂舞之歌辭也，配合樂舞之歌辭，所以刺激人之靈感或官能者，首在其所寄托之聲樂與舞容。」（註5）尤其草創期民歌主要爲應歌，所以歌辭必定會考慮音樂性。

由於這樣唐五代民歌產生的情景，探討唐五代敦煌民歌時，不能不提到辭與音樂的關係。本論文先要試探唐音樂與傳統民歌的結合過程，特別依據對敦煌發現樂譜與舞譜的諸學者解讀來與歌辭比較，從而深入考究唐五代敦煌民歌完整的面目。我認爲這樣才會更接近活的並立體性的民歌研究。

第四，研究民歌，應該要述及其文藝性才不陷入片面性研究。在內容風格方面，分析唐五代敦煌民歌裡表現的主要主題，在表現形式方面，著重民歌在形式上幾點主要特色來分析唐五代敦煌民歌的藝術成就。

朱介凡在《中國歌謠論》提過，研究民歌時要注意「務要文學的、民俗的、音樂的分析研究，合力而爲，中國歌謠才能給我們抓得住。否則，將是斷線風箏，飛天上去消失了。」（註6）筆者以爲至少依據上述三方面方法要研究民歌，才能較有系統的把握民歌研究的方向。

【附　　註】

1. 段寶林〈民間文藝學的中國特色問題〉（《民歌文學論壇》1988年4期）。

2. 白川靜《中國古代民俗》p.43，陝西人民出版社，1988年。

3. 比如婚姻、喪葬時，雖然其次序和形態，在各民族之間、階層之間有差不同，但舉行那樣儀式中露出來的人類的喜悲的意識，即對婚姻的祝吉祈福和對喪葬

的哀禱敬虔等幾乎成爲民間共通的意願。民間文學是民間共同意識的表象。無
論時代、場所、作者，其內容對一個事象的人類思考和行爲乃是很普遍的。文
學用文字表達這種普遍性思考和行爲，民俗具體實現這種普遍性思考和行爲。
由此可見，民間思考和行爲的共同性，成爲民俗和民間文學的基本出發點。

4.《民間文學》1962年第5期。

5.任二北《敦煌曲初探‧雜考與臆說》p.397，上海文藝聯合出版社，1955年。

6.朱介凡《中國歌謠論》p.2，中華書局，民國73年。

第二章　唐五代敦煌民歌的研究範圍及資料來源

第一節　民歌的一般概念所界定之範圍

我們探討唐五代敦煌民歌的範圍之前，在民間文學的基本觀念上，先要解決兩方面的問題。

第一，是用語上的問題。‘民間流行’的詩歌一般都叫做民歌、民謠、民間歌謠、歌謠、民間歌辭、俚曲小調，或俗曲等幾種名稱。有些人在同一文章裡隨便用幾個用語當成同樣的意味。但是在民歌研究上，若不清楚其用語的概念，而籠統地使用，在設定研究範圍、收集分類資料或閱讀有關書籍時，常易犯了將探討範圍外的內容也涉入之錯誤。

一般來看，除了代表‘民間’意味的‘民’、‘民間’、‘俚’、‘俗’等字之外，問題的關健在分別‘歌’、‘謠’、‘辭’、‘曲’、‘調’等字的意思。

在泛稱的意味上，歌與謠是唱的意味；曲與調是屬於音聲的；辭是屬於文字的。要一篇樂曲通過歌者的歌唱傳給大眾聽，在這過程中，樂、歌、辭是不可缺少的因素。樂、歌、辭，三個因素相合而表達民情的藝術形象才能說是真正的民歌，而且是個完整的立體性民歌。但是古代的民歌記錄保存時，它的聲音無法記錄，而且樂譜也沒保留，只有口碑的辭在文獻被記錄而傳下來了。因此現在一般來講的民歌，就是指著樂曲的歌辭。既然如此，有些人談民歌的歌辭時，還是往往與小調、曲等用語混淆而

談。雖然在廣泛的意味上它也可屬於民歌的概念，但是若要表現小調、曲的本意時就怕使讀者會引起誤解。

在狹義的意味來講，辭原則上應該稱爲民間歌辭。不過，本文撰寫的意義依然在試探唐五代民歌的立體性，所以本文才使用‘民歌’這個辭彙。

另外，在吟唱方面來看，其形態可分爲‘歌’和‘謠’。上古時代，以合樂與否爲區分歌和謠的根據。《詩經·魏風·園有桃》中：「心之憂矣，我歌且謠。」，《毛詩·故訓傳》注：「曲合樂曰歌，徒歌曰謠。」合樂便是有樂器伴奏，徒歌就是無伴奏的歌曲。原始時代創作的詩歌，當然都是伴著簡單的節奏來唱的徒歌形態之民歌（註1）。後來才有音樂，稱徒歌形態的民歌叫做謠了。

再看清、杜文瀾《古謠諺·凡例》中說：「謠與歌相對，則有徒歌合樂之分，而歌字究係總名，凡單言之，則徒歌亦爲歌。」他以爲謠也是歌，由此可知沿著時代流下來，對歌與謠的分別漸漸沒有，有時合而稱爲歌謠，有時單稱歌，但總是‘歌’裡面包括‘謠’，因此現在歌的用法爲比較自由和廣泛。周作人在〈歌謠〉也說：「歌謠這個名稱，照字義上說來只是口唱及合樂的歌，但平常用在學術上與『民歌』是同一的意義。」（註2）

雖然歌可以包括謠，我們要注意謠單獨使用時並不包括歌的意思，反而表明它固有的特質。例如，民謠具有以比較短小的形式，強烈地諷刺政治社會的性質，也揭露了社會矛盾和歷史事件，所以它在創作和流傳上帶著諷刺與反抗的目的性（註3）。這是跟民歌多抒發在生活上感到的主觀感情不同之點。

還有據《初學記·樂部》歌條說：「韓詩章句曰有章曲曰歌，無章曲曰謠。」章就是樂章、曲就是樂曲，無章曲就等於徒歌。由此可說民歌音樂性特別強，一般都要押韻，就是便於歌唱，而民謠，一般沒有樂曲、樂章，只可誦讀；民歌歌辭有與樂曲相應的章法，而民謠歌辭多爲較短的一

段體。

　　總上述而言，民歌在文字和音樂關係的角度，可以包含民間歌辭、俚曲小調，及俗曲等的名稱，還在廣義的角度，可以與謠並稱爲歌謠或民間歌謠。但在吟唱和內容性質上看，民謠（或童謠）不應該當做跟民歌同樣的詩歌。所以研究唐五代敦煌民歌之前，對歌和謠做適當的分別，仍然是必要的。

　　第二，要清楚‘民歌’這一名詞的定義，才能劃分研究對象的範圍。在中國，民歌這一名詞的概念是現代才形成的。朱自清《中國歌謠》說：

> 我們對於歌謠有正確的認識，是在民國七年北京大學開始徵集歌謠的時候。……雖已有了正確的歌謠的認識，但直到現在（按：民國19年左右），似乎還沒有正確的歌謠的界說（註4）。

　　隨著歌謠搜集工作的發展，民歌也經過許多研究者的討論而樹立了較妥當的概念。但是這些概念都是以近世社會的民間歌謠爲主要對象所形成的。因此以現今的民歌概念來研究古代民歌，可能會發生不少的問題。例如，在作者的範圍，因爲古代跟現代的社會背景不同，所以「民間」的概念也有點差異。本文依然要以現代對民歌的概念來研究唐五代敦煌民歌，但絕對不可忽視當時社會背景的特殊性（註5）。清末梁啟超《中國歷史研究法‧自序》說：

> 以史爲人類活態之再視，而非其殭跡之展覽，爲全社會之業影，而非一人一家譜錄。

　　在這樣以民衆爲主流的歷史哲學觀的背景之下，民國初大大的起了民歌搜集和對民間文學理論的建立。當時在民間口傳的許多民間歌謠，透過〈歌謠研究會〉（註6）的搜集工作被整理記錄了。他們所搜集的雖然是近世爲主，而且以歌謠彙編與選錄爲目的，但在搜集整理過程中需要分類上的標準。因此不能不探討而建立民間文學的基本理論，這工作當中，考察中國古代民間文學的觀念也是必然的。

　　隨著關於民間文學的研究甚多，自從最初使用‘民歌’這名詞以來，

每個人對民歌的概念也不同。直到現在，民歌研究者曾經提到過的民歌的概念，主要是如下：

・周作人〈中國民歌的價值〉：

　　民歌（Volkslied, Folksong）的界說，據英國Frank Kidson說，是生於民間，並且通行民間，用以表現情緒或抒寫事實的歌謠。……「民間」這意義，本是指多數不文的民眾；民歌中的情緒與事實，也便是這民眾所感的情緒與所知的事實（註7）。

・胡懷琛《中國民歌研究》：

　　流傳在平民口上的詩歌，純是歌詠平民生活，沒染著貴族的彩色；全是天籟，沒經過雕琢的工夫，謂之民歌（註8）。

・楊蔭深《中國俗文學概論》：

　　民歌是指民間所唱的徒歌，不是帶樂曲的，與俗曲不同，而與民謠為同類，所以普通稱為歌謠（註9）。

・朱介凡《中國歌謠論》：

　　凡根基於風土民情，在山野、家庭、街市上，公眾所唱說的語句，辭多比興，意趣深遠，聲韻激越，形式定律或有或無而雅俗共賞，流傳縱橫，這就是歌謠（註10）。

・鍾敬文《民間文學概論》：

　　民間歌謠是勞動人民集體的口頭詩歌創作，屬於民間文學中可以歌唱和吟誦的韻文部分。它具有特殊的節奏、音韻、章句和曲調等形式特徵（註11）。

・吳蓉章《民間文學理論基礎》：

　　民間歌謠是人民大眾在社會實踐中集體口頭創作的短小的韻文作品。它可以歌唱和吟誦，是民間文學的主要體裁之一。……它有獨特的節奏、音韻等藝術形式，……它短小，是區別於民間篇幅較長的史詩和　事詩（註12）。

・段寶林《中國民間文學概要》：

　　歌謠是人民口頭創作的短篇韻文作品（註13）。

·邱師燮友〈唐代民間歌謠與敦煌曲子詞探述〉：

　　指民間的俚曲、諺謠、小調、謳歌之總稱，凡是發生於民間而具有
　　鄉土性和民族性的歌謠，都可視為民歌（註14）。

·張紫晨《民間文學基本知識》：

　　具有簡短和抒情的特點，都統稱之為民間歌謠。它是勞動群眾集體
　　創作的口頭詩歌，它是勞動人民的生活、思想願望在有節奏的音樂
　　性的語言中的真實反映（註15）。

從上述看來，我們對民歌可知下幾個共同概念（註16）。

　　第一，在作者方面，在廣大民間中產生而流傳的。

　　第二，在形式方面，沒有一定方式，有韻的韻文作品，可以歌唱或吟
誦的。

　　第三，在內容方面，主要是取材於民間的生活與思想感情的。

　　現在再整理民歌的定義，即民歌是在社會下層階級產生而流傳的歌唱
性韻文作品，它用樸素的口頭語言來反映民間的思想感情、要求願望、藝
術情趣和生活形態。

　　依照這種觀點來考察敦煌發現歌辭，雖然它在文字化過程中經過略略
的修改，但是就其整體而言，它總是保存著民間文學的特質，且既已普遍
流行，作為民間歌唱的曲辭。因此除了有名氏之作外，基本上都可屬於民
歌一般概念的範圍。

【附　註】

1.依照魯迅〈門外文談〉說：「我們的祖先的原始人，原是連話也不會說的，為
　了共同勞作，必需發表意見，才漸漸的練出復雜的聲音來，假如那時大家抬木
　頭，都覺得吃力了，卻想不到發表，其中有一個叫道『杭育杭育』，那麼，這
　就是創作；……這就是文學。……是『杭育杭育派』。」（《且介亭雜文》
　中，《魯迅全集》，人民大學出版社，1989年）說明無伴奏徒歌的產生來源。

2.鍾敬文編《歌謠論集》p.31，上海文藝出版社，1989年。

3.如《國語・晉語六》：「風聽臚言于市，辨妖祥于謠。」；《後漢書・羊續傳》：「拜續爲南陽太守。當入郡界，乃羸服間行，侍童子一人，觀歷縣邑，採問風謠，然後乃進。」，這些是說當時民風對察補時政的作用想當大的例子。

4.朱自清《中國歌謠》p.5，世界書局，民國74年。

5.參見本書第二章第三節。

6.〈歌謠研究會〉是民國9年周作人、沈兼士等學者以北京大學爲中心所成立的團體。他們刊行著《歌謠週刊》要進行中國近世歌謠的彙編與選錄。

7.同註2，p.81。

8.胡懷探《中國民歌研究》p.2，香港百靈書店，1976年。

9.楊蔭深《中國俗文學概論》p.11，世界書局，民國74年。

10.朱介凡《中國歌謠論》p.1，中華書局，民國73年。

11.鍾敬文《民間文學概論》p.238，上海文藝出版社，1980年。

12.吳蓉章《民間文學理論基礎》p172，四川大學出版社，1987年。

13.段寶林《中國民間文學概要》p.120，北京大學，1981年。

14.邱師燮友〈唐代民間歌謠與敦煌曲子詞探述〉（《中國學術年刊》第一集，民國65年）。

15.張紫晨《民間文學基本知識》p.p 60-61，上海文藝出版社，1979年。

16.各研究者對民歌概念的說法中，有人認爲民謠、諺謠等都屬於民歌，關於這個問題，在本節前一部分已經探討，於此與再試探民歌的定義沒有直接的關係，因而本文暫時不論。

第二節　唐五代敦煌民歌的特殊性
所界定之範圍

　　無論任何時代，民歌的基本性質不變。但是某一時代的社會制度、文化背景或地理因素等，會影響到當時民歌的題材、形態以及作者範圍上有多樣的變化。本文所說的‘特殊性’就是說造成唐五代敦煌民歌性質的唐五代特殊時代背景因素。

一、作者——對民間的概念

　　民間的概念在不同的歷史社會背景之下，有不同的內涵。一般來說，唐代民間是：「唐代庶民指農工商與士林中未顯達的貧士而言，佔有全社會人數十分之九以上。」（杜佑《通典》）除了這一般的民間階層以外，還值得提到的是樂工、歌伎和和尚兩種社會階層。

　　唐代對外貿易活潑，交通發達，商業經濟繁榮，因此全國各地形成了商業都市，市民生活較安定，爲了應民衆娛樂之需，市井出現了很多樂工、歌伎。另外，唐朝廷爲了獎勵新樂的演奏和創作設置多樣的音樂機構而養了許多樂工、歌伎。這兩件是在第三章第二、三節中仔細地探討。他們的社會地位只不過是賤人的身分，但是很多民間流行曲子和歌辭都經過他們的手工和嘴唇而普及了。從當時社會、文化背景來看，樂工、歌伎形成唐五代敦煌民歌作者的主要因素中之一。

　　還有自東晉時傳進來的佛教，直到唐代其盛行達到空前的階段，對學術、思想的影響較大。特別唐帝王除了武宗之外都不反對佛教，高宗、武后執政時日益極盛，尤其武后利用佛教經典作她稱帝的理論根據（註1），以之爲普遍宣傳。固然如此，僧尼在社會上佔有相當地位，受特別優待（註2）。據《舊唐書·傅奕傳》說：「（唐初）天下僧尼，盈十萬。」《新唐書·百官志》記載當時僧七萬五千五百二十四，尼五萬五百七十六，再據《唐會要·僧籍》說唐後期武宗會昌年間，僧尼達到二十六萬五百人。根據這些記錄估計，再加上各地自由開業的僧尼，合起來形成了一個實在不算小的特殊階層。

　　他們受著特別優待，透過寺院裡各種文化、娛樂活動來佈教。爲了佈教，除了借用民歌作爲佛曲之外，還取當時民間流行的俚曲小調來歌唱佛

教的內容。填辭過程中，專爲佈教的目的，多數的歌辭可能被和尚創辭或改作。例如〈百歲篇〉、〈五更轉〉、〈十二時〉等，其調名均不見於《教坊記》，可看作民間小調。它們在敦煌寫卷中多用來寫佛教內容（註3），有些作品是有和尚名之作。

　　依照上述唐代僧尼的社會地位來看，有關宗教性民間小調之民歌與否時，因僧尼已不能算是真正的民間階層，所以敦煌寫卷裏和尚作者應該從民間作者的範圍刪去。

二、內容——宗教性與否

　　依照饒宗頤《敦煌曲》引論，敦煌寫卷內唐五代歌曲，大概有宗教性之佛曲和民間歌唱的雜曲等兩大類（註4）。佛曲歌辭的內容大部分是點化衆生，勸善行孝；宣揚輪廻報應，求證因果等佛經教義。向達在〈論唐代佛曲〉中說：

> 佛曲者，是由西方傳入中國的一種樂曲，有宮調可以入樂。內容大
> 概都是頌讚諸佛菩薩之作，所以名爲佛曲。大約爲朝廷樂署之中所
> 有，不甚流行民間（註5）。

　　佛曲原是專爲佛讚而設的一種曲調，與曲調相配合歌辭便是佛曲體，即是佛曲歌辭。敦煌發現唐五代歌曲中有兩種形態的佛曲；一種是曲調既專門爲佛讚而設的，內容又純爲咏嘆釋門之事，如〈悉曇頌〉、〈好住娘〉、〈散花樂〉、〈歸去來〉等，另外一種，就是借民間小調再配合歌辭作爲佛曲體，如〈百歲篇〉、〈五更轉〉、〈十二時〉等。它們原是民間的小調，後來被借用而歌唱佛教內容（註6）。

　　民歌包不包括佛曲歌辭？關於這個問題大部分有關論著都將佛曲歌辭跟敦煌民間歌辭混淆而籠統地談。鄭振鐸在《中國俗文學史》將佛曲歌辭都算入到唐五代民間歌謠，任二北編的《敦煌曲校錄》、《敦煌歌辭總編》都收錄佛曲歌辭。王重民編的《敦煌曲子詞集》沒收佛曲歌辭，饒宗頤在《敦煌曲》批評任氏以佛曲概目爲辭的錯誤（註7），他們在性質上將佛曲有別於敦煌歌辭。任氏雖然把佛曲與民間歌曲放在一起，王文才

在《敦煌曲初探》序中說：「根據寫卷的材料，亦應分為不同本質的兩類：一類屬於宗教性的讚偈佛曲；一類屬於民間歌唱的雜曲。此二者，就其音樂系統而論，皆屬於『燕樂』，與『曲子詞』同。」王氏所說的本質是以文學功能與作品內容為關鍵，從此角度上他清楚地分類佛曲屬於宗教文學，雜曲屬於民間文學；王氏又從音樂性觀點認為兩者皆屬於燕樂。尤其任二北本人也在同書弁序中曾說：「乃循考訂唐代『音樂文藝』的目的，先就此五百餘曲本身，詳為玩索……」。由此可知任氏大概著重歌曲的音樂系統來將兩者都收錄了。

在內容上，周紹良曾在〈談唐代民間文學〉提到了不能把宗教的宣傳品加入民間文學的行列（註8）。摯誼也在〈關於唐代民間文學研究的幾點意見〉主張應該劃清宗教文學與民間文學兩類不同性質文學的界線，宗教文學終歸是宗教文學，絕不能和民間文學混為一談（註9）。

王顯恩在《中國民間文藝》中認為把那些內容含有有意的創作動機和帶有宣教的作用的文學都屬於通俗文學，而區分於民間文學。他還引用譚正璧《中國文學進化史》之說：「所謂通俗文學，作者不一定為平民，而以合於平民需要為準則，是有意的作通俗的文字。所以一是（民間文學）無心的流露，一是有意的創作；一是無目的，而一是有目的的。」（註10）兩人的分別頗為妥當，因此可以看做宗教性文學是通俗文學之類。

唐代佛教盛行，其思想滲透到民間生活的影響較深。當時在寺院採用富有民間特色的，如〈五更轉〉、〈十二時〉等民間小調來填入唱讚佛經教義的內容，以此做為宣傳方法。因曲調簡單、歌辭繁複、容易記誦，就得以廣泛流行民間。佛曲已借用民間熟悉的小調創作很多歌辭，佛教思想逐漸成為民眾化。佛曲歌辭流傳民間過程中，有些內容較合乎民間固有的思想觀念，就很容易被接受了。如勸善、勸孝、勸人勤學等的作品很快普及到民間，因其內容已經溶入了世俗濃厚的情調，究竟很難區分一般民間歌辭和佛曲歌辭（註11）。

雖有這種接近民間性性質的作品，但若因著其他作品只普遍流行於民

間而忽視其創作目的和內容的宗教性性質，就可能混同起來佛曲歌辭與民
歌的概念。體制好像合乎民歌形態，但其內容卻很明顯地專唱佛經故事和
教義，這不能說是純粹的民歌，所以本論文研究對象的範圍不包括那些內
容帶著強烈宗教性的佛曲歌辭。

【　附　　　註　】

1.武后利用佛教做爲護身，以做女性爲皇帝的理論根據，首先由僧偽造《大雲
　經》，其書中有女子稱帝的故事，而又說武后是彌勒佛下生，當作帝王。《大
　雲經》是武后稱帝的依據，於是載初元年武后將《大雲經》頒行天下，每寺各
　藏一冊，令僧徒講說。（參見王壽南《隋唐史》p.143，三民書局，民國75
　年。）

2.依據《新唐書‧張鎬傳》：「玄宗西狩，鎬徒步扈從。俄遣詣蕭宗所。……時
　引內浮屠數百居禁中，號內道場，諷唄外聞，鎬諫。」；《舊唐書‧王縉
　傳》：「（代宗）詔天下官吏，不得箠曳僧尼。」；又說：「代宗由是奉之過
　當，嘗令僧百餘人於宮中，陳設佛像，經行念誦，謂之內道場，其飲膳之厚，
　窮極珍異。」；《新唐書‧蕭瑀傳》中〈蕭倣傳〉：「懿宗怠政事，喜佛道，
　引桑門入禁中爲禱祠事，數幸佛廬，廣施予。」，帝王令僧徒數百留居於宮
　內。由此可知唐皇室對僧尼的保護與優待極深。

3.見孫其芳〈詞、附佛曲歌辭〉（《敦煌文學》p.214，甘肅人民出版社，1989
　年。）

4.見饒宗頤《敦煌曲》p.2，法國國家科學院。

5.周紹良、白化文編《敦煌變文論文錄》上冊p.13，上海古籍出版社，1982年。

6.除了此兩種之外，還有一種形式，曲調原是佛曲，後來被用爲燕樂歌唱，內容
　卻與佛教無關。例如〈婆羅門〉原是佛曲，但在《教坊記》調名表看見此調
　名，可知此調先進入教坊，成爲燕樂曲調，其佛教色彩逐漸未有。於是這一種
　形式在本文不提到。

7.饒宗頤說：「任二北撰《敦煌曲校錄》，分爲普通雜曲、定格聯章，及大曲三

類。定格聯章幾全爲佛曲，此類佛曲，不能概目爲詞，任說似嫌泛濫。」（《
敦煌曲》p.23）

8.見同註5。

9.見同註5。

10.見王顯恩《中國民間文藝》p.p40-44，上海文藝出版社，1992年。

11.如〈皇帝感〉十二首集《孝經》，內容雖也是勸孝，卻不帶宗教性，又〈勸
學·五更轉〉內「孝經一卷不曾尋」、「悔不孝經讀一行」，反映開元皇帝頒
行自注《孝經》之事，內容已轉爲勸學，此類歌辭已難以斷定爲宗教性歌
辭。（參任二北《敦煌曲初探·內容》p.268）

第三節　資料來源

研究本書時主要資料來源約有三方面。

一、作品方面

研究的作品是敦煌發現的四萬件遺書中屬於民間曲子部分的韻文。它
們或抄在寫卷背面，或夾寫於其他文字行縫之間，辭或有空白，或字已磨
沒，要全部匯集整理起來著實不簡單。

敦煌寫卷主要有倫敦博物館所藏本、巴黎博物館所藏本、北京圖書館
以及蘇聯、日本等所藏的寫卷。研究工作者先靠自己在國外所查閱和抄寫
卷的抄本以及攝製的寫卷照片，從而整理編輯，同時又做了許多校勘工
作。早期出版的有羅振玉《敦煌零拾》，劉復《敦煌掇瑣》等收錄了少數
民間曲子的歌辭（註1）。後來，又陸續出版了王重民《敦煌曲子詞
集》，任二北《敦煌曲校錄》、《敦煌歌辭總編》、饒宗頤《敦煌曲》等
專編敦煌歌辭的著作。此外，黃永武主編的《敦煌寶藏》一百四十冊是用
原卷的照片來編輯的敦煌寫卷照片本匯集書。

本論文以上述典籍做爲研究作品出處的根基，作品引用時以《敦煌曲
校錄》收錄的作品爲底本，再補充《敦煌曲》中新增曲子資料、周紹良補

之失調名歌辭，以及《敦煌歌辭總編》中新增的歌辭。文字上校勘和考證大部分都參考《敦煌曲》、《敦煌歌辭總編》的研究成果。

二、民俗方面

　　爲了唐五代敦煌民歌的全面性研究，考察當時民間傳來或史書收錄的民俗資料和了解民俗理論，這的確是很重要方法中之一。

　　民歌是反映某一時代民間的生活和風土人情，所以歷代君主採集民間流行的歌謠，以此觀察民間風俗習慣。可說民歌跟民俗在反映民間生活與情緒上有分不開的關係。《禮記・王制》中說：「天子五年一巡狩。歲二月東巡狩，……命太師陳詩，以觀民俗。」，又《漢書・藝文志》中說：「古有采詩之官，王者所以觀風俗，知得失，自考正也。」由此可知先秦民俗爲了君主的治國而被採集記錄了，因此民俗資料和民俗理論可做爲研究民歌的重要手段。

　　民俗學者說民俗就是民衆的智慧。各時代的民俗爲了民衆智慧的保存傳承，或被記錄而成爲專書，或被溶入到個人詩文雜著和筆記中，或採錄於史書。在先秦文獻中《周易》、《禮記》等處處記載古代民俗，《詩經》也就是含多量風俗的詩歌集，漢代以後有關民俗的著錄更多。

　　本論文探討作品的民俗性時，當做佐證的主要民俗文獻大概如下：
《歲華紀麗》（唐、韓鄂撰）
《四時纂要》（唐、韓鄂撰）
《秦中歲時記》（唐、李淖撰）
《輦下歲時記》（唐、闕名）
《風俗通義》（漢、應劭撰）
《荊楚歲時記》（梁、宗懍撰）
《歲時廣記》（宋、陳元靚撰），以上民俗專著類；
《封氏聞見記》（唐、封演著）
《酉陽雜俎》（唐、段成式著）
《大唐新語》（唐、劉肅撰）

《唐國史補》（唐、李肇撰）

《唐摭言》（五代、王定保撰）

《開元天寶遺事》（五代後周、王仁裕撰）

《中華古今注》（後唐、馬縞撰）

《唐語林》（宋、王讜撰）

《夢梁錄》（宋、吳自牧著），以上雜記類；

P.2609《俗務要名林》

《初學記》（唐、徐堅著）

《藝文類聚》（唐、歐陽詢撰）

《太平御覽》（宋、李昉等撰），以上類書類；

《唐會要》（宋、王溥撰）

《五代會要》（宋、王溥撰），以上政書類。

　　另一方面，可以參考各地方志，最近由地方志中民俗資料匯編而成的《中國地方志民俗資料匯編》三冊也對本研究有參考價值。

三、樂舞方面

　　唐五代敦煌民歌跟音樂有密切關係，這是已經周知的事實。宋朝以前的音樂幾乎都在歌曲或歌舞形態中顯示了，所以樂、歌、舞、辭這四個因素互相很有關係。歷來民歌的歌辭部分被文人樂工整理記錄下來，但有聲的曲調卻無法保存其本來形態，流傳可查的資料幾乎微少。但是，敦煌寫卷中的幾篇樂譜和舞譜對研究當時歌辭和樂舞之關係，實在是很寶貴的資料。此外，文獻上有關樂舞之記錄也是主要資料來源。

　　第一，在八卷敦煌寫卷中記錄的樂譜、舞譜幫助我們了解唐五代敦煌民歌表演時的眞面貌。所收錄的寫卷如下：

P.3539寫卷背面的二十譜字表

P.3719寫卷背面的殘譜

P.3808寫卷背面的二十五首樂譜

P.3531殘卷十四首舞譜

P.5643殘卷十首舞譜

S.5613寫卷一首舞譜

S.785寫卷的殘舞譜

S.7111寫卷背面的殘舞譜，以上八種。

它們保留著二十五首樂譜和二十八首舞譜。

　　第二，唐、崔令欽《教坊記》中所錄的三百二十四首曲調名表。其調名之義跟初期敦煌民間歌辭之內容相當一致，所以有些作品可想像初期歌辭所配的曲調之風格。

　　第三，歷代關於樂舞的文字記錄，如史書的〈禮樂志〉、〈音樂志〉，《通典》，《通志》以及《樂書》等，對探索樂舞發展過程是個重要的資料。

【附　　註】

1.《敦煌零拾》收錄二十四首，《敦煌掇瑣》收錄四十九首。另外，羅振玉又收錄俚曲三種，劉復將謁讚之類六種編於經典演繹條，許國霖《敦煌雜錄》收錄謁讚五種，這些都在任二北《敦煌曲校錄》、《敦煌歌辭總編》收錄，其內容都屬於唱讚如來出生證道的宗教性作品，因此本文論不提這些作品。

第三章 唐五代敦煌民歌興起之原因及其社會背景

　　唐五代之際，敦煌地理位置十分重要。唐朝與西北各少數民族，以及西域各國的文化交流頻繁，他們通常利用絲綢之路的交通將很多有形無形的文化相互傳播。敦煌是在絲綢之路上連結東與西的咽喉，就是向西域出去或往長安進去的最初關門。因此每次必須經過這地方才能交流，唐五代時敦煌不僅是宗教、商業、經濟的集合地，而且在文化方面也是東西文學、藝術的停留、交流之地。當時，以長安中心而全國流行的民間歌謠也透過種種的媒體，又隨時又較迅速地傳到敦煌而流行民間。

　　我們現在看到的敦煌發現幾百首民歌，其中除了幾篇專詠敦煌的特殊點以外，絕大部分反映的都是唐五代民間普遍的社會生活，以及民間的思想感情。這說明敦煌民歌不僅是敦煌地方民間流行的歌謠，進一步來看，敦煌民歌就是發現以前曾在敦煌收集記錄的唐五代民間歌謠；換言之，是唐五代民歌代表。

　　於是，我們可以設定唐五代敦煌民歌興起背景的範圍。其興起背景不只限於敦煌，而包括唐五代全地。本章在這種情況之下，針對唐五代敦煌民歌興起的原因和社會背景來試探。

第一節　新樂之產生與發展而有填詞之需

　　詩歌本是一種音樂文學，尤其民歌的歌辭常是爲配上樂曲而被創作出來的。從配樂而歌唱的觀點來看，民歌的興起與音樂必有密切的關係。唐

五代民歌興起的主要原因就在燕樂的產生。

　　中國音樂從西晉到隋唐統一，是一個劇變的時期，南北朝時期各地離亂，經濟凋敝，中國固有的音樂文化處於非常衰落凋零的境地，古代雅樂滅亡，就連漢、魏的樂府也很多已失傳了。但是由於中原一帶經過少數民族長期的統治，並由於北朝各代和西域之間交流頻繁，西域人大量移居到中國（註1），而北朝外族統治者都提倡來自西域的音樂（註2）也大量傳入，逐漸與中國固有的民間音樂相融合而發展。其西域外族音樂傳入到中國的經過大概有四種（註3）。

　　第一，因戰爭傳入的：如《隋書‧音樂志》說：

　　　魏太武既平河西，得之，謂之西涼樂。至魏周之際，遂謂之國伎。
　　　今曲項琵琶，豎頭箜篌之徒，並出自西域，非華夏舊器，楊澤新
　　　聲，神白馬之類，生於胡戎，胡戎歌，非漢魏漢曲。故其樂器，聲
　　　調，悉與書更不同。

又說：

　　　疏勒、安國、高麗，並起自後魏，平馮氏及通西域，因得其伎。

　　第二，因通婚輸入的：如《舊唐書‧音樂志》說：

　　　周武帝聘虜女為后，西域諸國來媵，於是龜茲，疏勒，安國，康國
　　　之樂大聚長安。胡兒令羯人白智通教習，頗雜以新聲。

又如《隋書‧音樂志》說：

　　　先是周武帝時，有龜茲人曰蘇祗婆，從突厥皇后入國，善胡琵琶。
　　　聽其所奏，一均之中間有七聲。因而問之，答云：『父在西域，稱
　　　為知音。代相傳習，調有七種。』以其七調，勘校七聲，冥若合
　　　符。一曰娑陀力，華言平聲，即宮聲也。二曰雞識，華言長聲，即
　　　商聲也。三曰沙識，華言質直聲，即角聲也。四曰沙侯加濫，華言
　　　應聲，即變徵聲也。五曰沙臘，華言應和聲，即徵聲也。六曰般
　　　贍，華言五聲，即羽聲也。七曰俟利箑，華言斛牛聲，即變宮聲
　　　也。

第三，因通商傳入的：如《舊唐書·音樂志》說：

> 後魏有曹婆羅門，受龜茲琵琶於商人，世傳其業，至孫妙達，尤為
> 北齊高洋所重，常自擊胡鼓和之。

第四，因佛教輸入的：如《舊唐書·音樂志》說：

> 張重華時，天竺重譯貢樂伎。後其國王子為沙門來遊，又傳其方
> 音。

西域和少數民族的胡夷之音開始傳入時，僅是憑借著民眾的喜新和好奇心理，後來逐漸與中國音樂接觸，已經流行在民間（註4）。

西域外族音樂輸入的分量多了，而且新創的樂曲逐漸增多了，不能不整理結集，所以到隋唐之際，便做了幾次結集的工作。依《隋書·音樂志》下記載，先在隋文帝開皇初年有這些工作。

> 始開皇初定令，置七部樂。一曰國伎（註5），二曰清商伎，三曰
> 高麗伎，四曰天竺伎，五曰安國伎，六曰龜茲伎，七曰文康伎。

其次，隋煬帝時結集各部樂為九部。依《隋書·音樂志》說：

> 及大業中，煬帝乃定清樂、西涼、龜茲、天竺、康國、疏勒、安
> 國、高麗、禮畢，以為九部，樂器工衣，創造既成，大備於茲矣（
> 註6）。

其次，到唐武德初以燕樂代替禮畢而形成為九部樂，在太宗時加以高昌樂改為十部。依《樂府詩集·近代曲辭》說：

> 唐武德初，因隋舊制，用九部樂。太宗增高昌樂，又造讌樂而去禮
> 畢曲，其著令者十部，一曰讌樂，二曰清樂，三曰西涼，四曰天
> 竺，五曰高麗，六曰龜茲，七曰安國，八曰疏勒，九曰高昌，十曰
> 康國，而總謂之『燕樂』（註7）。

這是貞觀十六年（642年）的事，當時建立的十部樂曲中，除了清樂是本土發生的歌謠（漢魏六朝時陸續采入樂府和吳歌和西曲）、讌樂是唐代新增的曲調之外，都是胡樂曲調（註8）。由上述可推知外來音樂傳入過程和新樂產生的背景如何。

到了開元、天寶年間，在已輸入和結集的西域外族音樂上，加以創新的音樂。太宗建立的十部樂中讌樂本是燕享之樂，朝廷宴會中所奏。但是‘總謂之燕樂’之燕樂，表明不限於朝廷，它已擴大應用到一般公私宴會和娛樂，成了俗樂的總稱了。由此看來，燕樂是各民族共同創造的新風格的一種新樂，換言之，胡樂化的中國音樂，它的特點是音調繁複曲折，變化多端，令人樂耳可聽，因而深受宮廷和民間的喜愛，得到廣泛的流傳。

燕樂已在民間廣泛流行，據《舊唐書・音樂志》說：「自開、天以來，歌者雜用胡夷里巷之曲。」可推測特別盛唐時新樂流行的程度。這裡所說的‘胡夷里巷之曲’就指燕樂，‘胡夷之曲’便是從西域和少數民族傳入的音樂，‘里巷之曲’是指民間流行的新曲和流傳較久而又經過翻新的舊曲（註9）。

新的音樂產生了，而舊辭不能適應新曲，要求依新樂創作新辭，最初它在民間流行時，爲了結合這種新樂曲配上歌辭，於是民間開始了塡辭的嘗試。

唐代多以律絕爲樂章，這是共同承認的事實。從南朝演成的律絕這種詩體字句整齊，當時風行的與外族音樂混合的燕樂，多來自北朝，其聲音多繁變，因此兩者配合在一處，自然要發生齟齬（註10）。當初胡樂傳入而開始創作新的曲調時，樂工演奏時雜上散聲，使整齊的歌辭變成參差的長短句而合適於新曲調，從而克服歌辭與音樂之間的齟齬，不過還不能徹底地克服其問題。隨著曲調增多，對配合歌辭的需要也越增加，於是民間詩人爲了應塡辭之需，依照繁變的聲音，創作內容豐富、句法參差的民間歌辭。在民間，社會基礎相當廣泛，不僅創作隊伍龐大，作品量多，而且內容豐富、風格多樣，因此新樂不斷地鼓勵了民間的創辭。敦煌發現唐五代民歌便是這種早期民間流行的歌辭。

現在看各書所記載的開元、天寶時代音樂數量，不難推測當時創作的民間歌辭也不少。《樂府詩集・近代曲辭》說：

　　　聲詞繁雜，不可勝紀。凡讌樂諸曲，始於武德、貞觀，盛於開元、
　　　天寶，其著錄者十四調，二百二十二曲。

又說：

　　　又有梨園別教院法歌樂十一曲，雲韶樂二十曲。

　　《教坊記》所載曲名，共有雜曲二百七十八種，大曲四十六種。《通
典》、《唐會要》所載，立部伎八部，坐部伎六部。《羯鼓錄》所載曲
名，共有一百三十一種（註11）。除了這些記錄之外，還有散見於其他書
或失傳的記載等。考慮這些情況，可知當時燕樂形成了極繁盛的局面。這
些的確都是對唐代新樂的產生如何助長了民歌的繁盛的重要證據。而且據
上述而言，外來音樂與民間音樂便是唐五代民歌曲調的兩大來源，同時成
爲後來所有詞調的來源。

　　總之，從外來音樂與中國固有音樂的融合而產生的新樂在民間廣泛的
流行，必然引起了塡辭的需要，這就成爲唐五代敦煌民間歌謠興起的主要
因素。

【附　　註】

1.依照楊衒之《洛陽伽藍記》卷3說：「……西夷來附者處崦嵫館，賜宅慕義里。
　自葱嶺以西至於大秦，百國千城，莫不款附，商胡販客，日奔塞下，所謂盡天
　地之區已。樂中國土風，因而宅者，不可勝數。是以附化之民，萬有餘家。門
　巷修整，闐闠塡列，青槐蔭陌，綠樹重庭，天下難得之貨，咸悉在焉。」

2.依照《隋書‧音樂志》說：「及大業中，煬帝乃定清樂、西涼、龜茲、天竺、
　康國、疎勒、安國、高麗、禮畢，以爲九部。……至隋有西國龜茲、齊朝龜
　茲、土龜茲等，凡三部。開皇中，……時有曹妙達、王長通、李士衡、郭金
　樂、安進貴等，皆妙絕弦管，新聲奇變，朝改暮易，持其音技，估衒公王之
　間，舉時爭相慕尚。高祖病之，謂群臣曰：『聞公等皆好新變，所奏無復正
　聲，此不祥之大也。……公等對親賓宴飲，宜奏正聲。……』帝雖有此勅，而
　竟不能救焉。」

3.見陸侃如《中國詩學發達史》p.533，明倫出版社。

4.依照杜佑《通典》：「（隋文帝）開皇中，胡樂大盛於閭閻。」

5.所謂‘國伎’，依照《唐會要》卷33〈東夷二國樂〉：「周武滅齊，威振海外，二國各獻其樂，周人列於樂部，謂之國伎。」，二國是說高麗、百濟，於是國伎是高麗、百濟的樂伎。

6.依照《通典》所載九部樂不同，沒有天竺、禮畢，有燕樂、扶南。

7.依照《唐會要》所載十部樂不同，有扶南，沒有天竺。

8.十部樂曲中，西涼樂是西北接近漢族地區的少數民族的音樂；高昌樂、龜茲樂、疏勒樂是更向西北的少數民族的音樂；康國樂是在中國邊區流動的康國民族的音樂；安國樂、天竺樂、高麗樂都是外國音樂。（見楊蔭瀏《中國古代音樂史稿》第二冊p.25，丹青圖書，民國76年。）

9.見唐圭璋、潘君昭《唐宋詞學論集》p.4，齊魯書社，1985年。

10.見同註3，p.536。

11.見劉堯民《詞與音樂》p.p231-232，雲南人民出版社，1982年。

第二節　帝王之提倡及養伎之風而大量吸收民間樂工、歌伎

　　唐代除了統治者大力提倡新樂曲的創作和普及外，還有養伎之風，宮廷或士大夫家中都蓄有樂工聲伎，這些都是唐五代敦煌民歌興起的原因。

　　帝王爲了要供給自己的享樂，愛好燕樂而提倡燕樂的大量創制。特別唐玄宗實行比較開放的文藝政策，對音樂和曲辭的發展起了有益的作用。他自己會作曲，也會演奏，除了組織龐大的音樂機構‘教坊’外，還創立專門培養音樂歌舞人的‘梨園’，培養了大規模的樂工歌伎。

　　其次，玄宗對音樂態度是兼收並容，凡於中外、雅俗、貴族、平民的作品無所不採納。如《舊唐書·音樂志》說：「自開、天以來，歌者雜用

胡夷里巷之曲。」《教坊記》中所載的雜曲和大曲之名,從這兩種資料中
也可知當時流行了胡樂、俗樂及舊樂的曲調。玄宗一面收容民間的音樂,
以供自己娛樂,而宮廷的音樂又流傳到民間以供民衆鑒賞。《宋史‧樂
志》說:「唐貞觀增隋九部爲十部,以張文收所制歌名燕樂而被之管弦。
厥後至坐部伎琵琶曲盛流於時,匪直漢氏上林樂府縵樂,不應經法而
已。」這說明宮廷和民間音樂流通的情形(註1)。可說帝王以提倡音樂
的制度化和大衆化,推動了唐五代民歌的興起。

宮廷或士大夫家中所培養的樂工歌伎,有的是搜括了曾爲前代宮廷服
務過的大批藝人的子弟,有的是當時新收集攏來的大批民間藝人(註
2),也有的原先的社會地位本來不是樂工,因爲政治關係,受到處罰,
而被降低身分,充當樂戶的人(註3)。當時宮廷樂工歌伎的社會地位十
分低賤,他們在訓練和演奏的過程上沒有什麼自由,可以說是一種音樂奴
隸。貴族和士大夫也養家伎,以專供私人娛樂和招待賓客,這些樂伎的身
分只不過是婢與妾之間(註4)。

因養伎之風,唐代樂伎之多,這是空前的事。宮廷和士大夫家所養的
大部分樂伎是從民間招收的,這對民間歌辭興起很有意義。因爲那些樂伎
都是出於民間的藝人,而且他們創作或修正的曲調和歌辭多爲借用民間的
曲調和歌辭,可推想大量民歌一定會經過樂伎之手而流傳到宮廷。反而,
有時因養伎種種的原因(註5),樂伎散入民間。他們不但自然而然地把
宮廷的音樂間接傳入民間,而且在民間生活中仍然創作民間的音樂與歌
辭,這對民歌興起又有著促進的作用。

由上述可見,當時民間出身樂工歌伎的大量創作燕樂曲調和歌辭,也
是唐五代敦煌民歌興起的主要因素。

【 附　　註 】

1.見劉堯民《詞與音樂》p.p242-243,雲南人民出版社,1982年。

2.依照《隋書‧裴蘊傳》所載:「大業初,……(裴蘊)奏括天下周、齊、梁、

陳樂家子弟皆爲樂戶；其六品以下至於民庶，有善音樂及倡優百戲者，皆直太常。是後異技淫聲，咸萃樂府，皆置博士弟子，遞相教傳，增益人至三萬餘。帝大悅。」

3.依照《隋書·萬寶常傳》所載：「萬寶常不知何許人也。父大通從梁將王琳歸於齊，後復謀反江南，事泄伏誅。由是寶常被配爲樂戶。」

4.黄現璠《唐代社會概略》p.68，商務印書館，民國24年。

5.如，依照《樂府雜錄》、《全唐詩》、《明皇雜錄》所載，安史之亂以後，許和子、李龜年、李　等不少的傑出樂伎都散入民間。又或因年老色衰，或厭倦風塵，而出家當尼。（見黄現璠《唐代社會概略》p.76）

第三節　社會背景

　　唐初社會安定，經濟繁榮，農業和手工業高度發展，這些促進了商業的發達。國內最大的商業是茶和鹽，從事的買賣數量龐大，本輕利厚。另外有互市，就足與外國通商。唐代對外貿易空前發展，其範圍擴大到亞洲大部分和歐洲一部分地區。

　　唐代與外國貿易有兩種路線，一種是用陸路與西域各國交易，隨著交往甚繁，長安是當時商業興盛的國際都市，又是外國商胡集中之地。依照段成式《酉陽雜俎》續集說：

　　　　平康坊菩薩寺。……寺主元竟，多識釋門故事，云李右座每至生日常轉請此寺僧就宅設齋。……齋畢，簾下出綵篋，香羅帕籍一物如朽釘，長數寸。僧歸失望，慚悵數日。且意大臣不容欺己，遂携至西市，示於商胡。商胡見之，驚曰：『上人安得此物，必貨此不違價。』僧試求百千，胡人大笑曰：『未也，更極意言之。』加至五百千，胡人曰：『此直一千萬。』遂與之（註1）。

　　又依照《太平廣記》所載：「明日午時，候子於西市波斯邸。」（註2）、「及歲餘，西市店忽有胡客來。」（註3）當時西域各國胡人流寓長

安，居在城西者甚多，而商胡則似多聚於西市，這種情形唐初已經有了。

另一種就是海路，唐五代在沿海一帶設市置市舶使，管理來往的商船，沿海商埠胡商雲集，販賣海外珍奇物品，廣州是中西海上貿易的要地。

除商人貿易之外，唐朝廷通過朝貢形態進行各種貿易。例如《冊府元龜》說：

（開元17年9月）大食國遣使來朝，且獻方物。（卷971）

（永徽7年正月丙申）波斯國遣使獻方物，……各賜帛五十疋。

（永徽7年4月乙卯）吐火羅大首領摩婆羅獻獅子及五色鸚鵡，……勞賜錦綵五百疋。（以上卷974）

這類事實在《冊府元龜・外臣部》記載了很多。這種朝貢貿易表示當時西域商人和唐朝廷間商業關係的密切。這些廣泛而深入的交流，大大加強了經濟文化的發展，豐富了民眾的物質文化生活，雖商人不能入仕，但商人財厚勢力，其社會地位逐漸提高。

商業的發展又促進了交通的發達，當時以長安爲中心設置驛路，貫通於全國各地。陸路方面，除了從長安經蘭州、甘州到敦煌，轉入西域之路之外，總共有八條幹線（註4）。水路方面，當時各主要河流都可以通航，如從長安經渭河入黃河到洛陽之路等有幾條路。中外的交通也十分頻繁，當時中國重要的貿易港有廣州、交州、泉州、揚州等，其中廣州是中外海上交通之唯一要地（註5）。陸路對西域的交通也很發達，通往西域的陸路交通以敦煌、張掖爲主要門戶。特別敦煌是中西陸路交通的會合點，因此成爲中外貿易上交通商業的重要據點。

商業和交通的發達，商業大都市隨之形成，長安是當時國際商業都市，洛陽位於各都市的驛路匯合點上，又是南北運河的中心，農工產品集在此地以後，轉運於各地，因此其爲繁榮。此外，成都、揚州、太原等也都是大商業都市。安史之亂前的汴州、魏州、幽州、涼州商業也盛，頗爲繁榮，安史之亂後，這些都市遭戰火破壞，而南方的洪州、鄂州、襄州、

潭州、杭州、福州等興起來了。這些大小都市都是國內交通的中心地，又是對外交易的中心地，許多西域胡人來往或定居於各都市，因而形成中外文化交流之場而多接受了西域各種文化。

　　民間生活豐富，他們對文化的需要增長，在民間廣泛流行的歌謠就被吸收到市井之間。民歌能調節民間生活，傳達情意，新鮮而富有生氣，因而為人民所喜愛，即民歌是民間不可缺少的一種文化娛樂。市井中有了許多歌樓妓館，通過歌樓酒肆裏歌女伶工的演奏和歌唱，如酒令、情歌、流行小調等，帶著城市味道的歌謠迅速地在市井中發展起來了。這些歌女伶工主要是入樂和歌唱，雖在辭句上免不了俚俗，但是通過他們的創辭與傳唱，一方面能夠應人民娛樂之需，另一方面把更多的民歌流傳到民間。沈義父《樂府指迷》說：「秦樓楚館所歌之詞，多是教坊樂工及鬧井做賺人所作。」。他所說的雖是宋代的情形，而由此可知唐代民歌在市井之間如何流傳和創辭情況（註6）。

　　總之，商業經濟發達促進了都市繁榮和民間生活豐富，民間生活豐富喚起了民間娛樂的增長，這一系列的社會背景之下，唐五代敦煌民歌逐漸興盛起來了。

【附　註】

1.段成式《酉陽雜俎》續集卷5、寺塔記上p.252，漢京文化，民國72年。
2.《太平廣記》卷16，杜子春引《續玄怪錄》。
3.《太平廣記》卷421，劉貫詞引《續玄怪錄》。
4.見《隋唐史話》p.142，木鐸出版社，民國77年。
5.依照《舊唐書‧王方慶傳》說：「廣州地際南海，每歲有崑崙乘舶，以珍物與中國交市。」，《新唐書‧李勉傳》說：「（李勉）拜嶺南節度使。……西南夷舶歲至纔四五。」可知經過廣州的對外貿易興盛之情況。
6.見劉大杰《中國文學發展史》p.517，華正書局，民國71年。

第 四 章
唐五代敦煌民歌中所反映之民俗

　　要了解一件藝術品，一個藝術家，必須正確地設想他們所屬的時代
　　精神和風俗概況（註1）。

同樣，要了解一個文學作品，也必須了解作品的時代背景和當時民俗。何
況研究唐五代敦煌民歌，唐五代民俗的確是很重要的研究參考資料（註
2）。

　　透過民歌我們可以重新發現史傳上很少提到的民間風俗、思想和情
感。因此從民俗的角度探討唐五代敦煌民歌，可以獲得完整及立體性的研
究成果。

　　敦煌民歌保留著唐五代民俗材料。有些材料，可以和同時代敦煌變
文、詩、詞以及筆記等相印證，有些可以和漢魏六朝以及宋時材料相聯
繫。於是，本章敘述時除了歷代有關民俗文獻之外，還引用一些敦煌變文
以及詩，做為唐五代敦煌民歌研究的重要補充和佐證，借此可以更充分地
探討作品中的民俗的表現形態和表現內容。

　　另外，本論文中並沒有專門談到民俗學的理論方面，而是注重從唐五
代敦煌民歌中找出其盛行於當時的種種風俗習慣。因每個民俗學者的民俗
事象分類方法都不同，本章依據作品裏之民俗內容分為三大類；即日常生
活民俗，社會心理民俗以及禮俗、娛樂民俗等。

【 附　　註 】

1.《藝術哲學》p.7，人民文學出版社。

2.參見本書第一章第四節。

第一節　反映日常生活的民俗

一、飲食問題

　　飲食是人們日常生活中一個重要的內容。如宴客或過節時常提到飲食的問題。此外，飲食有時與一些要緊的事情聯係在一起（註1）。依P.2609的《俗務要名林》寫卷的記述，唐五代飲食的種類、形態以及口味有各式各樣。

　　但是，唐五代敦煌民歌中直接反映飲食風俗的內容極少。當時民衆的主食以米爲主，也有麵。如P.2809〈望江南〉[85]：

　　　　娘子麵。磑了再重磨。昨來忙暮行里小。蓋緣傍伴迸夫多。所以不來過。

這是描寫磨麵粉的女子勞動情景之歌。趙景深說：「麵坊女子兼任磑、磨，事忙工短致麵側留麩了。」（註2）《敦煌歌辭總編》收錄的P.3718〈擣練子〉中：「早年到家鄉勤餙饆。」之饆指麵食。麵食是北方人喜愛的主食，有用湯煮的煮餅，也有將未發酵的麵片或麵條投入湯中煮吃的水溲餅，也有用肉汁擾和麵粉而成的湯餅以及餛飩。

　　《初學記‧服食部》引崔寔《四民月令》說：「五月……距立秋，毋食煮餅及水溲餅。」其注曰：「夏日飲水時，此二餅得水，則堅強難消，不幸便爲宿食，作傷寒矣。」就是這兩種餅因均用未發酵的麵入湯，往往會硬化而難消化的原因。

　　《太平御覽》引揚雄《方言》說：「餅謂之飩，或謂之飳，或謂之餛。」（卷860‧飲食部）這裏的飩、飳、餛，大概與今日的湯麵片相似。唐、段成式《酉陽雜俎‧酒食》說：「餅謂之托（註3），或謂之麵餛。」，又唐、李匡義《資暇集》卷下說：「不托，今俗字有餺飥。」、「餛飩，以其象渾沌之形。」由此可知唐以後餛飩稱爲‘不

托’，而且到了唐代其形狀才形成餡形。

此外用麵粉做的食品還有蒸餅、胡餅。《初學記・服食部》餅條引王隱《晉書》說：「何曾尊豪累世，蒸餅上不作十字不食。」《太平御覽》引崔鴻《趙錄》說：「石虎好食蒸餅，……蒸之使拆裂方食。」（卷860・飲食部）從這些記錄中可知其頗類似今日的開花饅頭。胡餅的作法來自西域，漢代已有。《資治通鑑》卷218、天寶十五載六月乙未條說，唐玄宗避安史之亂，逃離長安後飢餓無食，楊國忠買胡餅獻上，可見胡餅也是在民間普及的麵食。

唐五代民間中也盛行飲酒風俗，據 P.3128〈浣溪沙〉[64]中：「喜覩華筵大賢。歌歡共過百千年。長命杯中傾綠醑。」, P.3333〈菩薩蠻〉[42]中：「路逢寒食節。處處櫻花發。攜酒步金隄。」，筵會時或過節日時常有酒。又依《初學記・人部》引列王褒《僮約》說：「食中有客，提壺行酤」，就可知飲酒風氣在民間生活中很普遍。當時名酒，依《敦煌變文集新書》中〈茶酒論〉：「蒲桃九醞、於身有潤。玉酒瓊漿，仙人盃觴，菊花竹葉，君王交接，中山趙母，甘甜美苦。一醉三年，流傳今古。」（註4），有多種。此外，有清酒。S.2607〈浣溪沙〉[61]：

> 浪打輕船雨打篷。遙看篷下有漁翁。蓑笠不收船不繫。任西東。
> 即問漁翁何所有。一壺清酒一竿風。山月與鷗長作伴。五湖中。

這是一首描寫漁翁生活的歌。從「即問漁翁何所有。一壺清酒一竿風。」，一壺清酒便能伴隨漁翁渡過釣魚的生涯，歌中又體現了漁翁品德的清高，一竿風表示漁翁一竿橫釣，不設餌的浪漫的生活態度。一葉扁舟、一壺清酒、一竿風使我們體現一位無名漁翁的清新、安逸的生活情趣，而且反映隱居、怡情山水的樸素性。

喝酒常有令，如《敦煌變文集新書》中〈茶酒論〉：「有酒有令」、「國家音樂，本爲酒泉。」（註5），《敦煌變文集新書》中〈降魔變文〉：「長者！園雖即好，林大芙疏，多有酒坊猖（娼）淫之室，長衆生之昏闇，滋苦海之根源。」（註6），《敦煌零拾》〈長相思〉[110]

中：「終日紅樓上。□□舞著詞。頻頻滿醉如泥，輕輕更換金卮。」，‘著詞’就是唐五代人酒令中所用的曲辭，兼有歌辭（註7）。這些反映當時民間飲酒時有音樂伴奏，進一步可推測酒店內有歌妓住宿的設備，飲酒時有歌有舞（註8）。

二、經濟問題

㈠商業

唐五代隨著與西域的交流頻繁，除了文化學術上變化之外，經濟方面也有了變化發展。特別，通過物資交易造成商業的繁榮，一般民眾改行爲商人的並不少。因此，在社會生活上造成了各種獨特的現象。

《敦煌零拾》〈長相思〉三首[110~112]：

> 作客在江西。富貴世間稀。終日紅樓上。□□舞著詞。　頻頻滿酌
> 醉如泥。輕輕更換金　。盡日貪歡逐樂。此是富不歸。
> 作客在江西。寂寞自家知。塵土滿面上。終日被人欺。　朝朝立在
> 市門西。風吹淚點雙垂。遙望家鄉長短。此是貧不歸。
> 作客在江西。得病臥毫釐。還往觀消息。看看似別離。　村人曳在
> 道傍西。耶娘父母不知。身上綴牌書字。此是死不歸。

‘作客’，與‘旅客’、‘估客’一樣，都是指商人。唐代社會由於商業經濟發達，產生了以貿易、經商爲主的商人階層。當時雖然造成很多商業都市，但是產業運送網和交通工具等不如現代方便，因此離鄉到他地做生意的風氣比較盛行。P.2609《俗務要名林》說：「商，行者爲商」。所以唐五代所謂商人特別指出外經商的人，也叫商客、商徒。他們一離家，就到各地去追求發財，其經商的範圍廣大，若去遠地或外國做生意，不容易很快回鄉。

這三首揭示了商賈到江西做生意的三種情況。有的發財致富，有的生意失敗，也有的客中得病，有意思的是三個類型雖極不相似，但是都能當做‘不歸’的理由。當時進行買賣的場所有幾個名稱：

．市，例如「至市之次，見後母負薪，詣市易米。值舜糶於市，舜識

之，便糶與之。」（《敦煌變文集新書》中〈舜子變〉）

·鄽，據《俗務要名林》說：「鄽，市之別名也。」

·鄽市，例如《敦煌零拾》〈發憤十二時〉[(472)]中：「悽惶賣卜於塵市。」，「游於鄽市。」（《敦煌變文集新書》中〈伍子胥變文〉）

·市鄽，例如「將到市鄽，安排未畢，人來買之，賤財盈溢。」（《敦煌變文集新書》中〈茶酒論〉）

參看《吐魯番出土文書》中〈唐開元廿一年正月西州百姓石染典買馬契〉說：「馬一匹驪敦六歲，開元廿一年正月五日，西州百姓石染典交用大練十八匹，今於西州市，買康思禮邊上件馬。」（註9）西州是新疆吐魯番的高昌古城，當時民眾在這裏的市場買賣馬匹，由此可知當時西北邊地也設市而成爲買賣行爲。還有，買賣有各種行，各行賣的物品絕大多數都是民間生活的必需品。

㈡醫療

P.3093〈定風波〉[(100~102)]三首敘述對三種傷寒病的識別，這可能是唐五代醫生用以辨析病象脈理的口訣。

　　陰毒傷寒脈已微。四肢厥冷慄難醫。更遇盲醫與宣瀉。休也。頭面大汗永分離。　時當五六日。頭如針刺汗微微。吐逆黏滑脈沈細。全冒憒。斯須兒女獨孤棲。

　　夾食傷寒脈沈遲。時時寒熱汗微微。只為臟中有結物。虛汗出。心脾連冒睡不得。　時當八九日。上氣喘粗人不識。身顫舌焦容顏黑。明醫識。垛積千金醫不得。

　　風濕傷寒脈緊沈。遍身虛汗似湯淋。此是三傷誰識別。情怯。有風有氣有食結。　時當五六日。言語惺惺精神出。勾當如同強健日。名醫識。喘粗如睡遭沈溺。

透過正確地分別‘陰毒’、‘夾食’、‘風濕’三種傷寒症和詳細地敘述各種病症，可知當時醫生的醫學知識水準頗高。王叔和《脈經》（註10）說：

　　陰毒為病，身重，背強，腹中絞痛，咽喉不利。毒氣攻心，心下堅

　　強，短氣，不得息。嘔逆。唇青，面黑，四肢厥冷。其脈沉細緊
　　數，身如被打。五六日可治，至七日，不可治也。（〈平陽毒陰毒
　　百合狐惑脈證〉）

又說：

　　遲則為寒。……沉而遲，腹臟有冷病。（《脈經》〈平雜病脈〉）
　　遲即生寒……諸陰為寒。（《脈經》〈辨臟腑病脈陰陽大法〉）
　　病苦、頭痛，身熱、大便難，心腹煩滿不得臥，以胃氣不轉水穀實
　　也。（《脈經》〈平人迎神門氣口前後脈〉）
　　緊則為寒。……微而緊者有寒。（《脈經》〈平雜病脈〉）

張機《傷寒論》（註11）說：

　　發汗吐下後，虛煩不得眠。（〈辨太陽病脈證並治中〉）

《皇帝內經素問》（註12）說：

　　風、寒、濕三氣雜至，合而為痺也。其風氣勝者為行痺，寒氣勝者
　　為痛痺，濕氣勝者為著痺也。（〈痺論〉）

《傷寒論》說：

　　寸口脈浮而緊，浮則為風。緊則寒，風則傷衛，寒則傷榮。（〈辨
　　脈法〉）

　　上述第一首指‘陰毒傷寒’，第二首指‘夾食傷寒’，第三首指‘風
濕傷寒’的症狀。《唐語林》卷6、韓十八初貶之制條說：「席無令子
弟，豈有病陰毒傷寒而與不潔喫耶。」（註13）由以上當時的記錄看來，
可推測傷寒病在唐五代很流行了。

　　古代民間醫療方法大概以重迷信、重治療兩種並存，但到唐五代，朝
廷頒布醫藥書而注重中醫學的傳授，民間也十分講究較科學的治療方法。
第二、三首裏各寫‘名醫’，又與第一首的‘盲醫’對立，這表示當時醫
生之多，各醫生的醫術都不同，累積多次經驗之後民眾已知醫生醫術的高
低，由此判斷醫生的層次，而區分名醫、盲醫。

　　(三)產業

唐五代社會生產業也較發達，莫高窟第三窟的打鐵、釀酒、耕種、舂米等畫面反映了當時民間手工業和農業的情景。

S.2607〈菩薩蠻〉[50]可能是土木建築的工匠自撰的歌。辭中「明君巡幸恩霑灑。差匠見修宮。」、「奉國何曾睡。葺治無人醉。」等說在差遣工匠修建行宮，其所任者做修葺的修繕工作。從「何曾睡」、「無人醉」兩句可知工匠忠勤於工作的態度。

《敦煌歌辭總編》收錄S.2607失調名「仕女鸞鳳。齊登金座。」歌辭描寫民間女工織錦時，細心而踏實地工作。紡織跟蠶桑為民間婦女所從事最普遍的生產活動。此外，婦女日常的勞動還有採蓮，如S.2947〈女人百歲篇〉[669]中：「撥棹乘船採碧蓮。」描寫船上採蓮子的情景。

三、服飾問題

一般民眾的民歌描寫現實生活時，涉及服飾問題是不可缺少的內容。大部分歷代民歌從人物外表的描寫來反映他們內在世界和精神面貌，而且有關服飾的東西都可做為身邊較容易找到的題材，因此唐五代敦煌民歌中反映民間服飾的作品頗多。為了防止敘述上的混雜，把它分為衣裳，裝飾，髮型，化妝等四個方面來探討。

㈠衣裳

衣裳的用途除了保護身體、防禦寒冷之外，還用來表示性別、身份的分別，如S.1441〈洞仙歌〉[11]是征婦怨著其丈夫做戍客還沒回來，裁縫征衣的歌，辭中「戰袍待穩。絮重更熏香。」，戰袍是當時邊塞征人冬天穿的上衣，因府兵制下之府兵出外征伐時，需要的物品都必須自備。

衣料，在P.3251〈菩薩蠻〉[37]的「羅衫香袖薄」、P.3137〈南歌子〉[120]的「薄羅衫子掩酥胸」中可知有羅。

女子衣裳裙子很長，所以用裙帶，P.3836〈南歌子〉[124]中：「願作合歡裙帶。長繞在你胸前。」

女子衣裳顏色以紅色為主。S.1441〈柳青娘〉[18]中：「淡紅衫子掩酥胸」、「肉紅衫子石榴裙」，P.2838〈傾杯樂〉[21]中：「裙上石榴。血染

羅衫子。」，這裏敘述的裙子都是深紅，或淺紅，或鮮紅色的。

　　㈡裝飾

　　唐五代未婚男女均有佩帶香袋的習俗。P.3521〈菩薩蠻〉⁽³⁷⁾中「輕盈士女腰如束。九陌正花芳。少年騎馬郎。羅衫香袖薄。」意味著少年因著上衣帶的香袋有薄薄的香味，自然引動了路邊少女那美妙的一瞥，又P.2838〈內家嬌〉⁽²²⁾中描述女子梳妝的情景說：「渾身掛異種羅裳。更熏龍腦香煙。」這可知其衣服上有帶著香袋。不過，S.1441〈洞仙歌〉⁽¹¹⁾中「戰袍」的熏香可能是爲了防蠹而放有香氣的藥（註14）。還有拿扇子來當做裝飾的，S.1441〈天仙子〉⁽⁵⁾「攜歌扇。香爛漫。」中可看出女子平常手拿扇子，並身佩香囊，此句描寫揮動扇子時香氣由身上發散出來，瀰漫四周的情形。

　　唐五代婦女頭上戴各種首飾。依照《周禮卷8‧內則》記載，女子十五歲，如已許嫁，就要舉行笄禮（註15），依P.2838〈傾杯樂〉⁽²⁰⁾中：「憶昔笄年」、S.2947〈女人百歲篇〉⁽⁶⁶⁸⁾中：「二十笄年花蕊春」等句，唐五代仍然有這種風俗。所謂「笄」，就說後來已婚女子頭髮上飾用的簪。這種笄，是用於安結頭髮使之不會墮落下來。如：

　　‧P.2838〈內家嬌〉⁽²²⁾中：「絲碧羅冠。搔頭墜髻。寶妝玉鳳金蟬。」
　　‧P.2838〈內家嬌〉⁽²³⁾中：「搔頭重慵憶不插」
　　‧S.6537〈鬬百草〉⁽¹⁰⁰⁸⁾中：「簪花競鬬新」

‘搔頭’就指玉製的簪。依《西京雜記》卷2說：「（漢）武帝過李夫人就取玉簪搔頭，自此後宮人搔頭皆用玉。玉價倍貴焉。」（註16）此後玉簪又稱玉搔頭。

　　除了簪之外，唐五代婦女爲了美髮，還用各種裝飾物佩戴在頭上，有釵、鈿、花等。先看描寫釵的歌辭：

　　‧P.3836〈南歌子〉⁽¹²¹⁾中：「蟬鬢因何亂。金釵爲甚分。」
　　‧P.2838〈拋毬樂〉⁽²⁷⁾中：「寶髻釵橫墜鬢斜」
　　‧P.2838〈傾杯樂〉⁽²¹⁾中：「玉釵墜素綰烏雲髻」

・P.3994〈虞美人〉[35]中：「金釵釵上綴芳菲」

・P.3994〈虞美人〉[34]中：「又被美人和枝折。墜金釵。」

　　當時釵以金、銀、珠、玉、珊瑚等物製成，並雕飾爲鸞鳳、鴛鴦、金雀、鸚鵡、蟬、蝶、魚等動物形狀，用之插於髻上。故有金釵、玉釵、翠釵等名。依據《太平御覽》卷718釵釋名說：「釵枝形也。因名之也。爵釵者釵頭施爵。」（註17），釵的由來很久，唐朝命婦女禮服的頭上要施花釵，平民也廣插釵飾。當時民間婦女多用以木頭做的荊釵，上述歌辭中女子都用金釵、玉釵等，可見她們是講究髮飾的中層婦女或妓女。

　　其次，看寫鈿或花的例子。S.2947〈女人百歲篇〉[669]中：「三十朱顏美少年。紗窗攬鏡整花鈿。牡丹時節邀歌伴。撥棹乘船採碧蓮。」意思是說，三十歲成熟的女子準備外出，先在鏡臺前打扮，修整花鈿。這裏的花鈿，其有兩種用途，一是用金箔、彩紙等剪成花朵形，貼在眉間的花子。《酉陽雜俎》前集卷8黥條說：「今婦人面飾用花子，起自昭容上官氏所製，以掩點跡。」（註18）、《舊唐書・后妃列傳上・上官昭容傳》說：「中宗上官昭容，名婉兒：則天時婉兒忤旨，當誅，則天惜其才，不殺，但黥其面而已。」此時上官昭容用花鈿以遮掩面上的痕跡，乃大爲盛行起來。二是用金片做成花朵形的插頭式的鈿。本作品內容解釋上，兩種用途都不妨害其原義。

　　此外，有些民歌描寫婦女滿頭裝飾的形象。

・S.1441〈天仙子〉[5]中：「犀玉滿頭花滿面」

・S.1441〈竹枝子〉[9]中：「顏容二八小娘。滿頭珠翠影爭光。」

唐五代婦女十分重視裝飾，不僅種類多，而且其質地有金、銀、玉、水晶、象牙、犀角、木等各種材料，因此往往是插得滿頭。若第二首是描寫小娘行步時首飾動搖的樣子，「珠翠」指的可能是步搖。所謂步搖，依據《太平御覽》卷715服用部說：「后首飾曰副。副，覆也。以覆於首上，有垂珠，步則搖也。」（註19）又說：「王后首服爲副，所副首爲飾，若今步搖也。」（註20）就是用珠玉之屬鑲在釵的外圍，並於頂端用金絲曲成花枝，

繫以垂珠的插頭用飾物，走步時珠玉隨步動搖，而且其珠光閃閃發亮。

　　唐五代婦女除了戴各種首飾之外，有時也戴著類似冕冠的東西。

　　・S.1441〈柳青娘〉(19)中：「碧羅冠子結初成」

　　・P.2838〈內家嬌〉(22)中：「絲碧羅冠。搔頭墜鬢。」

　　兩首歌辭中之冠子或羅冠，是指婦女之冠，其制始於秦始皇。依馬縞《中華古今注》卷中說：「冠子者，秦始皇之制也。今三妃九嬪，當暑戴芙蓉冠子，以碧羅為之，插五色通草蘇朵子。」（註21）由此可知當時婦女之間有戴冠子之風俗，且通常為了遮陽光而戴冠子。此兩首歌辭描寫夏日婦女妝扮時戴碧羅冠子的情形。

　（三）髮式

　　中國古代少女年十五歲時，以簪結髮梳髻表示已成年，這種風俗在前一段已經談過了。因此束髮梳髻是包括已婚女子及成年婦女的象徵，唐五代婦女十分重視髻形，其形式也豐富多彩。所謂髻，是挽髮而束於頂，束髮高而實的說髻，低而虛的說鬟，唐五代高髻很普遍流行。

　　除了梳髻之外，也講究鬢角的修飾，要求整潔而美觀。所謂鬢，是指面上靠近耳旁兩頰上的頭髮，這樣鬢角長長像似蟬的雙翼，故稱為蟬鬢。古代婦女以為鬢是與髻配合的非常重要的修飾。

　　唐以前宮中和民間的婦女髻形即有多種，形狀多不可考，至於唐五代，其式樣益繁。唐五代敦煌民歌詠髻的頗多，先依形狀分幾種來說明。

　　・S.1441〈鳳歸雲〉(3)中：「雲髻婆婆」

　　・S.1441〈破陣子〉(12)中：「青絲罷攏雲」

　　・S.1441〈浣溪沙〉(17)中：「髻綰湘雲淡淡妝」

　　・S.1441〈柳青娘〉(18)中：「青絲髻綰臉邊芳」

　　・P.2838〈傾杯樂〉(21)中：「玉釵墜素綰烏雲髻」

　　作品裏多次唱的雲髻，就是女子頭上濃密卷曲如雲的髮髻。依曹植〈洛神賦〉中：「雲髻峨峨，修眉聯娟。」，呂延濟注：「雲髻，美髮如雲也。」（註22）可知古人喻髮美者為雲髻，而且髮色以「烏雲髻」為佳。

雲髻的圓形髮式與鬟的形狀相同，依唐詩中「香霧雲鬟溼」（杜甫〈月夜〉、《全唐詩》卷224）、「雲鬟剪落厭殘春」（楊郇伯〈送妓人出家〉、《全唐詩》卷272）等也喻鬟美爲雲鬟。雖然鬟是低的，髻是高的，而兩者都是繞成環形的髮式。故可說雲髻不僅是形容髮美的，也是一種髮式。

- P.2838〈傾杯樂〉[21]中：「玉釵墜素縮烏雲髻」
- P.2838〈拋毬樂〉[27]中：「寶髻釵橫墜鬢斜。殊容絕勝上陽家。」
- P.2838〈內家嬌〉[22]中：「絲碧羅冠。搔頭墜鬢。」

第一首例子是墜髻，第二、三例子是墜鬢，都是屬於倭墮髻，梳的較低。所謂倭墮髻，是把髮髻側在一邊和倒垂如墮馬狀的形狀，故也叫墮馬髻。依《後漢書・梁冀傳》說：「墮馬髻」側在一邊，應當說是一種垂髻。馬縞《中華古今注》卷中說：「（漢）武帝又令梳十二鬟髻，又梳墮馬髻。」，白居易〈代書詩一百韻寄微之詩〉中：「風流誇墮髻」，自注說：「長安城中復爲墮馬髻」（註23）由此可知墜髻本是漢代的墮馬髻，在中唐又盛行於長安婦女之間。

依照上述第二例子的「寶髻」也是唐五代社會流行的髻形，是高髻之類。唐初在宮中相當流行高髻，一般說其高一尺（註24），而且頭髮稀疏而無能爲力，因此襯了假髻自然會高。依劉肅《大唐新語》卷2說：「俗尚高髻，是宮中所化也。」（註25），這種高髻自宮中流傳到民間，直到中唐仍非常盛行（註26）。在高髻上插上金玉釵鈿的首飾，就變成寶髻。

另一方面，唐五代婦女也梳鬢。如P.3836〈南歌子〉[121,122]兩首：

情事共誰親。分明面上指痕新。羅帶同心誰綰。甚人踏破裙。　蟬鬢因何亂。紅妝垂淚憶何君。

無心戀別人。夢中面上指痕新。羅帶同心自綰。被猻兒踏破裙。

蟬鬢朱簾亂。金釵舊股分。紅狀垂淚哭郎君。

蟬鬢也叫薄鬢，是由魏文帝宮人莫瓊樹所創的（註27）。唐五代婦女講究此兩鬢精巧細膩的妝飾，若無鬢的妝飾，就被認爲是異妝，或若鬢一亂，

就是不成體統了。這兩首是問答式聯章體，前一首描寫久別回家的丈夫，看見妻子穿戴打扮的情形有變化，就產生了懷疑，於是向妻子問了七個問題；後一首描寫妻子針對丈夫提出的問題一個一個回答。此「蟬鬢因何亂？」是第五個問題，妻子回答因著珠簾的卷拂弄亂了鬢，表示當時婦女裝扮中很重視精巧端整的鬢狀。妻子的答語很誠實，揭示了其內心求脫罪愆（註28），同時暗喻對丈夫不變的愛情與忠貞。

上述考察的許多髮式，大部分是從宮中傳入京城，再流傳於民間的。「及時衣著。梳頭京樣。」（註29）、「富貴學宮裏。嬌奢倣殿前。」（註30）反映著婦女多學京樣的情形。特別唐代在經濟繁榮的基礎上，民間社會生活中十分講究服裝，因此豐富多彩的藝術髻鬢由婦女們創造了。

㈣化粧

唐五代民間服飾風俗中婦女的化粧也是很重要的部分。敦煌民歌裏描述的一切有關化粧的可分爲臉、眉、脣等三類。

面容美是女子最強調的部位，故古人常以花比喻女子面容的嬌美。唐五代敦煌民歌中也有這樣的表現。如：

・S.1441〈天仙子〉(5)中：「犀玉滿頭花滿面」

・S.1441〈破陣子〉(12)中：「蓮臉柳眉羞暈。青絲罷攏雲。」

・S.1441〈浣溪沙〉(16)中：「素胸蓮臉柳眉低。一笑千花羞不坼。嬾芳菲。」

・S.1441〈浣溪沙〉(17)中：「早春花向臉邊芳」

・S.1441〈柳青娘〉(18)中：「青絲髻綰臉邊芳」

・P.2838〈傾杯樂〉(21)中：「臉如花自然多嬌媚」

・S.2838〈拋毬樂〉(27)中：「蓮臉能勻似早霞。無端略入後園看。羞殺庭中數樹花。」

・P.3137〈南歌子〉(120)中：「桃花臉上紅」、又「像白蓮出水中」

喻好之美貌常以花名或其馨香來形容。最常用以比喻的花就是蓮花、桃花

等，這是因爲蓮、桃的顏色像十八歲少女粉紅的肌膚或濃艷打扮的臉似的原因。由此可知「紅臉可知珠淚頻」（註31）、「麗質紅顏越衆希」（註32）、「三十朱顏美少年」（註33）等所表現的臉都指面容美。S.1441〈浣溪沙〉(16)和P.2838〈拋毬樂〉(27)要形容美女其無比的美貌，談到連「千花之芳」、「園中數花」都會羞其艷麗的樣子。

　　臉的化粧最主要的就是粉，顏色可分爲白色與紅色。依《妝台記》卷1說：「美人妝面既傅粉，後以胭脂調勻掌中施之。」（註34），可知唐婦女妝面的次序，她們施粉不但普遍，而且力求濃艷，因此多好塗紅粉。

- S.1441〈竹枝子〉(8)中：「恨小郎游蕩經年。不施紅粉鏡臺前。只是焚香禱祝天。」
- S.1441〈破陣子〉(12)中：「焚香禱盡靈神。應是瀟湘紅粉戀。」
- S.1441〈破陣子〉(13)中：「紅臉可知珠淚頻」
- P.3137〈南歌子〉(120)中：「桃花臉上紅」

第一首意味著男子放蕩，女子悲傷而不想做華麗的化粧，只是焚香願男子回來。「紅臉」、「臉上紅」都是臉上塗紅粉的意思。從這些例子可以說塗紅粉和紅妝有大的關係。扮紅妝，本來是在喜慶節日才做的。但是看P.3836〈南歌子〉(122)中：「紅妝垂淚哭郎君」，當時婦女可能平時也扮紅妝。這由於唐五代婦女多喜歡紅妝。

　　雖然如此，敦煌民歌裏也有強調淡妝的作品。因爲像紅妝那麼華麗而濃艷的化粧對民間婦女有時並不適合，所以民間仍然流行淡妝雅服的風俗。

- S.1441〈柳青娘〉(19)中：「故著胭脂輕輕染」
- P.2838〈內家嬌〉(22)中：「輕輕敷粉」
- P.2838〈魚歌子〉(29)中：「淡勻妝。周旋妙。」
- P.3994〈菩薩蠻〉(36)中：「輕輕雲粉妝」
- S.1441〈浣溪沙〉(17)中：「鬢綰湘雲淡淡妝」

所謂淡妝，就是輕輕地塗胭脂，或不塗紅粉，只是輕輕淡淡地傅粉。

　　其次，要探討對眉的化粧風俗。唐五代婦女，流行畫眉的風俗，而且其樣式也多種。敦煌民歌中有明顯反映畫眉的習俗者頗多。首先考察唐五代婦女之間到底流行了什麼樣的眉式。依白居易〈上陽白髮人〉說：「小頭　履窄衣裳。青黛點眉眉細長。外人不見見應笑。天寶末年時世妝。」（註35）大意是隔世的上陽宮宮人的窄衣和細長眉是天寶時期所時興的服飾，她不知外變，仍穿著扮著天寶樣式。由此可知天寶末流行細長眉。再看元稹〈有所教〉說：「莫畫長眉畫短眉，斜紅傷豎莫傷垂，人人總解爭時勢，都大須看各自宜。」（註36）可知元和長慶時期又流行粗短眉。又依白居易〈時世妝〉說：「時世流行無遠近。……雙眉畫作八字低。」（註37）中唐又出現了眉尾低斜如八字的八字眉。這是由漢代宮人的八字眉來的，其樣子較爲樸素，此外，直到唐代在民間婦女之間又流行了。依《中國社會史料叢鈔》引〈弇州山人稿157宛委餘編〉說：「唐明皇令畫工畫十眉圖；一曰鴛鴦眉、又名八字眉，二曰小山眉、又名遠山眉，三曰五岳眉，四曰三峰眉，五曰垂珠眉，六曰月稜眉、又名卻月眉，七曰分稍眉，八曰涵烟眉，九曰拂雲眉、又名橫烟眉，十曰倒暈眉等。」（註38）又《妝台記》卷1說：

　　　　五代宮中畫眉，一曰開元御愛眉，二曰小山眉，三曰五岳眉，四曰

　　　　三峰眉，五曰垂珠眉，六曰月稜眉（又名卻月眉），七曰分稍眉，

　　　　八曰涵烟眉，九曰拂雲眉（又名橫烟眉），十曰倒暈眉（註39）。

唐五代社會流行的婦女畫眉樣式大致相同。敦煌民歌也反映著當時多樣的畫眉樣式，如：

・S.1441〈鳳歸雲〉[3]中：「眉如初月。目引橫波。」

・S.1441〈破陣子〉[12]中：「蓮臉柳眉羞暈」

・S.1441〈浣溪沙〉[16]中：「素胸蓮臉柳眉低」

・P.2838〈傾杯樂〉[21]中：「翠柳畫蛾眉」

・P.2838〈內家嬌〉[22]中：「深深長畫眉綠」

・P.2838〈抛毬樂〉[27]中：「蛾眉不掃天生綠」

・S.3137〈南歌子〉[120]中：「翠柳眉間綠」

　　除了第六首直接表現畫長眉之外，其他也都是描寫細長眉的。因爲古人喻眉美爲蛾眉、彎蛾、柳眉、月眉等，而且稱彎長、即要細而曲折的爲美眉。所謂‘蛾眉’，乃指眉之細長彎曲，似蛾之觸鬚；‘柳眉’，即是眉如柳葉，細長而下垂的意思；‘月眉’，便是眉如新月，喻眉之彎曲秀整（註40）。這種現象果然是表示細長眉在唐五代時期流行程度勝於其他樣式，與先秦時代「蟆首蛾眉」（註41）的審美觀相同。

　　畫眉的顏料，主要是黛。所謂黛，依《釋名》說：「黛，代也，滅去眉毛以此代其處也。」（註42）以黛畫眉的風俗是從漢代開始（註43），婦女有時去掉眉毛以黛畫眉。其色深青黑，故‘翠柳畫眉’、‘深深長眉綠’、‘蛾眉綠’、‘翠柳眉’等都指青黑色的翠眉。

　　最後考察唐五代對脣的化粧風俗。唐五代人以小口爲美，詩中常常以‘櫻桃’喻之（註44），可注目的就是敦煌民歌裏咏小口說「口含紅豆」（S.1441〈竹枝子〉[9]），這比喻更爲生動，更有民歌的氣息。

　　脣之化粧，即是以紅色口脂塗脣。

・S.1441〈柳青娘〉[19]中：「檀色注歌脣」
・S.1441〈破陣子〉[13]中：「香檀枉注歌脣」
・S.1441〈鳳歸雲〉[3]中：「朱含碎玉」
・P.2838〈內家嬌〉[22]中：「嫩臉紅脣」、又：「口似朱丹」

　　所謂「檀色」就指淺絳色、淺紅色。故可知唐五代婦女喜用的口脂至少有淺紅、朱、紅等顏色，又稱檀口、朱脣、紅脣。

　　以上從衣裳，裝飾，髮式以及化粧四方面來探討了唐五代民間服飾問題。大體上唐五代人非常講究服飾，而且婦女之間有濃艷華麗而豐富多彩的裝扮風俗，這就標志著當時，特別是唐代經濟的繁榮、民間生活的穩定。這些變化多樣、講究美感的風俗，隨著交通的發達，不僅傳到全國各地，且傳到西域和東南亞等國去了。

四、居住問題

　　依P.3865《宅經》中：「宅者，人之本，人者，以宅爲家，居若安，即家代昌威。」唐五代人對建築自己的房子十分重視。再看《宅經》說：「宅有五虛，令人貧耗；五實，令人富貴。……宅小人多，一實；大門小，二實；院牆完全，三實；宅小六畜多，四實；宅中水瀆東南流，五實。」，可知當時人追求溫暖又有安全感的建築風格。唐五代敦煌民歌中也保留著當時居住情況的資料，雖然不十分詳細，但是從作品裏所咏的多種建築式樣和室內結構可推測唐五代民間居住生活的一面。本論文分建築外貌和室內居住設備兩方面來考察其情況。

　　首先，考察敦煌民歌中所描寫的建築外貌。唐五代房屋用茅草蓋頂。P.3821〈浣溪沙〉[67]：

　　　　雲掩茅亭書滿牀。冰川松竹自清涼。幽境不曾凡客到。豈尋常。
　　　　出入每教猿閉戶。回來還伴鶴歸裝。夜至碧溪垂釣處。月如霜。

《敦煌零拾》〈發憤十二時〉[475]：

　　　　黃昏戌。琴書獨坐茅庵室。天子不將印信迎。誓隱山林終不出。

這兩首都是歌咏隱居的閑適及心境。辭中‘茅亭’、‘茅庵室’可能是樸素的鄉下民間房屋和房間。高國藩《敦煌民俗學》說前一首〈浣溪沙〉是描寫大院子的風景（註45），但是‘幽境不曾凡客到。豈尋常。’兩句明明白白地顯示離俗隱居的情景。

　　P.3821〈浣溪沙〉[68]：

　　　　山後開園種藥葵。洞前穿作養生池。一架紫藤花蕤蕤。雨微微。
　　　　坐聽猿啼吟舊賦。行看燕語念新詩。無事卻歸書閣內。掩柴扉。

‘柴扉’也是與茅屋配合的門。但是這首歌中隱居者所住的房屋具有園、洞、池、閣，大概是官吏或文人隱居者的房屋。

　　當時的房屋因講究室內應有光線，所以有了窗子。

　·S.1441〈竹枝子〉[9]：

　　　　高捲珠簾垂玉戶。公子王孫女。顏容二八小娘。滿頭珠翠影爭光。
　　　　百步惟聞蘭麝香。　口含紅豆相思語。幾度遙相許。修書傳與蕭

娘。倘若有意嫁潘郎。休遣潘郎爭斷腸。

・S.4332〈別仙子〉[118]中：

秋天月。無一事。堪惆悵。須圓闕。穿窗牖。人寂靜。滿面蟾光如雪。照淚痕何似。兩眉雙結。

・S.2947〈女人百歲篇〉[669]：

三十朱顏美少年。紗窗攬鏡整花鈿。牡丹時節邀歌伴。撥棹乘採碧蓮。

‘玉戶’的‘戶’指‘牖’，就是窗。第二首中描述秋月的光線從窗子透進來的情景，而且時間大概是早晨，所以月亮可能在西邊，由此可推測窗向西邊開。

房間，一般分爲堂、房即是室內部分。堂就是客堂，會客、談天、飲酒的地方。P.3836〈南歌子〉[123]中：「舉杯搖扇畫堂中。時聽笙歌消暑。」意味著在堂中喝酒、畫畫、聽歌而消暑的情景。此外，依《敦煌零拾》〈天下傳孝十二時〉[443]中：「叉手堂前諮二親。耶娘約束須領受。」，堂也是長者平居的處所。房是睡覺的地方，唐五代敦煌民歌中咏婦女居住寢室之作品相當多，其表現也多樣。如P.2838〈傾杯樂〉[20]中：「生長深閨院」、P.2838〈傾杯樂〉[21]中：「年二八久鎖香閨」、S.6537〈阿曹婆〉[1013]中：「妾在空閨恆獨寢」、S.6537〈阿曹婆〉[1012]中：「獨坐幽閨思轉多」、S.1441〈破陣子〉[15]中：「迢遞可知閨閣」、P.2838〈魚歌子〉[29]中：「洞房深。空悄悄。」等，由此可知當時婦女之寢室都置於較深處，與外部隔絕的地方。辭中描寫因某種原因婦女獨守空房，而敘述她們怨恨、寂莫的心情。所以閨房在歌辭裏常常代表婦女的悲哀。此外，依《敦煌零拾》〈天下傳孝十二時〉[453]中：「縱然妻子三五房。無常到來不免死。」，可知當時在一夫多妻制度之下，一家有三、五間閨房。

除了房間之外，較有規模的家還設置院子，栽樹、建亭、築池，也叫庭、園等。依照S.2607〈獻忠心〉[74]中：「觀園裏青青。山川草木異禎

祥。」、P.3836〈南歌子〉[123]中：「滿院殘花梜竹」、P.3821〈浣溪沙〉[68]中：「山後開園種藥葵。洞前穿作養生池。」等，可見當時院子的風景。

其次，考察室內居住設備，主要是簾、幃帳類、牀、寢具類等。

窗子掛著簾，依S.2947〈女人百歲篇〉[667]中：「尋常不許出朱簾」、P.3836〈南歌子〉[121]中：「斜倚朱簾立。情事共誰親。」、P.3836〈南歌子〉[122]中：「蟬鬢朱簾亂」、S.1441〈竹枝子〉[9]中：「高捲珠簾垂玉戶」、《敦煌零拾》〈魚歌子〉[113]中：「繡簾前。美人睡。」、S.1441〈破陣子〉[12]中：「捲簾恨去人」、P.3836〈南歌子〉[123]中：「緩緩脫簾櫳」，可知當時簾，主要都是用珠子做的，也有繡花的簾。

室內還有陳設分隔內外的各種幃帳。唐五代敦煌民歌描寫的大致有三種。第一種是幌，如S.1441〈竹枝子〉[8]中：「羅幌塵生□□□。笙簧無緒理。」、P.3251〈菩薩蠻〉[39]中：「香銷羅幌堪魂斷。唯聞蟋蟀吟相伴。」等。幌指帷幔，就是房間四旁的牆壁上掛的布幕，有時象徵閨房。第二種是嶹幃，如S.1441〈竹枝子〉[8]中：「嶹幃悄悄垂珠淚。□□□□□。點點滴滴成斑。」、S.1441〈洞仙歌〉[10]中：「華燭光輝。深下嶹幃。恨征人久鎮邊夷。」、P.2838〈拜新月〉[24]中：「上有穹蒼在。三光也合遙知。倚嶹幃坐。淚流點滴。」、P.3137〈臨江仙〉[77]中：「錦帳嶹幃多冷落。因何復戀嬌娥。」、《敦煌零拾》〈魚歌子〉[113]中：「出屏幃。正雲起。」等。所謂嶹幃，指屏風簾幃，就是說以繡畫做成用以擋風或遮避視線的室內用具。第三種是帳、幃，如S.1441〈鳳歸雲〉[1]中：「塞雁南行。孤眠鸞帳裏。枉勞魂夢。夜夜飛颺。」、P.3137〈南歌子〉[119]中：「回覷簾前月。鴛鴦帳裏燈。分明照見負心人。」、P.3836〈南歌子〉[125]中：「夜夜長相憶。知君思我無。繡幃紅褥玉人舖。深夜不來歸舍。」等。帳與幃之意思相同，即是張施於牀上而分隔床與房間的帳子。辭中帳裏指睡眠的寢牀，閨房中之帳子上通常繡著鸞鳥或鴛鴦，這由

於古時常以鸞鳳或鴛鴦比喻夫婦之緣故。

五、行旅問題

　　唐五代交通工具主要是馬和車子。據P.3251〈菩薩蠻〉[37]中：「九陌正花芳。少年騎馬郎。羅衫香袖薄。」、S.2947〈丈夫百歲篇〉[658]中：「出門騎馬亂東西。終日不解憂衣食。」，一般男子外出時喜歡使用馬。

　　車子也是唐五代主要交通工具，在唐五代敦煌民歌中也有反映。例如敦煌民歌中將婚嫁與車子相提並論，這反映了當時嫁娶的一種風俗，據P.2947〈女人百歲篇〉[668]：「二十笄年花蕊春。父娘娉許事功勳。香車暮逐隨夫婿。如同蕭史曉從雲。」，此首民歌意思說女孩子年二十歲，奉父母的旨意來結婚。香車就指新娘坐的轎子。還有輦與軒。P.2506〈酒泉子〉[78]中：「隊隊雄軍驚御輦」、S.1441〈破陣子〉[14]中：「風送征軒迢遞。參差千里餘。」，輦本是人推的乘車，春秋戰國時已有這種車子（註46）。征軒是戰爭時使用的車子。兩首裏都使用戰時用軍隊車子。當時的車子也講究外形的美觀，特別君主乘的馬車掛鈴叫鑾。《說文解字》說：「人君乘車四馬鑣，八鑾鈴，象鑾鳥之聲，和則敬也。」據S.2607〈獻忠心〉[70]中：「會將鑾駕。一步步。卻西遷。」、S.2607〈菩薩蠻〉[48]中：「何時獻得安邦計。鑾駕在三峰。」、S.2607〈菩薩蠻〉[49]中：「自從鑾駕三峰住。傾心日夜思明主。」，三首都表現亂時君主蒙塵的情景，這裏所寫的鑾駕都指君主蒙塵時坐的馬車。從上述可知各種交通工具除了遠遊之外還使用於外出游玩、婚嫁、戰爭等。

　　在行旅風俗中，民間對行旅風俗事象的觀念也是很重要的內容。看P.3251〈菩薩蠻〉[40]：

　　　昨朝為送行人早。五更未罷金雞叫。相送過河梁。水聲堪斷腸。

　　　唯念離別苦。努力登長路。駐馬再搖鞭。為傳千萬言。

此首民歌全首咏送別，作者可能是一位送別出征丈夫的少婦。後兩句，把送別情景表現得非常生動，而又自然動人。‘再’、‘傳’二字，用得凝鍊警策，是文人詞中少見的（註47）。從此首民歌可歸納幾點當時行旅風

俗。第一，古人送別是在早晨。作品裏特別具體表明‘早’是在五更天，即在天尚未亮的時候。古人打更報時爲當時生活風俗中的大事，而且五更好像是催人出征的時刻，天亮之前送行的景象特別淒清。第二，送人經過橋。有水，就有隔斷的感覺。但有橋，就有連結而聯合的感覺，所以橋上送人象徵離別，同時也暗喻著行人終有歸來的一天。於是使人聯想到‘相思橋’、‘喜鵲塡橋’等俗話，由此就有河梁上送別的風俗。

一般來說，家人外出的主要動機有經商、遊學、求宦、鎭戍、巡禮等，唐五代敦煌民歌也反映了這些。例如《敦煌零拾》〈長相思〉三首 (110,111,112) 都描寫在他鄉做生意人的苦衷，P.3333〈菩薩蠻〉(42) 中：「自從涉遠爲遊客。鄉關迢遞千山隔。求宦一無成。操勞不暫停。」表示爲求宦離家人的生活，S.1441〈鳳歸雲〉(1) 中：「征夫數載。萍寄他邦。去便無消息。」說明恨丈夫爲役戍離家住他邦幾年沒消息，P.3360〈蘇莫遮〉(1003) 中：「上北臺。登險道。石逕崚嶒。……駱駝崖。風裊裊。來往巡遊。須是身心好。」意味著爲了修道巡遊各地。

因以上各種理由外出旅行，往往被認爲是一種使人憂愁和畏懼的事。因爲通訊不便，而且遊子也不容易把握回家的時間，有時爲某種原因回不了家（註48）。例如，P.4017〈雀踏枝〉(116) 中：「獨坐更深人寂寂。憶念家鄉。路遠關山隔。寒雁飛來無消息。教兒牽斷心腸憶。……自嘆宿緣作他邦客。辜負尊親虛勞力。」，作者自從離家做客他邦，嘆息路遠、無音信，終究歸諸於命運。所以當時人離家旅行，也有一定的規矩。敦煌民歌特別反映了臨離別常有的一定過程和次序。P.2809〈擣練子〉(129, 130) 二首：

> 堂前立。拜辭娘。不覺眼中淚千行。勸你耶娘少悵望。為喫他官家重衣糧。

> 辭父娘了。入妻房。莫將生分向耶娘。君去前程但努力。不敢放慢向公婆。

這兩首是表現臨行時先拜父母，然後向妻子囑咐奉養父母的情景。第二首

後三句做代言問答體，在離別夫婦之間兩、三句簡單的對話裏更感到兩人迫切的心情。再看S.4332〈別仙子〉[118]中：「曉樓鐘動。執纖手。看看別。移銀燭、偎身泣。聲哽噎。家私事。頻付囑。上馬臨行說。長思憶。莫負少年時節。」，這段令人感受到離別之悲哀。由上可知丈夫外出時特別會向妻子叮囑家事和奉養父母的習慣，臨別時夫婦相愛之情亦流露出來。

此外，別離時還有攜手告別的風俗，如S.5540〈山花子〉[75]中：「憶你終日心無退。當時只合同攜手。」

六、稱謂問題

稱謂是一般人在社會中，家庭和親屬往來之間所代表的關係及分際。稱謂不但表明人們的身份地位，而且稱謂的種類愈豐富多彩，可說其社會構造愈進步，人際關係愈複雜。唐五代人稱謂是敦煌民歌中常有的，這反映了唐五代社會風貌上十分重視人際關係。特別考察民歌中對描寫老百姓所使用的各種稱謂，可知民間意識和男女地位如何。本論本分四類來探討各稱謂之含義。

(一)對親人的稱謂

母親稱阿娘、慈母、娘。如《敦煌詞掇》〈十恩德〉第六首[684]中：「阿娘不爲己身」、第二首[682]中：「慈母臥濕氈」、P.2809〈擣練子〉[129]中：「拜辭娘」

父母稱爲耶娘、阿耶娘、父娘、二親。例如《敦煌零拾》〈五更轉〉[401]中：「耶娘小來不教授」、《敦煌詞掇》〈十恩德〉第十首[686]中：「莫教辜負阿耶娘」、S.2947〈丈夫百歲篇〉[657]中：「弟兄如玉父娘誇」、《敦煌零拾》〈天下傳孝十二時〉[443]中：「叉手堂前諮二親」

媳婦叫丈夫的父母爲公婆，如P.2809〈擣練子〉[130]中：「不敢放慢向公婆」。稱丈夫的母親爲阿家，叫丈夫已婚姐妹爲姑嫂。例如S.2947〈女人百歲篇〉[671]中：「不愁姑嫂阿家嚴」

兒子叫兒、女兒叫女，如S.2947〈女人百歲篇〉[672]中：「愁兒未得

婚新婦。憂女隨夫別異居。」

　　指後代稱子孩、兒孩。如《敦煌零拾》〈天下傳孝十二時〉[454]中:「縱然子孩滿堂前」、S.2947〈丈夫百歲篇〉[662]中:「兒孩稱似堪分付」

　　夫婦之間的稱呼有多樣。丈夫稱妻子爲妻、娘子、妻子。如P.2809〈擣練子〉[130]中:「入妻房」、《敦煌零拾》〈天下傳孝十二時〉[453]中:「縱然妻子三五房」、P.2809〈望江南〉[85]中:「娘子麵。磑了再重磨。」娘子也是主婦的尊稱。婦女對丈夫的稱謂有夫婿、狂夫、良人、夫、貞君、郎、賢夫、郎君（註49）、君等。敦煌民歌中咏閨怨的作品頗多,因此婦女們在作品裏用多樣的語詞來稱呼她所愛的丈夫或男子。如稱‘君’的大概有三十多處,是對丈夫最普遍的稱謂,貞君、賢夫、郎君等表示對丈夫的尊稱,也是對男子的尊稱。狂夫是狂妄無知的人,又猶言拙夫,婦女對人稱自己丈夫的謙詞。例如S.2947〈女人百歲篇〉[668]中:「香車暮逐隨夫婿」、《敦煌零拾》〈魚歌子〉[114]中:「恨狂夫。不歸早。」、S.2607失調名[207]中:「良人去。住邊庭。」、S.1441〈洞仙歌〉[10]中:「想夫憐處」、S.6208失調名〈十二月相思〉[695]中:「忽憶貞君無時節」、P.3836〈南歌子〉[124]中:「怕郎心自偏」、《敦煌零拾》〈五更轉〉[412]中:「痛恨賢夫在漁陽」、P.3836〈南歌子〉[122]中:「紅妝垂淚哭郎君」、S.6537〈阿曹婆〉[1011]中:「君在塞外遠征迴。夢先來。」妻子對丈夫稱自己常用妾、賤妾等卑稱。例如S.6208失調名〈十二月相思〉[690]中:「君何不憶妾心竭」、S.6537〈何滿子〉[1015]中:「喻如賤妾歲寒心」

　（二）對一般男女的稱謂

　　唐五代女子稱其所愛的男子爲蕭郎、潘郎等,男子稱情人爲蕭娘。如P.2838〈喜秋天〉[30]中:「潘郎妄語多。夜夜道來過。賺妾更深獨弄琴。」、S.2607〈荼怨春〉[131]中:「慕得蕭郎好武。累歲長征向沙場裏。」、S.1441〈竹枝子〉[9]中:「修書傳與蕭娘。倘若有意嫁潘郎。休

遣潘郎爭斷腸。」，這些稱呼在唐五代人詩中也使用為男女情侶之間的通稱（註50），有時指一般男女，是當時廣泛使用的稱謂。還有指男女戀愛時一方變心的叫負心人，如《敦煌零拾》〈望江南〉[87]中：「為奴吹散月邊雲。照見負心人。」、P.3137〈南歌子〉[119]中：「鴛鴦帳裏燈。分明照見負心人。」它一般意味著無情義的人，但這兩首歌辭中的負心人都怨而不恨，卻是強調親暱的稱謂。

據《敦煌詞掇》〈十恩德〉[686]中：「善男善女審思量」，善男善女指平凡男女。

對男子的稱呼，一般男子叫男兒、大丈夫漢，青年叫少年，對男子的尊稱有公、玉郎、三郎、小郎等，稱呼貴族世家的子弟或敬稱別人兒子為公子、公子王孫等。如《敦煌零拾》〈發憤十二時〉[468]中：「男兒不學讀詩書」、〈補敦煌曲子詞〉失調名第八首中：「大丈夫漢。為國莫思身。」等強調好學武的男子。又如P.3251〈菩薩蠻〉[37]中：「九陌正花芳。少年騎馬郎。」、S.2947〈女人百歲篇〉[669]中：「三十朱顏美少年」，前一首中少年指年輕男子，但後一首中的少年的確是女子，因此可知當時稱青年男女可叫少年。再看P.2506〈獻忠心〉[71]中：「願公千秋佳」、《敦煌零拾》〈魚歌子〉[113]中：「雅奴白。玉郎至。扶下驊騮沉醉。」、S.6537〈劍器詞〉[1018]中：「終日事三郎」、S.1441〈竹枝子〉[8]中：「恨小郎游蕩經年」等，都是對男子的尊稱。此外，如S.1441〈竹枝子〉[9]中：「公子王孫女。顏容二八小娘。」、P.2838〈傾杯樂〉[21]中：「凝酥體雪透羅裳裏。堪娉與公子王孫。五陵年少風流婿。」

對少女或對他人之女兒的稱為小娘，如S.1441〈柳青娘〉[18]中：「斷卻妝樓伴小娘」，對中上層社會女子或指美女稱為士女（同仕女），例如P.3251〈菩薩蠻〉[37]中：「輕盈士女腰如束」。

(三)代表職業身分的稱謂

先考察代表各種職業的稱呼，農民叫村人，如《敦煌零拾》〈長相思〉[112]中：「村人曳在道傍西」指從事石、鐵、木等器具製造的人叫

匠，如S.2607〈菩薩蠻〉[50]中：「差匠見修宮」。稱做生意的人爲作客，如《敦煌零拾》〈長相思〉[110]中：「作客在江西。富貴世間稀。」謂從事捕魚的老人叫漁翁，如S.2607〈浣溪沙〉[61]中：「遙看篷下有漁翁」。

唐代因有府兵制，特咏出征的人甚多。指出征的人叫行人、征人、戍客，例如P.3123失調名[211]中：「催送遠行人」、S.1441〈洞仙歌〉[11]中：「無計恨征人」、又「令戍客休施流浪」等。

唐五代流行儒、佛、道三教，通達儒家之道的人稱謂儒士，修行而深通佛理的人叫居士，稱謂道家之術的人爲仙人，例如P.3821〈定風波〉[99]中：「儒士傝儸較更加」、P.3360〈蘇莫遮〉[1005]中：「居士談揚。唯有無人聽。」、S.4578〈咏月婆羅門〉[105]中：「兩邊仙人常瞻仰」。

表示社會身分的稱謂大可分爲統治階層、被統治者兩類。而對皇帝的稱謂甚多，有聖人王、天子、聖主、明君、主、人君、帝、君王、明帝、明王、明主、龍顏、明皇等，例如S.2607〈菩薩蠻〉[48]中：「思佑聖人王」、《敦煌零拾》〈發憤十二時〉[475]中：「天子不將印信迎」、P.3128〈浣溪沙〉[65]中：「好是身霑聖主恩」、又「拜明君。竭節盡忠扶社稷。」、P.3821〈浣溪沙〉[69]中：「堅志一心思舊主」、P.3128〈望江南〉[81]中：「願萬載作人君」、P.2721〈皇帝感〉[143]中：「歷代以來無此帝」、P.3821〈謁金門〉[93]中：「聞道君王詔旨」、S.1441〈洞仙歌〉[11]中：「願四塞來朝明帝」、P.2809〈酒泉子〉[80]中：「鴻門會上佑明王」、P.2506〈獻忠心〉[72]中：「朝聖明主。望丹闕。」、P.3821〈感皇恩〉[91]中：「羣僚趨玉砌。賀龍顏。」、S.2607〈獻忠心〉[70]中：「明皇卻西遷」等。

官吏稱謂，官吏對皇帝說話時自稱爲臣、臣等，稱謂一般官吏爲僚，對地方高級官史如州刺史等的尊稱爲侯，對輔助皇帝處理國事的高級官吏稱爲丞相，如P.2506〈獻忠心〉[71]中：「臣遠涉山水。來慕當今。到丹闕。」、S.2607〈獻忠心〉[70]中：「久居宮宇。臣等默佑。」、《敦煌零拾》〈五更轉〉[411]中：「都緣名利覓封侯。願君早登丞相位。」、

P.3821〈感皇恩〉[91]中：「羣僚趨玉砌。賀龍顏。」等。

對民間一般人稱之有百姓，黔黎、庶人。例如P.3128〈望江南〉[81]中：「六戎盡來作百姓」、P.3821〈感皇恩〉[91]中：「黔黎歌聖德。樂相傳。」、P.2721〈皇帝感〉[149]中：「藻火粉米庶人衣」等。此外對知識分子稱爲賢士、大賢、賢才，指有德的人叫君子，例如P.2838〈拜新月〉[25]中：「咸賀朝列多賢士」、P.3128〈浣溪沙〉[64]中：「喜觀華筵獻大賢」、《敦煌零拾》〈發憤十二時〉[471]中：「如今聖主召賢才」、《敦煌零拾》〈發憤十二時〉[476]中：「君子難貧禮尚在」。

㈣人稱代名詞有我、兒、你、他、伊、汝、卿、者人、那人等。

指自己稱我，依P.2809〈望江南〉[86]中：「莫攀我。攀我太心偏。我是曲江臨池柳。」這首民歌表現一個妓女的怨憤之情，是針對硬來攀花的不良公子發出痛苦的吼聲。辭中連用三個我字，要清清楚楚得強調自己怨憤的立場，而且深感到活潑自然的民間特性。指自己的謙詞有兒，如S.1441〈鳳歸雲〉[4]中：「兒家本是。累代簪纓。」辭中兒指未婚女子。

指他人稱爲你、他、汝、伊，對對方的尊稱有卿。例如P.3128〈浣溪沙〉[57]中：「不藉你馬上弄銀槍」、《敦煌零拾》〈雀踏枝〉[115]中：「願他征夫早歸來」、P.2838〈拜新月〉[24]中：「乞求待見面。誓不辜伊。」、S.5643〈送征衣〉[117]中：「教汝獨自孤眠」、P.2838〈拜新月〉[25]中：「卿敢同如魚水」等。還有指特定的人時用者人、那人，如P.2809〈望江南〉[86]中：「者人折了那人攀。恩愛一時間。」，者就是這的意思。

【附　註】

1. 例如，敘述男女愛情時提到飲食問題，《詩經·鄭風·狡童》中：「彼狡童兮，不與我言兮！維子之故，使我不能餐兮！彼狡童兮，不與我食兮！」這裏以吃不下飯來表達女子對男子的刻骨相思。

2. 引自任二北《敦煌歌辭總編》p.419，上海古籍出版社，1987年。

3.托，應作飥。揚雄《方言》說：「餅謂之飥。」

4.潘重規《敦煌變文集新書》下冊p.1169，文化大學，民國73年。

5.同前揭書p.p1169～1170。

6.同前揭書上冊p.613。

7.見任二北《敦煌歌辭總編》p.592。

8.依〈茶酒論〉中酒對茶說：「酒通貴人，公卿所慕。……不可把茶請歌，不可
　爲茶交舞。茶吃只是腎疼……」，此段話語是說酒比茶有歌有舞的。（《敦煌
　變文集新書》下冊 p.1170）

9.日、池田溫撰、龔潭銑譯《中國古代籍帳研究》，弘文館出版社，1985年。

10.晉、王叔和《脈經》，國學基本叢書，商務印書館。

11.漢、張機《傷寒論》，四部叢刊正編，商務印書館。

12.《黃帝內經素問》卷12，王冰注，國學基本叢書，商務印書館。

13.周勛初校證《唐語林校證》下冊p.584，中華書局，1987年。

14.羅宗濤《敦煌變文社會風俗事物考》p.40，文史哲出版社，民國63年。

15.《周禮·內則》說：「十有五年而筓，二十而嫁。」

16.漢、劉歆撰《西京雜記》，四部叢刊正編，商務印書館。

17.《太平御覽》卷718，服用部二十釵字條《釋名》。

18.唐、段成式《酉陽雜俎》p.79，方南生校記，漢京文化，民國72年。

19.《太平御覽》卷715，服用部十七步搖《釋名》。

20.《太平御覽》卷715，服用部十七步搖《周禮》。

21.後唐、馬縞《中華古今注》，叢書集成簡編，商務印書館。

22.六臣注《文選》中曹植〈洛神賦〉，四部叢刊正編，商務印書館。

23.《全唐詩》卷436，白居易十三。

24.元稹〈李娃行〉中：「髻鬟娥娥高一尺。」（見《全唐詩》卷423，元稹二十
　八）。

25.唐、劉肅《大唐新語》卷2皇甫德參上書條文中，叢書集成簡編，商務印書

館。

26.依《唐會要》卷31雜錄太和六年六月勑：「婦人高髻險妝……甚乖風俗，頗壞
　常儀，費用金銀，過爲首飾，並清禁斷。」可知唐末因其過於浮華，只好下禁
　令。

27.崔豹《古今注》下雜注第7說：「魏文帝宮人絕所愛者有莫瓊樹，始置爲蟬
　鬢，望之縹渺如蟬翼，故曰蟬鬢。」（四部備要本，中華書局。）

28.任二北《敦煌歌辭總編》中冊p.640。

29.P.2838〈內家嬌〉[23]中。

30.〈維摩詰經講經文〉之二（《敦煌變文集新書》上冊p.288。）

31.S.1441〈破陣子〉[13]中。

32.S.1441〈浣溪沙〉[16]中。

33.S.2947〈女人百歲篇〉[669]中。

34.唐、宇文氏撰《妝台記》卷1，中央研究院歷史語言研究所圖書館所藏。

35.《全唐詩》卷426・白居易三。

36.《全唐詩》卷422・元稹二十七。

37.《全唐詩》卷427・白居易四。

38.《中國社會史料叢鈔》甲集上冊、唐代婦女妝飾條p.88，瞿宣穎撰，商務印書
　館，民國54年。

39.同註34。

40.參見蔡壽美《唐代婦女的妝飾》p.p.38～40，中外圖書公司，民國65年。

41.《詩・衛風・碩人》中：「齒如瓠犀。螓首蛾眉。巧笑倩兮。美目盼兮。」

42.《太平御覽》卷719，服用部二十一黛條《釋名》。

43.依《漢書・趙尹韓張兩王傳》中〈張敞傳〉說：「又爲婦畫眉，長安中傳張京
　兆眉憮。」應劭曰：「憮，大也。」、師古曰：「本以好楣爲稱」。

44.如，白居易〈楊柳枝二十韻〉中：「口動櫻桃破」（《全唐詩》卷455）、李
　後主〈一斛珠〉中：「一曲清歌，暫引櫻桃破。」（《全唐詩》卷889）。

45.見高國藩《敦煌民俗學》p.431，上海文藝出版社，1989年。

46.《荀子‧大略》中:「諸侯輦輿就馬」楊倞注:「輦謂人挽車,言不暇待馬
　　至,故輦輿就馬也。」、《左傳‧定公六年》:「公叔文子老矣,輦而如
　　公。」

47.見任二北《敦煌歌辭總編》上冊p.p393～394。

48.見羅宗濤《敦煌變文社會風俗事物考》p.68。

49.郎君,除丈夫的意思之外,還是對主人的兒子的稱謂,或是對青壯年人的敬
　　稱。據《敦煌變文新書》中〈捉季布傳文〉中:「商量乞與朱家姓,脫鉗除褐
　　換衣新。今既收他爲骨肉,令交內外報諸親。莫喚典倉稱下賤,總交喚作大郎
　　君。」,主人之子稱郎君。再據《酉陽雜俎》前集卷9、盜俠篇中:「士人韋
　　生移家汝州,中路逢一僧,因與連鑣,言論頗洽。日將衙山,僧指路謂曰,此
　　數里是貧道蘭若,郎君豈不能左顧乎?」,這裏的郎君是對青壯與或對後輩的
　　稱呼。

50.如韋莊〈江城子〉中:「緩揭繡衾。抽皓腕。移鳳枕。枕潘郎。」(《花間
　　集》卷3)、溫庭筠〈贈知音〉中:「窗間謝女青娥斂。門外蕭郎白馬
　　嘶。」(《全唐詩》卷578)、楊巨源〈崔娘詩〉中:「風流才子多春思。腸
　　斷蕭娘一紙書。」(《全唐詩》卷333)

第二節　反映社會心理的民俗

一、民間信仰

　　唐五代較多的宗教流行於民間。唐初佛教得到皇室的認定和保護,而
且由於絲綢之路上的交易,西域各種宗教也傳進中國,例如波斯人的摩尼
教,景教以及祆教等。雖然這三教對當時社會的影響也不少,但是三教在
中國的歷史較短,因此不足以影響民間的風俗和觀念。敦煌民歌裏有關民
間信仰意識者大部分屬於儒、佛、道三教的思想。

　　唐五代民間受佛教的影響甚廣泛。S.5643〈送征衣〉[117]就是用在俗
之佛姑口氣來表現戀情的民歌。

今世共你如魚水。是前世因緣。兩情準擬過千年。轉轉計較難。教
汝獨自孤眠。　　每見庭前雙飛燕。他家好自然。夢魂往往到君邊。
心穿石也穿。愁甚不團圓。

　　歌中的今世、前世、因緣等，都是佛家用語。佛家說人生有去、今、
來三世，即所謂輪迴六道而經多數之生。所謂因緣，佛家謂一切事物都由
因緣和合而生，凡一事一物之生，直接爲以強力者爲因，間接助以弱力者
爲緣，《楞伽經》也說：「一切法因緣生」。這些多生說和因緣說在民間
產生新的人生觀，他們在生活上遭遇各種現象和人事時往往以這些佛教教
理來解釋。辭中以魚水比喻男女，強調彼此相愛之心。尤其他們認爲兩人
的相遇是由前世之因緣而來的，以此更深刻地描寫兩人之情。

　　還有，《敦煌詞掇》〈十恩德〉[685]中，「此事實難宣。即爲父母宿
因緣。腸肚悉均牽。」，P.2838〈傾杯樂〉[20]中：「被父母將兒匹配。便
認多生宿姻眷。一旦娉得狂夫。」，兩首民歌各說父母與子女、男女夫妻
的關係。所謂宿因緣、宿姻眷，都是由佛教家宿世因緣之說來的。前一首
描寫爲父母與子女之關係，是在前世已決定的因緣，後一首敘述男女已成
之姻配也是在前世注定的，所以今世要接受被尊父母決定的對象。透過此
兩首可知唐五代人傾向於因緣命定之觀念，一切皆爲因緣果報所決定，自
己不能成爲生命的主宰，這都是由於受佛家教義之影響的緣故。

　　儒家思想從先秦以來一直是民間精神思想的主流，至唐五代仍然如
此。例如P.2721〈皇帝感〉[145]：

立身行道德揚名。君臣父子禮非輕。事君盡忠事父孝。感得萬國總
歡情。

　　歌中明顯表達了儒家立身揚名和忠教思想。又看S.1441〈鳳歸雲〉[4]
中：「幼年生於閨閣。洞房深。訓習禮儀足。三從四德。針指分明。」教
育女子特別重視傳統禮教和三從四德。《禮記》說：「『婦人』，從人者
也。幼從父兄。嫁從夫。夫死從子。」，《華嚴經》說：「處女居家從父
母。笄年嫡事又從夫。夫亡從子護嫌疑。」，此兩者意思相同，即表現女

子順從之道。由此可想唐五代有一些佛教教義相當符合儒家思想的現象。其主要原因是，佛教逐漸中國化的過程中，盡量避免與傳統儒家相衝突，而爲了廣泛宣傳其教義，乃努力使自己適應世俗及文化傳統，甚至大力宣揚儒家倫理思想如忠、孝等。這種儒、佛調和之現象，在社會上形成了新的風氣，特別對民間倫理思想的影響較大（註1）。前面已考查的P.2838〈傾杯樂〉[20]中：「被父母將兒匹配。便認多生宿姻眷。一旦娉得狂夫。」是代表儒、佛調和在民間意識中造成新觀念的好例子。

　　道家也在唐五代與佛家相爭皇室的寵愛，其對民間意識思想的影響也很深，如P.3821〈謁金門〉[95,93]二首：

　　　　仙境美。滿洞桃花淥水。寶殿瓊樓霞閣翠。六銖常掛體。　　悶即天宮遊戲。滿酌瓊漿任醉。誰羨浮生榮與貴。臨迴看即是。

　　　　長伏氣。住在蓬萊山裏。綠竹桃花碧溪水。洞中常晚起。　　聞道君王詔旨。服裏琴書歡喜。得謁金門朝帝墀。不辭千萬里。

　　兩首都咏道教的理想和其對現實生活的適用。前一首描寫道教追求的理想世界，即神仙之境。辭中舉「滿洞桃花淥水」、「寶殿瓊樓霞閣翠」、「六銖常掛體」等，來具體描繪仙境的美好。即如同陶淵明〈桃花源記〉以自然環境、華美的天宮及女子輕薄的衣裳等都是把仙境形象化的。桃花淥水、天宮、六銖都是道教善用的用語（註2），唐五代已在民間普遍使用了。特別令人感到強烈的道教思想的，乃是最後「誰羨浮生榮與貴。臨迴看即是。」兩句。所謂浮生，原是道家主張的人生觀由《莊子・刻意》說「其生若浮，其死若休。」而來的觀念。全辭的意思，即是現實世界之榮華富貴實在不值得羨慕，寧可追求居住仙境。透過這一首的主旨，可知唐五代民間對人生之意識充滿著道教的思想。

　　後一首寫隱者的生活，從「長伏氣。住在蓬萊山裏。」兩句，可感到道教養生隱逸之風味。因爲伏氣是說道教以抑制呼吸爲代替飲食之意，以此終於成仙，蓬萊山依《山海經・海內化經》說：「蓬萊山在海中」並不是實際的，而是隱者想居住的虛幻之山（註3）。不過，後片意味著若有

任官的機會，就不會放棄。這不能說是追求道教無爲思想的隱者之態度，卻可看做當時求宦而被用的儒生之怡情悦志。這種現象顯示著民衆在現實與理想之間所產生的精神上矛盾。

　　唐五代民間均衡地流行儒、佛、道三教，它們有時以獨立之形態來滲入民間生活和意識中，有時以兩者以上混合來造就民間精神意識之融合。如P.2721〈皇帝感〉[143]：「歷代以來無此帝。三教內外總宣揚。先注孝經教天下。又注老子及金剛。」，此一首明顯地說三教在民間都很均衡並普及發展。

二、迷信

　　迷信就是爲解決人們對未來之事或自然現象的害怕、好奇和盼望，而崇拜某種對象的心理及形式。迷信是一種愚昧的表現。但是從人類社會開始，人們一直要面對大自然的威力和各種事情而生存下去，他們有時很渴望藉由某種力量解決因自然現象或現實生活中所產生的各種心理恐懼和盼望，並由此而得到安慰。所以有時設定現存事物和幻想性事物來崇拜，有時共同承認某種行爲或語言代表某種意思，這些對象和其所象徵的意思都是從民間心理產生而受民間共認的一種觀念上規約。迷信是在原始社會中產生的，但是唐五代敦煌民歌裡也反映了很多迷信崇拜現象。本文分爲求神拜鬼的，拜月，崇拜動物的，象徵性事物，占卜與自然現象等風俗來探討其內容。

　　㈠求神拜鬼是從害怕和盼望的心理產生的最普遍的迷信行爲。當時民間可能相信諸神和鬼的存在，並以當時的觀念來看，靈魂是可以脫離人體而獨立活動的。例如S.1441〈鳳歸雲〉[1]中：「孤眠鸞帳裡。枉勞魂夢。夜夜飛颺。」、S.2947〈女人百歲篇〉[674]中：「夢中長見親情鬼」、P.3836〈南歌子〉[124]中：「夜夜夢魂間錯。往往到君邊。」等這些例子說明靈魂有時在睡夢時，則不附在人體上，能單獨活動。由此可想當時民間不僅相信鬼神能夠成全他們的盼望，如果他們在現實生活上有不滿足之處時，鬼神往往當做民間精神上有安慰作用的一種支柱。除了心理上的求

神拜鬼之外，還有焚香祈求方法的具體行爲。S.1441〈竹枝子〉(8)中：「恨小郎游蕩經年，不施紅粉鏡臺前，只是焚香禱祝天。」、S.1441〈破陣子〉(12)中：「寂寞長垂珠淚。焚香禱盡靈神。」、S.1441〈鳳歸雲〉(1)中：「暗祝三光，萬般無奈處。一爐看盡。又更添香。」、S.2607〈恭怨春〉(131)中：「焚香稽首告君情，慕得蕭郎好武。累歲長征。」四首都描寫女子在深閨願望著爲丈夫早日相逢而焚香的情景。前兩首是被棄女子恨男子的歌，不過又想起以前的恩愛，所以僅停妝寂寞，垂淚焚香求神而已，心中仍期待其歸。後兩首歌是征夫之妻焚香求神期盼丈夫回來的日子速來。

　　㈡祈求的對象，除了諸鬼神之外，還有日月星辰。拜月風俗在唐五代民間頗流行，就是拜月亮求吉利。自古以來，月與人的生活關係很密切，人們向月吐露其心中的憂悶，所以便很可能向月祈福。其起源於戰國時代，依宋、金盈之《醉翁談錄》卷4：「俗傳齊國無鹽女，天下之至醜，因幼年拜月，後以德選入宮，帝未寵幸。上因賞月見之，姿色異常，帝愛幸之，因立爲后。乃知女子拜月，有自來矣。」由於無鹽女拜月變美的故事，就形成了拜月的風俗。這風俗沒有時節和地點之限制，見月亮就可以下階拜。唐五代人的拜月風俗除了幾首詩之外，敦煌民歌裏反映了其幽美有趣的情景，P.2838〈拜新月〉(25)中：「迴顧玉兔影媚。明鏡匣參差斜墜。澄波美，猶怯怕半鈎銜餌。萬家向月下。祝告深深跪。願皇壽千千。歲登寶位。」、S.2607失調名(207)中：「向深閨遠聞雁悲鳴。遙望行人。三春月影照階庭。簾前跪拜。人長命。月長生。」，兩首都是向月跪拜的歌。前首是秋天慶祝節日時百姓們一起拜月求吉利的歌，大概是拜月祝福皇帝之歌，後首描寫婦女待征人回歸而向月祈求的其願望，後兩句「人長命，月長生」，和唐吉中孚妻張氏〈拜新月〉詩中：「月臨人自老，望月更長生」句其意相同，意思是像月亮一樣希望人也長壽。拜月風俗比其他迷信行爲有深厚的浪漫性，任二北在《敦煌曲初探》說：「唐人意趣，全在新月。」此外往往向三光祈求，例如S.1441〈鳳歸雲〉(1)中：「倚牖無

言垂血淚。暗祝三光。」、P.2838〈拜新月〉[24]中：「上有穹蒼在，三光也合遙知。」，三光就指日、月、星三精。

　　㈢迷信的另一種形態就是崇拜動物或無生命事物的心理，通常以某種事物當做某種象徵對象。由於這些事物不易客觀地理解，以及某種思想意識形成之後就不會在短時間內被淘汰；正因這兩種直接原因，就出現了對事物的神秘心理，以致影響到後代人們的精神活動中產生崇拜意識。唐五代敦煌民歌中也有反映這些具體形象崇拜意識的，本文要針對敦煌民歌中常出現的兩種崇拜實體來探討。

　　首先談喜鵲報喜，乃是對動物崇拜的風俗觀。喜鵲是給人們一種吉祥、幸福之預兆感的動物，這種象徵性之吉祥觀，其來源很久。《淮南子・氾論訓》說：「乾鵲，鵲也，人將有來客，憂喜之徵則鳴。」、《禽經》說：「鵲俯鳴則陰，仰鳴則晴。」，又說：「靈鵲兆喜，鵲噪則喜生。」、《開元天寶遺事》說：「時人之家，聞鵲聲皆爲喜兆，故謂靈鵲報喜。」可知民間習見的這種喜鵲報喜之心理，流傳十分廣泛，其預兆風俗入到敦煌民歌中。《敦煌零拾》〈雀踏枝〉[115]唱道：

　　　　叵耐靈鵲多瞞語。送喜何曾有憑據。幾度飛來活捉取。鎖上金籠休
　　　　共語。　　比擬好心來送喜。誰知鎖我在金籠裡。願他征夫早歸來。
　　騰身卻放我向青雲裡。

　　這首民歌通過婦女和靈鵲的對話來表達了思婦對征夫複雜的懷念感情。上片寫思婦對喜鵲的埋怨，下片寫喜鵲的申訴。婦女希望靈鵲向她報告有關丈夫的好消息，但是靈鵲鳴卻丈夫不回來，婦女怨恨靈鵲而把它關在金籠子裡。靈鵲也盼望征人早日歸來，儘快得到自由，表示靈鵲所盼望的就是它本身象徵的喜報。P.3251〈菩薩蠻〉[38]中：「四肢無氣力。鵲語虛消息。」，這句的鵲也沒送喜報，但卻意味著吉祥之徵兆。S.6537〈阿曹婆〉[1011]中：「正見庭前雙鵲喜。君在塞外遠征迴。夢先來。」，S.2607〈恭怨春〉[131]中：「柳條垂處處。喜鵲語零零。焚香稽首告君情。」，這兩首都描寫婦女聽到喜鵲的聲音，就高興而祈求夫妻早日相逢

的心理。

其次，考察以無生物做爲某種精神上的象徵物，例如金雞、同心結等。

所謂金雞，就是用金屬塑的雞像，表示吉祥之義。據《神異經・東荒經》說：「扶桑山有玉雞，玉雞鳴則金雞鳴，金雞鳴則石雞鳴，石雞鳴則天下之雞悉鳴。」金雞算是神雞，它帶來前程的光明，所以古時在頒赦詔日，也設金雞於竿，以表示吉辰。依《唐語林》卷5補遺說：「國有大赦，則命衛尉樹金雞於闕下，武庫令掌其事。金雞之首，建之於高橦之上，宣赦畢，則除之。」《新唐書・百官志》三、中尚署記載這種風俗說：「赦日，樹金雞於仗南，竿長七丈，有雞高四尺，黃金飾首，銜絳幡長七尺，承以綵盤，維以絳繩，將作監供焉。擊攔鼓千聲，集百官、父老、囚徒。坊小兒得雞首者官以錢購，或取絳幡而已。」由上述可知樹金雞的風俗，主要意義就是赦罪的意思，所以金雞使人們引起預測吉祥的心理。再看《封氏聞見記・金雞》：「按金雞，魏晉以前無聞焉。或云始自後魏，亦云起自呂光。……（北齊）武成帝即位，大赦天下，其日設金雞。宋孝王不識其義，問於光祿大夫司馬膺之曰：『赦建金雞，其義何也？』答曰：『按《海中星占》，天雞星動，必當有赦，由是王以雞爲候。』」，這種風俗大概從六朝開始了。《敦煌零拾》〈菩薩蠻〉[52] 中「自從宇宙充戈戟。狼煙處處熏天黑。早晚豎金雞。休磨戰馬蹄。」、P.3251〈菩薩蠻〉[40] 中：「昨朝爲送行人早。五更未罷金雞叫。」，前一首的作辭背景大概是安史亂後的情況（註4），豎金雞的意思就是指戰爭停止、自由和平生活來臨。第二首中的金雞也暗喻祝行人一路順風、吉祥如意之意。

同心結是用錦帶結成的連環，本爲一種裝飾，故藉作無聊時之消遣品。不過，一旦結成就表示愛的象徵更進而作愛情憑信之物。看P.3836〈南歌子〉[121] 中：「斜倚朱簾立。情事共誰親。分明面上指痕新。羅帶同心誰綰。甚人踏破裙。」，唐五代時丈夫出征或外出，妻子便綰同心結相

贈或紀念，這是婦女表達愛情的一種方式。歌中丈夫回來看到妻子羅帶有同心結，就懷疑妻子的貞操。妻子在後一首回答說“羅帶同心自縮”，以表示對丈夫不變的忠貞。這樣用自己扎的同心結當做代表愛情的象徵物，婦女常佩在身上。依S.1441〈柳青娘〉[18]中：「出門斜撚同心弄」、P.2838〈內家嬌〉[23]中：「只把同心。千遍撚弄。」、S.1441〈天仙子〉[6]中：「羞把同心千徧弄」，可知同心結一面象徵愛情堅定，一面也可當做裝飾品，可撚，可弄，可佩，可縮。P.3215〈菩薩蠻〉[39]中：「羅帶舊同心。不曾看到今。」，意味著以前帶的同心結，現在已經沒結，表示情人之愛已經變了。

(四)有關占卜、自然現象的迷信

　　唐五代民間流行了許多算命打卦等占卜，根據敦煌遺書中發現的有關數種算命打卦之書，如 S.813《立成孔子馬坐卜占法》，P.3349《筮經》，S.6196《陰陽書》，P.2941《星占書》，P.3479《鳥占書》等，可推測當時人們頗喜歡占卜。人們在日常生活中會碰到許多不可預測的事，他們以為那些大部分會帶不好的結果。而且現已計劃好的事也容易憂慮，難拂掉一種不安感。因此很想知道未來的結果或自己該不該做某事，從而產生占卜，為人們精神依賴和寄托之方法。敦煌民歌中有一首描寫婦女將金釵拿來卜卦的歌。S.1441〈鳳歸雲〉[2]：

　　　　綠窗獨坐。修得君書。征衣裁縫了。遠寄邊隅。想你為君貪苦戰。
　　　　不憚崎嶇。終朝沙磧裏。只憑三尺。通戰奸愚。　岂知紅臉。淚滴
　　　　如珠。枉把金釵卜。卦卦皆虛。魂夢天涯無暫歇。枕上長噓。待公
　　　　卿回故里。容願憔悴。彼此何如。

意思是妻子想念出征的丈夫，每天流淚等待他，徒然用頭上的飾針，來進行占卜，但一卦一卦都無所得，在枕上只嘆息而已。從全辭之意來看，女子用金釵占卜的可能是丈夫參戰是否得勝，或著是否想念妻子，或著是否夫婦能邂逅等沒有確信的事情或感情。用金釵不能說是占卜吉凶的正式方法，只是婦女在日常生活中，對意外之事或盼望之事等的一種得到安慰之

法。因爲金釵是婦女隨身品，無論何時何地，隨時可以運用，並其方法也很簡單，因此一般婦女之間往往會使用這種占卜方式。

還有以天文現象附會人事，乃是屬於迷信的觀念。如以觀星象預兆人事，P.3128〈菩薩蠻〉[45]中：「再安社稷垂衣理。壽同山岳長江水。頻見老人星。萬方休戰爭。」，代表國家和平邊方無事看見吉兆之星象。《爾雅‧釋天》說：「壽星，角亢也。」注說：「數起角亢，列宿之長，故曰壽。」，《唐會要》說：「開元敕有司，置壽星壇，以千秋節日修祠，祭老人星及角亢七星，著之常式。」，《史記‧天官書》說：「狼此地有大星，曰南極老人。老人見則治安；不見，兵起。常以秋分時候之於南郊。」，《晉書‧天文志》說：「老人一星，在弧南，一曰南極，常以秋分之旦見於丙，春分之夕而沒於丁。見則治平，主壽昌。」，依上述文獻記載，唐五代在民間流行以觀星象來預測吉凶的風俗。辭中的老人星是代表休戰、和平之意。

三、民間各種風俗觀念

要研究某時代精神民俗，一定要知道構成精神民俗的因素。形成精神民俗的主要因素究竟是什麼？那就是當時民間心理普遍地受肯定而流行的民間風氣，即是民間風俗觀念。所謂民間風俗觀念，就是對某一種現象、事情或事物的看法，換言之，是民間以最共同性最普遍性的心理來判斷和應付的一種思考觀念。無論何時何地，都有各自的民間風氣，各種民間風氣是構成當時民間風俗事象的重要內容，其中與有關精神的民俗事象關係更密切。

因爲民間風氣是由人們長久的思考和經驗累積而成，它具有共同性和普遍的特徵。民間風氣雖然不能稱爲完整的民俗事象，但是從民間風氣爲民俗事象之本的角度來看，它仍是研究民俗時一定要考慮的課題。當然所有民俗事象不都是從某種觀念才出發的，有些民俗也可以不具備任何精神觀念上的因素。譬如說女孩子年十五、六歲的舉行笄年儀式，笄年儀式的風俗含有女孩十五、六歲以上可以結婚的意識，不過笄年儀式的戴釵，雲

髮等首飾風俗並沒有帶著儀式觀念上的意義。本文在精神民俗裏提到它的
主要原因，就是它屬於觀念上的問題。要注意的就是，它不能獨立表達民
俗事象，只能成爲構成民俗事象之因素。本文以經濟、交友、道德、男
女、學問、孝以及生命等角度來考察唐五代民歌所反映的諸觀念。

(一)民間對男女身分的觀念

　　唐五代的男女身分有不平等的觀念，其主要受儒家傳統思想的影響。
唐代雖然佛教思想滲透到民間意識頗深，但佛教當初爲了佈教，不拒絕民
間生活中原有的儒家思想，反而有些部分以不違背儒家的倫理觀漫漫溶入
當時民間的意識中。唐五代敦煌民歌中描寫的有關說明男女身分的也不
少。幾篇敦煌民歌描寫的男子是對其妻子不誠實的人。P.3137〈南歌子〉
[119]中：「悔嫁風流壻。風流無準憑。攀花折柳得人憎。夜夜歸來沈醉。
千聲喚不應。」、P.2838〈喜秋天〉[31]中：「何處貪歡醉不歸。羞向鴛
衾睡。」，這兩首說明丈夫不照顧其妻子整天在外面喝氣貪歡。社會觀念
上人們以爲男子只是讀書仕宦的，依P.2838〈傾杯樂〉[20]中：「一旦娉
得狂夫。攻書業拋妾求名宦。縱然選得。一時朝要。」表達了男子爲了成
功能拋棄妻子，可見當時重視男子的觀念。

　　敦煌民歌對女子身分的描寫較多。先考察女子一生，依S.1441〈鳳歸
雲〉[4]中：「洞房深。訓習禮儀足。三從四德。針指分明。」、P.2947〈
女人百歲篇〉[667]中：「父娘憐似瑤臺月。尋常不許出朱簾。」由兩首可
知唐五代也有三從之道。這本來是儒家主張的女子的德性。《禮記》
中：「婦人，從人者也，幼從父兄，嫁從夫，夫死從子」。佛教也有類似
的規則，即《華嚴經》中：「處女居家從父母，笄年嫡事又從夫，夫亡從
子護嫌疑。」女子一旦出嫁，在家庭中扮演重要角色，依S.2947〈女人百
歲篇〉[670]中：「四十當家主計深」，就責任家庭主要事情。女子對其丈
夫的愛情很堅固，據《敦煌零拾》〈五更轉〉[409]中：「賤妾猶自姮娥
月。一片貞心獨守空閨。」、又[411]：「願君早登丞相位。妾亦能孤守百
秋。」、P.3836〈南歌子〉[122]中：「信是南山松柏。無心戀別人。」、

S.2947〈女人百歲篇〉[671]中：「五十連夫怕被嫌」。可知女子只是男人的附庸，所以她們老是擔心被拋，只好順從丈夫和公婆。當時女子不能獨立生活，而且民間以爲女子守三從之道，只女子一方守貞節才是理想型。從上述可知唐五代以男子爲中心的社會裏，男女不平等，丈夫薄悻，終日游蕩，使無數女子成了不幸的悲劇角色。

　　㈡民間對生命的觀念

　　依照〈女人百歲篇〉、〈丈夫百歲篇〉等篇名，人們以爲人生大概活到百年。但是他們絕不以爲這一百年夠長。P.2809〈楊柳枝〉[126]中：「月生月盡月還新。又被老催人。只見庭前千歲月。長在長存。不見堂上百年人。盡總化微塵。」這首歌將人生對比月亮強調人生極短。所以往往感到人生多麼虛無，S.2947〈丈夫百歲篇〉[666]中：「人生不作非虛計。萬古空留一土堆。」，意味著人只不過是一堆塵土而已。《敦煌零拾》〈天下傳孝十二時〉[453]中：「無常到來不免死」說人生無常。但是他們對死亡的態度，還是很肯定的、十分坦然地接受「人生在世須死老」的普遍眞理(註5)。S.2947〈丈夫百歲篇〉[665]中：「三魂六魄今何在」、又[664]：「門前借問非時鬼。夢裏相逢是故人。」、S.2947〈女人百歲篇〉[675]中：「寂然臥枕高床上。殘葉彫零待暮秋。」，死雖然是可怕的、悲哀的，但是人們在那些恐懼和沈重的心態中，不否定生命有限的事實。

　　㈢民間對求學的觀念

　　唐五代人重視男子求學，《敦煌零拾》〈發憤十二時〉[468]中：「男兒不學讀詩書。卻似園中肥地草。」、又[467]：「少年勤學莫辭貧」、又[469]：「丈夫學問隋身寶。白玉黃金未是珍。」，他們以爲學問能超越白玉黃金和貧寒，將不讀書者看做雜草，重要原因是崇拜知識份子，還有讀書爲仕宦有直接的關係。學問高的人稱爲君子，而且他的人品也要高尚，如《敦煌零拾》〈發憤十二時〉[476]中：「君子雖貧禮尚在。松柏縱然經歲寒。一片貞心常不改。」

　　㈣民間對交友的觀念

唐五代人很重視交友，而且建立很健康的交友觀。據《敦煌零拾》〈發憤十二時〉[474]中：「勸君莫棄失途人。結交承己須朋友。」，又[478]：「莫惜黃金結朋友」、S.2947〈丈夫百歲篇〉[659]中：「縱非親友亦相憐」，可知他們保持著無條件、純真的交友觀，而且可推測當時人們之間充滿相愛精神和信賴感。

(五)民間對經濟的觀念

唐五代人的經濟觀念很樸素，而且不以為貧窮是羞恥的。P.2721〈皇帝感〉[147]中：「一國之財不奢泰。費用約儉有何虧。」；《敦煌零拾》〈發憤十二時〉[472]中：「暫時貧賤何羞恥。」，他們平素以儉省不奢的觀念過平安的日子，不得已遭遇貧困時也能忍耐而不失望。

(六)民間對孝的觀念

孝順父母是民間傳統倫理道德觀中重要部分，唐五代民間也極為重視孝道。P.2721〈皇帝感〉[150]中：「資父事母而愛同。夙興夜寐問溫恭。」、《敦煌零拾》〈天下傳孝十二時〉[444]中：「子父恩深沒多時。遞戶相勸須行孝。」、又[447]：「董永賣身葬父母。天下流傳孝順名。」、又[449]：「孝養父母莫生嗔。第一溫言不可得。處分小語過於珍。」、《敦煌詞掇》〈十恩德〉[683]中：「慈烏鳥。遶林飛。銜食報母未歸。枝頭大有百般飛。不孝應心虛。」、又[686]：「善男善女審思量。莫教辜阿耶娘。」上述例子都歌咏著行孝的方法和勸孝順父母的口吻。孝順父母是做人的基本美德，要奉養父母，早晚問候，恭敬體貼，才能成為孝子。歌還引用反哺之孝的俗語來強調行孝報恩是永生必盡的義務。

此外依《敦煌零拾》〈天下傳孝十二時〉[453]中：「縱然妻子三五房」，當時人們以為丈夫可以娶好幾個妻子。依S.2947〈女人百歲篇〉[670]中：「三男五女惱人心」可推知流行多產的風氣，而且以三男五女為最普遍的子女數。

上述各點反映了唐五代民間在各方面的心理作用和觀念，這些觀念成為決定當時所有精神活動方向的主要根基。一個精神民俗事象是從一個或

一個以上民間風氣的諧和和融合而造成的，所以我們將某一個民間觀念不稱謂風俗事象，只稱謂民間風俗觀。

四、容體的審美觀

　　民間的審美觀念在他們所創作的大量民歌裏可以找到。唐五代敦煌民歌中特別描寫男女愛情的歌不少，因爲作品裏仔細地描繪著美人的容貌和動作等，故而能體現當時民間對男女外貌的審美意識如何。先探討對女子的審美觀念。據P.2838〈內家嬌〉(22)中：「深深長畫眉綠。雪散胸前。嫩臉紅唇。眼如刀割。口似朱丹。」P.2838〈傾杯樂〉(21)中：「十指如玉如蔥。凝酥體雪透羅裳裏。」、P.3251〈菩薩蠻〉(37)中：「輕盈士女腰如束」、S.1441〈浣溪沙〉(17)中：「玉腕慢從羅袖出。捧杯觴。纖手令行勻翠柳。素咽歌發遠雕梁。」、P.2838〈內家嬌〉(23)中：「兩眼如刀。渾身似玉。」等可考當時女子容體之美的標準，眉要綠而細長，眼睛小，像刀割一樣的細細一條縫，唇要紅，臉要嫩而桃紅色，手指要像蔥似的細而長，脖子、手等體膚都要白，腰要細，身體要軟，體態要輕盈。女子的動態，表情，聲音等也是構成美人的主要因素。依P.2838〈內家嬌〉(22)中：「慵移步兩足恐行難」、又(23)：「半含嬌態。逶迤緩步出閨門。」、P.2838〈傾杯樂〉(21)中：「觀豔質語軟言輕」、又：「窈窕逶迤。體貌超群。」，S.1441〈鳳歸雲〉(3)中：「行步逶迤。逢人問語羞無力。態嬌多。」，美女舉止要徐緩，行步要扭捏身子而緩慢，說話要小聲而軟軟輕輕的。美的觀念是由社會、環境、經濟等諸條件所造成的。唐代社會繁榮，受胡人和西域風俗的影響，尤其是中晚唐社會風氣更奢靡，因此對女子的審美觀更重視豐盈之體，豔麗之姿。《唐語林》卷6補遺起德宗至文宗說：「長安風俗，貞元侈於遊宴，其後或侈於書法、圖畫、或侈於博奕、或侈卜咒、或侈於服食，各有自也。」（註6）可推測當時長安風俗奢靡的程度，人們多貪奢侈、多講究審美的看法。

　　其次考察當時人對男人之美的看法，依S.6537〈劍器詞〉(1019)中：「丈夫氣力全。一箇擬當千。猛氣衝心出。視死亦如眠」、P.3821〈蘇莫

遮）[108]中：「聰明兒。稟天性。莫把潘安。才貌相比並。弓馬學來陣上騁。似虎入丘山。勇猛應難比。善能歌。打難令。正是聰明。處處皆通順。」，丈夫、聰明兒都指成年男子。這兩首中所描繪的對男子的內在美可代表當時人們對男子之美的看法。當時人以爲男子要博學多識，人品寬容，容貌才幹兼備，性格要又有勇氣又有情緒，文武兼備。

【附　　註】

1. 參見孫昌武《唐代文學與佛教》p.p10-11，谷風出版社，1987年。

2. 六銖指六銖衣，大概描寫道家之女冠子（參見任二北《敦煌歌辭總編》p.520，上海古籍出版社，1987年。），天宮指道家所說的神仙之居處（參見高國藩《敦煌曲子詞欣賞》p.109，南京大學出版社，1989年。）

3. 參見高國藩《敦煌曲子詞欣賞》p.112。

4. 參見任二北《敦煌歌辭總編》上冊p.403。

5. 《敦煌零拾》〈發憤十二時〉[468]中。

6. 《唐語林》卷6，禮遺記德宗至文宗，p.211，世界書局。

第三節　反映禮俗、娛樂活動的民俗

本節主要探討的禮俗及娛樂活動之民俗屬於行爲民俗。所謂行爲民俗就是用具體的程序或規則來表現一種活動性的民俗事象。無論其程序或規則是否具有內容和意義，它要通過實際行爲的表現才成爲一個完整的民俗形態。行爲民俗大部分內容可說屬於日常生活民俗的範圍，但其差異點是，日常生活民俗不重視某種民俗的發生程序，只注重透過一系列行爲所到達的結果或現象；但是行爲民俗的主要意義在發生過程中的動作或形態。換言之，日常生活民俗是以內容爲主，行爲民俗是以形式爲主。形式的具體表現就是行爲民俗的目標。本文分爲禮俗、娛樂兩方面來探討其內容。

一、禮俗

什麼是禮俗呢？依黃有志《社會變遷與傳統禮俗》中說：

> 禮俗是人們在共同生活環境下，彼此為追尋社會和諧的情感所共同
> 約定俗成的行為，這種約定俗成的文化特質世世代代的綿延傳遞下
> 來。由於禮俗受到社會大眾的廣泛支持，習慣成自然，具有很強的
> 持續性與草根性（註1）。

簡言之，禮俗是為了美好的人類生活所定的一切行為規範。‘禮’可說是傳統知識份子對生命終極關懷的理念，而‘俗’則是一般民眾的小傳統，表達出他們對生活現實關懷的另一種理念（註2）。此兩者雖有不同產生背景和行為規範的標準，但在歷史發展過程上兩者卻彼此交流而成為行為規範。錢穆曾在《中國文化史導論》中說禮與俗是不可分的關係，他說：

> 禮為大家所公認，便變成了『俗』，古人說『入鄉問俗』，其實俗
> 也就是『禮』，不過禮像是嚴肅制定的，而俗則是自然化成的。但
> 大部分相融通不易分割。如、閩、粵、江浙各省各有不同的『
> 俗』，明清人、唐宋人和秦漢人也有不同的『俗』。但其間儘有不
> 同，總之俗乃是由禮蛻變而來，禮亦是由俗規定而來，二者還是一
> 個源流，只是表現不同而已（註3）。

禮俗在表現對象和性質上可分為兩類；一是與人生有關的儀式，一是與社會參與有關的儀式。筆者稱前者為生命和道德禮俗，後者為歲時節日禮俗，從而探索唐五代敦煌民歌反映的禮俗內容。

(一)生命和道德禮俗

甲、有關婚禮的問題

婚姻是人類生活中重要的社會關係，它是伴隨著人類社會的產生而必然的一種普遍現象。婚姻關係不僅體現了倫理關係的實質，而且在一定的社會制度下形成的婚姻制度及婚姻觀念，也都能反映當時人婚姻的全貌。本文透過考察有關婚姻的程序，不僅能夠看到在民間形形色色的婚姻悲喜

劇，而且也能夠感受到當時社會物質文明和精神文化的融合發展程度。中國從先秦時代有婚姻禮儀，男女各達一定年齡可以結婚。依《唐會要》卷83唐太宗時規定男年二十，女年十五以上可以結婚。所以S.2947〈女人百歲篇〉[668]中：「二十笄年花蕊春。父娘娉許事功勳。」、P.2838〈傾杯樂〉[20]中：「憶昔笄年。未省離合。……被父母將兒匹配。」等提笄年說明女子年十五歲可以結婚。古代雖然有男女自由戀愛，大部分不能維持到結婚就罷了。只有父男之命、媒妁之言才成爲圓滿的結婚。再看P.2838〈傾杯樂〉[20]中：「憶昔笄年。未省離合。生長深閨院。閑凭著繡床。時拈金針。擬貌舞鳳飛鸞。對妝臺重整嬉恣面。自身兒算料。豈教人見。又被良媒。苦出言詞想誘炫。　每道說水際鴛鴦。惟指梁間雙燕。被父母將兒匹配。便認多生宿姻眷。」，這是祥細描寫提親的狀況，即媒人在女子笄年剛至就家來誘惑了，用‘水際鴛鴦’、‘梁間雙燕’等情話來挑逗女子，先使她動心，然後再說服父母，將她嫁出去。據《儀禮・士昏禮篇》說，議婚時男方請媒人向女家提親；這時以雁作爲禮物，稱爲納采。納采是古代婚禮六個程序中第一階段。

當時人提親時還有選擇配偶的標準，透過敦煌民歌大致有幾種情況。

・S.2947〈女人百歲篇〉[668]中：「二十笄年花蕊春。父娘娉許事功勳。」

・S.1441〈鳳歸雲〉[4]中：「兒家本是。累代簪纓。父兄皆是。佐國良臣。幼年生於閨閣。洞房深。訓習禮儀足。三從四德。針指分明。。」

・P.2838〈傾杯樂〉[20]中：「生長深閨院。閑凭著繡床。時拈金針。擬貌舞鳳飛鸞。對妝臺重整嬉姿面，自身兒算料。」

從此三篇民歌可推想當時擇偶至少有三個標準。第一、他們講究外貌，即以形象爲標準。‘時拈金針。擬貌舞鳳飛鸞。’表示刺繡好的美麗容貌與姿態。所以媒人必須告知對方的體格相貌，有時往往通過直接相人，而議定終身。第二，講究人品，即以才能道德爲標準。生長在深閨的

女子，已經‘訓習禮儀足。三從四德。針指分明’足爲有才德的配偶者，男子若爲國家建功勳，以此足爲好伴侶的條件。第三，注重門第，即以門第相當爲標準。在第二篇歌中可知女子家庭背景，是累代做宦官，現在父兄也是做朝廷大臣的豪門大家。

　　敦煌民歌又反映當時有親迎的婚姻程序。通過媒人求婚而成事，到約定的日子舉行婚禮。新郎娶新娘的方式，是當新郎要親往女家迎娶，稱爲親迎。依S.2947〈女人百歲篇〉[668]中：「香車暮逐隨夫婿。如同蕭史曉從雲。」，可推測迎親時不用嬌子，而用車子，這叫香車，或叫迎車（註4）而且舉行婚禮的時間，大概是晚上。據《酉陽雜俎·貶誤》說：「『禮』，婚禮必用昏，以其陰往而陽來也。今行禮于曉祭，質明行事。今俗祭先又用昏。謬之大者矣。」這說明了必要在晚上舉行婚禮的理由，可見在晚上行婚禮是先秦古老風習，唐時也有取「行禮于曉」者。但歌中仍取在晚上行婚禮的風俗。又依《歷代社會風俗事物考·嫁娶》中：「古婚……必夜行者。言迎陰氣入家宜於夜。夜陰時也。車服皆尚黑。黑亦陰。正與時相稱。」（註5）可知民間普遍而深刻地流傳陰陽之說，並對民間行禮風俗有相當影響力。新郎到女方家，新娘父親親自出門迎進女婿，這時新郎將雁交給女方，行禮而去。新娘隨到車前，新郎親自將車上的索子授給她，引新娘上車，於是上路回到新郎家（註6）。

　　依《敦煌詞掇》〈十恩德〉[684]中：「爲男女作姻。殺個豬羊屈閑人。酒肉會諸親。」，可知進行婚禮之日，兩家都請客設宴。共食飲酒。

　　乙、有關祭禮的問題。

　　祭禮，內容很多，主要是指祭天地、祭社、祭祖等崇拜天地之神和尊祖的行爲。從先秦皇帝祭天地，爲了戰爭的勝利，統一的成功，至高無上的皇權，行了封禪、郊祭。封禪在泰山，郊祀在國都之郊立壇以祭天地神，他們以爲天地是有意志的人格神，是人世間最高的主宰，因而舉行盛大的典禮，以此提高皇帝的絕對權威（註7）。

　　祭社就是祭社神，社神指土地神，其包括社稷、五祀、五嶽、山林川

澤以及四方百物之神，大概祭社神，以社稷爲首。因社指土地，稷指五穀
之長，所以這種祭祀的目的在於祈禱豐收之年，或爲五穀成熟，而報答其
恩澤。《白虎通義・社稷》中說：「王者所以有社稷何，爲天下求福報
功，人非土不立，非穀不食，土地廣博，不可徧敬也。五穀衆多，不可一
一祭也，故封土立社，示有土也。稷，五穀之長，故立稷而祭之也。」，
說明社與稷爲人類生活最重要的問題。稷非土無以生，土非稷無以見生生
之效，所以土和穀互相有關係，而則有功於人類生活。因此從古自皇室，
下至庶民，都得封土立社，以祈福報社。帝王奉社稷爲土穀之神，而設壇
立廟以祭祀，稱爲祭社。在民間，二十五家一里立一個社，叫里社，他們
也祭土地神（註8）。

　　此祭社之風俗可說是國家性之禮俗，唐五代敦煌民歌中也看見當時有
那些活動。如 P.2721〈皇帝感〉[148]：

　　　上下無怨國中安。保其社稷鬼神歡。爲作宮室四時祭。容止可法得
　　　人觀。

　　這是一首形容爲國家求福而舉行祭祀的民歌。上下都感恩社稷神保國
家賜平安，主管國家安危之神欣然接納他們的祭祀。

　　辭中還可見皇室舉行了四時祭，所謂四時祭，乃是春夏秋冬四季之祭
祀，依《禮記・祭統》說：「凡祭有四時，春祭曰礿、夏祭曰禘、秋祭曰
嘗、冬祭謂烝。」，大概一年至少四次舉行社稷之祭。不過，從土與穀之
關係來引申其由以農業爲主時，播種期和收穫期是對農業相當重要的時
期，依《唐會要・社稷》說：「卿大夫以下無藉田，所以成羣置社，藉田
壇祭，止是王社，往者直云藉田，近日改名先農之祭。」，又看《唐會
要・社稷》說：「天寶元年，……春祈秋報。」，由此可說當時重視農
業，而舉行了春祈秋報方式的祭祀。換言之，四時祭中，仲春祈穀，是春
祭社之日；仲秋護禾，是秋社之日（註9）。

　　舉行祭社之情景，據《荊楚歲時記》記載，社日，周圍鄰居都聚集在
一起，舉行儀式，祭祀社神。殺牛宰羊獻祭酒，在社樹下搭柵屋，然後共

同享用祭祀用過的酒肉（註10）。

祭祖是對祖先舉行的祭祀。一般認爲祖先的神靈是會保護其子孫，因此產生尊祖的觀念。祭祖的禮俗，成爲家族中最重要的盡孝方法，也是倫理文化的中心。依《禮記・祭統》說：「孝子之事親也，有三道焉。生則養，沒則喪，喪畢則祭。養則觀其順也。喪則觀其衷也。祭則觀其敬而時也。盡此三道者，孝之行也。」由於其孝之本，崇敬祖先的活動，自古迄今興旺發達了。S.2947〈女人百歲篇〉一首[676]：

> 百歲山崖風似頹。如今身化作塵埃。四時祭拜兒孫在。明月長年照土堆。

它是一首描寫年老的家庭婦女嘆息人生無常的歌。她每當看到行祭祀時祭壇前面排列聚集的兒孫，感到歲月過的更快。歌中的四時祭拜也是指春夏秋冬四季的。其背景是一般家庭，而且女子要咏的就是她在面對死，所以祭拜的對象很可能是祖先的靈魂。

敦煌民歌中述及與祭禮有關的作品，只有兩篇，以此只能知道當時有拜社稷、敬祖先的禮俗，其詳細程序或形成不深涉及了。

丙、祝壽

祝壽是與皇室有關係且甚爲重要的典禮活動。這是爲了慶賀皇帝或皇后生日，隆重舉行的禮俗，群臣上朝祝壽，歌功頌德，三呼萬歲，設歌舞宴會。《唐會要・節日》中據幾個較大規模的祝壽活動的例子：

> 開元十七年八月五日。左丞相源乾曜右丞相張說等。上表請以是日爲千秋節。著之甲令，布于天下。咸令休假。羣臣當以是日進萬壽酒。王公咸星。進金鏡綬帶。士庶以綵結承露囊。更相遺問。村社作壽酒宴樂。

> 聖人降生。固宜紀載誕之辰。與八節同號。故元宗生日。命曰天長節。肅宗生日。命曰天平地成節。竝以飲食宴樂。布慶萬方。使賜及同軌。風流後代。陛下纂祖宗之純懿。與天地同德。禮樂必循。寫章咸備。而誕聖日未有嘉名。伏願以十月十二日。爲天興節。王

公士庶。上壽作樂。竝如開元乾元故事。

代宗德宗順宗即位。雖未別置節日。每至降誕日。天下亦皆休假。臣以為乾曜見素等所奏以為節假者。蓋當時臣子之心。喜君父聖壽無疆。以為榮慶。

七年十月。中書門下奏。請以十月十日為慶成節。著于甲令。是日。上于宮中奉迎皇太后。與昆弟諸王宴樂。群臣詣延英門奉觴。上千萬壽。天下州府。竝置宴一日。

唐五代敦煌民歌中也有慶祝皇帝誕辰日之歌。P. 3128〈感皇恩〉二首(89,90)：

四海天下及諸州。皆言今歲永無憂。長圖歡宴在高樓。寰海內。束手願歸投。　朱紫盡風流。殿前卿相對。列諸侯。叫呼萬歲願千秋。皆樂業。鼓腹滿田疇。

當今聖壽比南山。金枝玉葉盡相連。百僚卿相列排班。呼萬歲。盡在玉階前。　金殿悅龍顏。祥雲駕喜悅。兩盤旋。休將舜日比堯年。人安泰。真是聖明天。

P.3821〈感皇恩〉二首(91,92)：

四海清平遇有年。黔黎歌聖德。樂相傳。修文偃格習農田。欽皇化。雨露溉無邊。　瑞氣集諸賢。群僚趨玉砌。賀龍顏。磐石永固壽如山。梯航路。相向共朝天。

萬邦無事滅戈鋋。四夷稽首玉階前。龍樓鳳闕喜雲連。人爭唱。福祚比金璿。　八水對三川。昇平人道泰。帝澤鮮。修文罷武競題篇。從此後。願皇帝壽如山。

四首都是描繪向皇帝祝壽和歌功頌德的民歌，令人感到是一部巨大民間集體創作歌謠。它是坦率地表現時代精神的典型作品。據任二北《敦煌曲初探》，這〈感皇恩〉四首的作辭時代是盛唐玄宗時期（註11）。高國藩在《敦煌曲子詞欣賞》以考證內容與歷史書的事實符合與否，主張它明白是以唐玄宗開元時代為背景的作品（註12）。其例證與本文的敘述沒有直

接關係，於此省略言及。

　　從歌辭可想像祝壽當日朝廷和百姓慶祝的程序、規模以及使用頌祝語
的情況。「殿前卿相對。列諸侯。」、「百僚相列排班」、「群僚趨玉
砌。賀龍顏。」、「四夷稽首玉階前」等描寫群臣和夷族都來列殿前、頌
祝皇帝的誕辰和聖德，「鼓腹滿田疇」、「長圖歡宴在高樓」、「黔黎歌
聖德」、「人爭唱。福祚比金璿。」等表現全百姓也歌功頌德，而設宴歌
舞的情景，他們向皇帝齊聲祈求萬壽，如「萬歲願千秋」、「萬歲」、「
磐石永固壽如山」、「願皇帝壽如山」由此可見唐玄宗的祝壽活動，豪華
奢侈，繁榮無比，而真實、生動地描述了開元時期繁榮的景象。唐玄宗自
定誕辰稱爲千秋節，當時在民間每年八月初五定爲節日而過千秋節。但是
這種儀禮只限制於皇帝，而且新皇帝即位，祝壽的節日也要改日子，在民
俗的普遍、傳承性質角度來看，不能說是屬於一般節日之類。

　　除了皇帝的生日之外，凡有重大喜慶之事，也往往上朝祝壽。如
P.2506〈獻忠心〉[71]：

> 臣遠涉山水。來慕當今。到丹闕。御龍樓。棄氈帳與弓劍。不歸邊
> 地。學唐化。禮儀同。沐恩深。　見中華好。與舜日同欽。垂衣
> 理。菊花濃。臣遐方無珍寶。願公千秋住。感皇澤。垂珠淚。獻忠
> 心。

　　這是一首漢族百姓與諸夷族朝觀獻忠之歌。它是以夷族之身份，以側
面歌咏唐皇之聖德和風尚，來表現對唐朝的崇敬。任二北在《敦煌曲初
探》肯定這首歌可能作於武后以後不久（註13）。歌中‘願公千秋住。感
皇澤。’與S.2607〈獻忠心〉[70]中：「願聖明主。久居宮宇。」、
P.2506〈獻忠心〉[72]中：「願皇壽。千萬歲。」等，這些話都是向皇帝祝
壽的頌祝語。

　　(二)　歲時節日禮俗

　　唐五代時期每月幾乎都有與一定的節日、時令相關的活動。這些活動
是中國民俗史長河中一階段，也是當時人們的傳統習慣和思想觀念的反

映。唐五代敦煌民歌描述著當時有各種節日活動的事實，透過這些活動內容可以窺見唐五代人豐富多彩的文化生活。

　甲、寒食節

　　P.3333〈菩薩蠻〉[42]：

　　　　自從涉遠為遊客。鄉關迢遞千山隔。求官一無成。操勞不暫停。

　　　　求逢寒食節。處處櫻花發。攜酒步金隄。望鄉關雙淚垂。

這是一首描寫游客離家，在他鄉過節日，感到季節而思鄉之歌。寒食節通常是在冬至以後一百零五天，或者在清明節（四月五日）前一、二天，則沒有定日，而放三天或七天的假（註14）。寒食節是在唐五代盛行的春季風俗，歌中可以體會到路邊櫻花滿開的春天風景。依陸歲《鄴中記》說：「寒食斷火，起於子推。」、S.5636《寒食相通屈上墳書》也說：「景色新花，春陽滿路，節名寒食，冷飯三晨。」，可知這個節日有斷火即接連三天早晨吃冷飯的風俗。清明節在寒食後一、二天，大概包括於寒食放假之中，因此當時人習慣將寒食、清明視為一次節令，各文獻上敘述的內容也相近，所以其仔細活動內容在考察清明節時再探討。

　乙、清明節

　　清明節是民間節日中具有深刻意義的風俗，從清明節活動中墓祭之起源於上古來看，此節日的歷史甚久。

　　P.3251〈菩薩蠻〉[37,38]二首是詠春天男女交情的民歌，歌中描寫當時清明節的情景。

　　　　清明節近千山綠。輕盈士女腰如束。九陌正花芳。少年騎馬郎。

　　　　羅衫香袖薄。伴醉拋鞭落。何用更回頭。謾添春夜愁。

　　　　清明時節櫻桃熟。捲簾嫩筍初成竹。小玉莫添香。正嫌紅日長。

　　　　四肢無氣力。鵲語虛消息。愁對牡丹花。不曾君在家。

　　前一首民歌描寫清明節男女邂逅於風和日麗的春游中而又分手，後一首描寫女子十分感傷清明節無人可陪伴春游。依據《開元天寶遺事》：「長安士女，清明日游春野步。」、《歷代社會風俗事物考》卷39：「清明

時值春和。芳草遍地。天涯遊子，最動歸思。而柳綠桃紅。士女踏春。不
忘和樂。」，此清明節風景正符合於‘清明時節櫻桃熟’、‘輕盈士女腰
如束。九陌正花芳。’等句裏所描繪的情景。

　　清明節是什麼？以一年分爲二十四個節氣，即十二個節氣與十二個中
氣，清明是三月的節。依據《淮南子・天文訓》記載：「冬至後一百零六
日，春分後十五日，計指已爲清明，此時行方十五度，萬物潔齊而清明，
花卉草木，於氣清景明中，更顯精神，故稱之爲清明。」寒食是清明的前
奏，依《荆楚歲時記》所載，寒食主要是禁止舉火熱食，要吃冷飯。然
而，至清明節，由宮內傳火炬出賜臣（註15），人們掃墓而行墓祭，另一
方面趁著大好春光郊遊。大概清明代表萬物活動生養孳息最主要的時辰，
也可以說是象徵生命的更新。於是，趁著新春時節，青春男女有著新的盼
望而到郊外遊賞，一面也欣賞大自然。

　　再看《酉陽雜俎》記載：「荆州百姓郝惟諒。寒食日與其徒郊外蹴
鞠。」，《開元天寶遺事》記載：「宮中至寒食節。競築鞦韆。嬉笑爲
樂。」，可知當日有打球、鞦韆的活動。依《荆楚歲時記》所載，寒食節
有鬥雞之風俗，白居易〈東城老父傳〉裏也說玄宗在藩邸時，喜歡民間清
明節的鬥雞戲。民間還有寒食踏歌，《歲華紀麗》說「都人遊賞。散布四
郊。謂之踏青。」，這就是一種民間舞蹈，以足踏地爲節奏，自然地尋找
男女相會的機會。

　　丙、七夕

　　七月七日，爲牽牛織女聚會之夜。《荆楚歲時記》說：「是夕，人家
婦女結綵縷，穿七孔針，或以金銀鍮石爲針，陳几筵酒脯瓜菓於庭中以乞
巧，有喜子網於瓜上，則以爲符應。」即民間婦女在七月初七日夜間，鋪
陳瓜果，準備針線，向織女星乞求巧，因此稱七夕爲乞巧日。《敦煌曲・
新增曲子資料》中S.1497〈喜秋天〉五首，採五更轉之寫法來歌咏了七夕
乞巧的民間風俗。其中第一首：

　　　　每年七月七。此時壽夫日。在處數陳結交伴。獻供數千般。　今晨

連天暮。一心待織女。忽若今夜降凡間。乞取一敎言。

歌辭中明顯地描寫當日婦女陳設祭物，以拜織女降下人間。此種節日風俗反映古代社會非常重視婦女具有紡織和針線活的技術。

此外，敦煌民歌中有〈鬪百草〉四首和〈泛龍舟〉一首，因爲鬪百草和龍舟競渡是古代過端午節的重要娛樂活動，由此可推知唐五代也有端午節。但，作品描寫的內容著重娛樂性，因此本論文在娛樂篇探討此兩種活動。

二、娛樂

娛樂是代表某時代人的愛好和習尚的最好民俗事象。人類在社會生活過程中，除了食、衣、住、行和思想活動之外，還有各種娛樂活動，不僅對凝固化的日常生活提供安息和喜樂，而且使人類精神創造更豐富多彩的文化活動。所以娛樂活動在日常生活上是不可缺乏的因素，透過長時間就成爲主要民間風俗之內容。唐五代文化、經濟極繁榮，敦煌民歌中描述的娛樂活動也多樣。本文將在四個方面分述。

(一)鬪百草

據《唐會要》卷29：「永泰元年（公元498）、太常博士獨孤及上表曰。……節也。至若寒食、上已、端午、重陽。或以因人崇尚。亦播風俗。」，《荆楚歲時記》中說明端午節：「五月五日，四民並蹋百草，又有鬪百草之戲。」六朝在端午節舉行了蹋百草遊戲。《歲華紀麗》說：「端午，結廬蓋藥，鬪百草，纏五絲。」、《太平御覽》卷31說：「荆楚人並踏百草。」，這些文獻中蹋百草、踏百草以及鬪百草大概都是同樣的遊戲。唐五代民間也盛行這種娛樂，在敦煌民歌S.6537〈鬪百草〉[1007～1010]四首，就是寫鬪百草習俗之歌。

建寺祈長生。花林摘浮郎。有情離合花。無風獨搖草。喜去喜去覓草。色數莫令少。

佳麗重名城。簪花競鬪新。不怕西山白。惟須東海平。喜去喜去覓草。覺走鬪花先。

　　望春希長樂。南樓對北華。但看結李草。何時憐頡花。喜去喜去覓
草。🔲罷且歸家。

　　庭前一株花。芬芳獨自好。欲摘問旁人。兩兩相撚笑。喜去喜去覓
草。灼灼其花報。

四首都描述鬥花草的情景，其場所各不同，即寺院裏，城裏，樓邊，庭園
前等。可是從四首裏言及的花、色、爭花、鬥花、頡花、庭前一株花、灼
灼其花報等字句，可見當時玩的不足鬥草而是鬥花。因此鬥百草這個遊
戲，有的是玩鬥花，又有的是玩鬥草。

　　鬥花草之戲，似從鬥草之戲開始了。明、郎瑛在《七修續稿》卷4據
劉禹錫詩「若共吳王鬥百草，不如應是欠西施。」句，說其戲起於戰國時
期的吳。但鬥草，這名詞始見於唐《歲華紀麗》記載中。鬥花之戲，至唐
五代可能才有了。

　　鬥花草之風俗益盛，時間也不再只限於端午節，唐五代民間普遍流
行，就成為民間常俗性的娛樂活動，特別為婦女和兒童所喜愛。例如，崔
顥〈少婦〉詩中：「閑來鬥百草，度日不成妝。」、貫休〈春野〉詩
中：「牛兒小牛女小，拋牛沙上鬥百草。」等唐人詩句也往往寫這遊戲。

　　然而，鬥花草究竟是怎麼個鬥法呢？以現有材料看，主要有兩種鬥
法。一種比較文雅，其方法是，眾人採花草之後聚在一起，一人報出自己
的草名，其他人各以手中的草來對答，當一個人報出的草名其他人都對答
不上時，這個人就贏了（註16）。所以尚秉和《唐代社會風俗事物考》卷
40也說：「然其詳細規則。輸贏節目。究以品類多為勝乎。抑以物罕為貴
乎。祇兩人為。抑多人亦可為乎。」另一種鬥法是粗簡的。方法是，兩人
持草相對，每人兩手各持一草莖的一端，並使雙方的草莖相勾搭，然後用
力一拉，誰的草莖被拉斷誰就輸了。

　　但是，從上述四首〈鬥百草〉中的鬥花可見這遊戲成為男女交往產生
愛情的遊戲（註17）。如第一首中：‘花林摘浮郎’意味著在花林中鬥花
時選擇了情郎。《本草》說：「無風獨搖草，帶之使夫妻相愛。生嶺南，

頭如彈子，尾若鳥尾。兩片開合，見人自動；故曰獨搖草。」明、葉子奇《草本子》4說：「合離，根如芋魁，有游子十二環之，相須而生，而實不相連，以氣相屬。一名獨搖，一名離母。」據此，離合花和獨搖草可視爲植物。辭中提到的離合花多含有男女求情之意。第二首中：'簪花競鬪新'是說互相競相鬪花嬉戲。第三首中：'何時憐頡花'，即是盼望情郎也愛憐的摘取花的表示。第四首中：'兩兩相捻笑'，意思是雙雙摘取了花而歡喜（註18）。

　　由上述可知鬪花草之遊戲，是在當時青年男女交往時產生情感的主要遊戲之一。這樣無論男女老少都可玩的遊戲，對增長植物知識、陶冶性情方面也有益，可說是健康、有益而又有趣的風俗。

㈡競舟

　　S. 6537〈泛龍舟〉[133]是一首描寫龍舟競渡之戲的敦煌民歌。

　　　　春風細雨露衣濕。何時脫忽憶揚州。南至柳城新造里。北對蘭陵孤
　　　　驛樓。迴望東西二湖水。復見長江萬里流。白鶴雙飛出黯壑。無數
　　　　江鷗水上遊。泛龍舟。遊江樂。

末句'泛龍舟。遊江樂。'是和聲，大概泛龍舟是端午節民間所行的遊戲中之一。

　　《荊楚歲時記》說：「（五月）五日競渡採雜藥」、《歲時廣記》22引：「五月五日競採雜藥，可治百病。」，可想端午節舉行的競舟有採藥治病的目的。當日競舟的詳細情景，在文獻中可看到。如《唐語林》卷5補遺中：「杜亞在淮南競渡採蓮，龍舟錦纜之戲，費金千萬。」、《元氏長慶集》卷3、競舟中：「楚俗不愛力，費力爲競舟。……君侯饌良吉，會客陳膳羞。畫鷁四來合，大競長江流。建標明取捨，勝負死生求。……習俗難盡去，聊用去其尤。百船不留一，一競不滯留。自爲里中戲，我亦不寓遊。」，可知當時競舟之規模甚激烈，是個很活動性的遊戲。

　　《荊楚歲時記》說：「五月五日競渡，俗爲屈原投汨羅日，傷其死所，放並命舟檝以拯之。」大約從漢魏以後，把原有的龍舟競渡與屈原合

在一起，在汨羅江畔舉行。群龍一齊下水，一聲鼓響，船似箭發，兩岸歡呼，熱鬧非凡，情景動人，所以至唐五代，時間不限於端午節，隨時可以競舟，其本意就沒有了。

　　(三)　打球

　　S.2947〈丈夫百歲篇〉[657]中可看到有關打球之戲的描述。

> 一十香風綻藕花。弟兄如玉父娘誇。平明趁伴爭毬子。直到黃昏不憶家。

這裏‘爭毬子’（註19），大約是一種足球運動，又叫蹙鞠、蹴踘、鞠鞠、蹋鞠。蹙、蹴、鞠、蹋就是用腳踢、踩的意思，鞠就是皮球。

　　依劉向《別錄》記戴（註20）這種運動的起源歸於黃帝，但不足爲信，只能說它開始流行於戰國。在戰國的主要用以練武，但從漢魏以後，已傳入民間，依《荊楚歲時紀》記載，把它列入正月之遊戲。至唐五代，此種運動已成爲平時盛行的活動。歌中十來歲少年玩毬子玩到黃昏，可能是男子較有興趣的運動（註21）。打毬的時節，從唐以來多於春日，而寒食爲此更多。

　　依據《封氏聞見記》卷6、打毬說：「打毬，古之蹙鞠也。……近俗聲訛蹋鞠爲毬，字亦從而變焉，非古也。太宗常御安福門，謂侍臣曰：『聞西蕃人好爲打毬，此亦令習，會一度觀之。昨昇仙樓有群蕃街裏打毬，欲令朕見。此蕃疑朕愛此，騁爲之。以此思量，帝王舉動，豈宜容易，朕已焚此毬以自誡。』」由上述可知唐代敦煌民間特別流行這種打球運動，而且西北人很會玩。

　　明、胡震亨《唐音癸籤》說：「拋毬樂、酒筵中拋毬爲令、其所唱之詞也。」，可知這種拋毬還用於當時酒筵行令時所玩的游戲。

　　(四)　射箭

　　射箭是歷史悠久的一個活動，原始社會中它是用以狩獵取食物的重要手段，而且戰爭時的主要武器。至西周時代，已把射箭作爲重要的教育內容，列入六藝之一，依《禮記・內則》說：「年十五學射御」，把射箭納

入教育的範圍。在這樣背景之下，射箭比賽很盛行，它不僅是表面上爲禮節，爲娛樂，而且透過這些活動可得到軍事訓練的效果。

敦煌民歌也反映了當時軍中或民間很盛行射箭活動。S. 2947〈丈夫百歲篇〉中：「三十堂堂六藝全。縱非親友亦相憐。」，可想唐五代也以六禮制度教育男子，因此民間心理上會產生男子一定要能六禮才做大丈夫的觀念。

射箭依照其姿勢分爲步射、蹲射、靜射、騎射等。前三種大約盛行於內地，而且一般比賽常使用這種方法，所以在民間普遍盛行。騎射不僅在上層社會風行，尤其流行於西北邊地。西北人爲遊牧生活，從小就熟悉騎馬，所以他們精於騎射。依《漢書・李廣蘇建傳》中〈李陵傳〉說：「教射酒泉、張掖以備胡。」，可知敦煌附近西北人的射技多精湛。

P. 4692〈望遠行〉[103]中：

> 年少將軍佐聖朝。為國掃蕩狂妖。彎弓如月射雙鵰。馬蹄到處陣雲消。

S. 1441〈破陣子〉[15]中：

> 年少征夫軍帖，書名年復年。為覓封侯酬壯志。攜劍彎弓沙磧邊。拋人如斷絃。

兩首都是表現爲國出征邊地的年青人的雄健氣概，但其人其事似爲貪功苦戰、不顧家人的氣氛。當時西北邊防變化最甚，大部分征人都在西塞負役，歌中也明顯地述及戰地是沙磧邊，由此兩首民歌所唱的射箭情景很可能是騎射的形態。而且證明了射箭在唐五代仍然是掌握戰爭的主要手段。

(五)　舞蹈

唐五代，特別是唐代，舞蹈活動極爲普遍。唐代處於經濟、文化的鼎盛期，是一個欣欣向榮、開放的時代。舞蹈活動突出地表現了這種社會風貌。無論是傳統樂舞，還是西域、邊防少數各族傳入的樂舞，都受到人們的歡迎。因此留下的舞種和舞蹈名目比任何時代更豐富。舞蹈是人們樂於

欣賞的表演藝術，又是人們用以自娛的方式。因此從皇室貴族到老百姓，朝會大典到民間娛樂生活，宮殿到鄉村，無論何人何時何地皆喜歡舉行大小規模的舞蹈活動，它已成為人們生活中的一部分。尤其敦煌寫卷中的九種舞譜說明唐五代舞蹈活動極為興盛而普遍（註22）。

　　唐五代敦煌民歌也反映著這些民間普遍化的舞蹈活動在各種行事進行中表演了。P.3994〈菩薩蠻〉[36] 是描寫女子在山谷中兩兩對舞的情景之民歌。

　　　　霏霏點點迴塘雨。雙雙隻隻鴛鴦語。灼灼野花香。依依金縷黃。

　　　　盈盈江上女。兩兩溪邊舞。皎皎綺羅光。輕輕雲粉妝。

此歌上片以詠雨、鴛鴦、野花、金縷（按：柳（註23））四個自然，表現出春景，下片描繪舞女的婀娜多姿和妝扮，全篇大約描寫了多數女子在春遊中翩翩地在舞蹈的景色。由此可說民間在野地或山谷中游玩時常常舉行舞蹈活動的風俗。

　　民間流行的歌舞中，代表西域特殊民俗的歌舞曲是〈蘇幕遮〉，也稱為〈醉渾脫〉。敦煌民歌中P.3360〈蘇莫遮〉大曲六首，就是反映當時民間有此種舞蹈的。據《舊唐書·康國傳》說：「至十一月鼓舞乞寒，以水相潑，盛為戲樂。」又據向達《唐代長安與西域文明》說：「唐代又行一種潑胡乞寒之戲，戲時歌舞之辭名〈蘇莫遮〉。」所謂潑胡乞寒之戲，就指〈醉渾脫〉，表演時用油囊裝水，互相潑潑，參加表演者能避免水激頭面，都戴油帽。油帽是高昌話，即蘇幕遮之意（註24）。此種歌舞在唐五代最為盛行，其形態如今以潑水節的民俗留在印度、緬甸，以及中國少數民族。

　　唐五代舞蹈活動在國定大典的時候也舉行。P.2506〈獻忠心〉[72] 反映了唐初已有這種歌功頌德的慶祝舞蹈。

　　　　驀卻少雲水。直至如今。涉歷山阻。意難任。早晚得到唐圖裏。朝　　　　聖明主。望丹闕。步步淚。滿衣襟。　生死大唐好。喜難任。齊拍　　　　手。奏仙音。各將向本國裏。呈歌舞。願皇壽。千萬歲。獻忠心。

　　歌中明顯地表現當時祝壽慶典中一定的程序配合著祝頌的雄壯舞蹈，不僅表達對國家的忠節，而且增添高潮隆重的氣氛。從所詠的歌辭壯重、威嚴的角度來看，道頌祝者和舞蹈者不是同一人，當時所舉行的是用於欣賞的表演性舞蹈。所以可推想舞蹈風俗有兩方面的活動形態，一方面是自娛性，另一方面就是表演性。由於舞蹈廣泛受到人們的喜愛，在廣場、街頭和酒肆等公共場所往往會舉行各種舞蹈表演（註25）。特別宮廷有舞制，如舞者人數、服裝，樂工人教、服飾、樂隊編制和採用何樂曲等都有規定，所以〈獻忠心〉裏表現的歌舞活動可能是大型規模的集體群舞。

　　敦煌民歌中還有直接描寫一種宮廷舞蹈，即劍器舞姿容的作品。S.6537〈劍器詞〉[(1018～1020)]三首：

> 皇帝持刀強。一一上秦王。聞賊勇勇勇。擬欲向前湯。心手三五箇。萬人誰敢當。從家緣業重。終日事三郎。
>
> 丈夫氣力全。一箇擬當千。猛氣衝心出。視死亦如眠。率率不離手。恆日在陣前。譬如鶻打雁。左右悉皆穿。
>
> 排備白旗舞。先自有由來。合如花焰秀。散若電光開。喊聲天地裂。騰踏山岳摧。劍器呈多少。渾脫向前來。

三首都表現著兵將之忠節和勇猛。〈劍器詞〉是當時民間流行的劍器舞之歌辭，第三首專門描寫劍容舞的姿容。依據陳中凡〈從隋唐大曲試探當時歌舞戲的形成〉中對〈劍器詞〉說：

> 這是一套小型的舞曲，全套僅三疊，當屬『次曲』。其中依然有人物故事。其所持的舞具或為雙劍，或為綵毬，或用旗幟，火炬，原無定物，這裏則用白旗。當全隊協力揮舞時，合如花燄怒發，散若電光四閃，怒吼則天地欲裂，騰踏則山岳為摧。這樣壯烈的表演，實能炫人眼目。最後離開原有的宮聲，改唱渾脫的角調，唱出甲士們摧堅陷陣的情節（註26）。

　　這段話詳細說明伴隨著歌辭的情節而表達出來的舞姿。

　　《樂府雜錄》將劍器舞屬於健舞之類，即說：「健舞，曲有稜大阿連

柘枝劍器胡旋胡騰」。健舞是隋唐五代廣泛流行的舞蹈，風格大多剛健矯捷，其種類有劍器、柘枝、胡旋舞、胡騰舞、拂林、大渭州、阿遼、黃獐、達摩支、楊柳枝等（註27）。依陳暘《樂書》說：「劍器宮聲，而入渾脫之角調，故謂犯。」，可知劍器舞原在民間流傳，並傳入到宮廷，是一種軍士集體群舞。

　　這種較完整的舞曲歌辭對考察劍器舞的動作、性質及風格等提供相當重要的資料，而且對研究當時舞蹈風俗的事象和興盛程度有更正確的證據。

【附　　註】

1.黃有志《社會變遷與傳統禮俗》p.13，幼獅文化事業公司，民國80年。

2.參見前揭書p.14。

3.錢穆《中國文化史導論》，正中書局，民國43年。

4.如敦煌本《搜神記》中：「我是遼西太守梁合龍女，今嫁與遠東太守毛伯達兒爲婦。今日迎車在門前，因大風，我漸出來看風，即還家入房中。」，文中迎車就指親迎時使用的車子。

5.尚秉和《歷代社會風俗事物考》卷19、p.235，商務印書館，民國74年。

6.參見韓養民、張來斌《秦漢風俗》p.152，博遠出版社，民國78年。

7.如前揭書p.p183-189。

8.參見《禮記・祭法》說：「王爲群姓立社曰大社，王自爲立社曰王社，諸侯爲百姓立社曰國社，諸侯自爲立社曰侯社，大夫以下成群立社曰置社。」注說：「今時里社，是也。」

9.參見《周禮・春官上・肆師》說：「社之日。泣卜來歲之稼。」疏說：「社，亦是秋祭社之日也。」，《孝經・緯援神契》說：「仲春祈穀，仲秋穫禾報社。」

10.《荊楚歲時記・二月》：「社日，四鄰並結宗會社，宰牲牢，爲屋於樹下，先祭神，炙後享賞胙。」

11.任二北《敦煌曲初探·時代》，p. p232-233。

12.參見高國藩《敦煌曲子詞欣賞》，p.137-144。

13.任二北《敦煌曲初探·時代》，p261-262。

14.《荊楚歲時記·二月》：「去冬節一百五日，即有疾風甚雨，謂之寒食。」；《入唐求法巡禮行記》卷4記載；「寒食，從前以來，准式賜七日假。」；《唐六典·刑部都官》記載：「官戶奴婢元日、冬至、寒食放三日假。」

15.參見韋莊〈長安清明〉：「內官初賜清明火」（《韋莊集校注》，四川省社會科學院，1986年），這是寒食結束後新燃的火。

16.參見《紅樓夢》第六十二回中之描寫這種鬥法，說：「外面小螺和香菱、芳官、蕊官……大家採了些花草來，兜著坐在花草堆裏鬥草。……豆官沒的說了。」

17.參見高國藩《敦煌民俗學》，p. 515。

18.依王重民《敦煌曲子詞集》，〈鬥百草〉第四首中「兩兩相捻笑」句，記載「兩兩相捻取」，意味著雙雙摘取庭前之花，前後兩句其意大同小異。

19.依照《初學記》說：「鞠即毬子、今蹴鞠曰戲毬。古用毛糾結爲之，今用皮。以胞爲裏、噓氣閉而蹴之，或以韋爲之。實以柔物、謂之毬子、鞠亦作踘。又蹴踘之處曰毬場、勝者所得。謂之毬采。」，可知毬子的樣子。

20.《荊楚歲時記》引劉向《別錄》曰：「蹴鞠，黃帝所造，本兵勢也。」杜公瞻按說：「或云起於戰國。案鞠與毬同，古人踢蹴以爲戲也。」

21.見任二北《敦煌歌辭總編》p. 264。

22.目前所掌握的資料，有〈遐方遠〉、〈南歌子〉、〈南鄉子〉、〈雙燕子〉、〈浣溪沙〉、〈鳳歸雲〉，另有近期發現的〈荷葉杯〉，總共有九種舞譜。關於舞譜的舞曲結構和舞蹈動作，在第七章要試探。

23.參見任二北《敦煌曲校錄》p.33。

24.見陰法魯《敦煌曲子詞集·序》（王重民《敦煌曲子詞集》修訂本p.6, 1956年。）

25.見王克芬《中國舞蹈發展史》p.182，上海人民出版社，1989年。

26.陳中凡〈從隋唐大曲試探當時歌舞戲的形成〉（見《南京大學學報》第8卷1期）。

27.王克芬《中國舞蹈發展史》p.p 197–199。

第五章　唐五代敦煌民歌之內容風格

　　第二章已經談到民歌是揭露當時民間生活和思想感情的。即人們借歌唱表達他們的欲求，敘述他們的經驗，發抒他們的哀樂，並描寫他們周遭的制度和自然景象（註1），可說民間與環境造成社會生活的過程中所產生的心情和行動都通過民歌自然地表現出來。因此，民歌是生活的再現，也是感情的淨化，是理想的實現。歷來民歌所表達的思想內容很廣泛，如男女愛情、遊子思鄉、民生疾苦、生命無常、制度慣習、詠物抒情等等，皆在其範疇之內。

　　民歌扎根於深厚的民間土壤，其內容具有渾厚素樸、坦率熱烈的民間氣息，並具備多樣的風格。

　　唐五代敦煌民歌保留著很廣泛的內容題材，也深刻地反映了當時民間的個性和獨特的生活面貌。敦煌民歌發現之後，研究它的學者不少，對它的評價也都不同。龍沐勛在〈詞體之演進〉說：

> 且（雲謠集）三十首中，除怨征夫遠去，獨守空閨之作外，其他亦為一般兒女相思之辭，無憂生念亂之情，亦無何等高尚思想（註2）。

唐圭璋在《雲謠集雜曲子校釋》中說：

> 其間有懷念征夫之詞,有怨恨蕩子之詞，有描寫艷情之詞，與《花間》、《尊前》之內容相較，亦無二致（註3）。

　　兩人在初期詞的觀點來評敦煌民歌裏〈雲謠集雜曲子〉三十首，其內容只不過唐末五代文人之詞的風格。但平心而論，這三十首實為民間作，因此應該以民間文學的角度來分析，才能體會其所欲表達的真正的思想內容。關於這方面，王重民在《敦煌曲子詞集》中說的相當客觀。

　　今茲所獲，有邊客遊子之呻吟，忠臣義士之壯語，隱君子之怡情悦
　　志，少年學子之熱望與失望，以及佛子之讚頌，醫生之歌訣，莫不
　　入調。其言閨情與花柳者，尚不及半，然其善者足以抗衡飛卿，此
　　肩端己。至於『生死大唐好』，『只恨隔蕃部，情懇難申；吐早晚
　　滅狼蕃，一齊拜聖顏』等句，則真已唱出外族治下敦煌人民的愛國
　　壯烈歌聲，絕非溫飛卿，韋端己輩文人學士所能領會，所能道出者
　　矣（註4）。

陰法魯也在同書之序同意王氏的說法，他說：

　　真正生動活潑而能反映一般社會生活的詞應當是出於民間的作品。
　　……所收集的曲子詞，有一部分應當認為民間文藝，——有的出於
　　人民群眾之手，有的不是出於人民群眾之手，但為他們所喜愛而流
　　行於民間。抒情的作品，纏綿坦率，幽思洋溢；一般的作品，信口
　　信手，出語自然。所表現的所含蘊的是怎樣的真實，又是怎樣地豐
　　富（註5）。

從這兩段引文中，可推想他們肯定至少‘言閨情與花柳者’不超過一
半，足以衡度《花間》、《尊前》之詞，而且其述說的情懷有‘纏綿坦
率，幽思洋溢’之風格。

至於任二北《敦煌曲初探》，更進一步把敦煌民歌具體地分爲二十
類。即；

　　㈠疾苦　㈡怨思　㈢別離
　　㈣旅客　㈤感慨　㈥隱逸
　　㈦愛情　㈧伎情　㈨閒情
　　㈩志願　㈡豪俠　㈢勇武
　　㈣頌揚　㈤醫　　㈥道
　　㈦佛　　㈧人生　㈨勸學
　　㈩勸孝　㈡雜俎　　（註6）

這種分類幾乎都涉及敦煌民歌所表現的內容。但是缺少一些民歌本來

的面貌，如詠物寫景、史蹟等，還有任氏的分類法包括定格聯章體的佛曲歌辭，因此要取任氏之分類法仍有不足之處。最近出版的《敦煌歌辭總編》，第一卷到第三卷收錄民間主動之作，以其內容性質而分類成幾種，主要是怨思、戀情、行旅、進取、隱逸、力作、頹廢、史蹟、詠物、佛、道、儒、民間疾苦和生活等。這的確可以彌補以前分類之不足，而更接近敦煌民歌真實的內容及風格。

　　本章著重敦煌民歌的內容，並探討其所表達的民間性和藝術之形態。雖然如此，內容分析時，可能有不少地方會與第四章考察的民俗內容部分衝突反復。因為民歌往往歌詠民俗，民俗也常為民歌的內容，而且民歌表現出來的社會相和精神思想通常反映民俗現象，所以民俗與民歌的內容有不可分之關係，這種關係在第一章、第四節已經提到過了。筆者參酌這些材料和本文的研究性質，而選取敦煌民歌中被詠的較多、及其內容風格性質能代表唐五代敦煌民歌之特徵者，作進一步的分析。

　　在《唐代文學論叢》四輯中〈論唐五代詞〉，以《敦煌曲子詞集》為依據，作過一個統計；其中『言閨情及花柳者』約占40%左右；『邊客游子之呻吟』約12%；『忠臣義士之壯語』約25%（註7），由此看出詠閨情、邊塞及愛國者最多，約占70%以上。

　　再看《敦煌歌辭總編》之內容分類，屬民間疾苦之類有四十多首；屬男女愛情之類約六十多首；屬歷史和愛國之類約四十多首，這三類佔民間性作品之60%以上（註8）。

　　從上述統計資料可以分為三大類內容，即男女愛情、邊塞與愛國、民生疾苦等。下加以仔細分析。

【附　　註】

1.參見婁子匡編《民俗叢書》第16冊民間文學專號中〈民間文學和民眾教育〉（鍾敬文編，東方文化供應社複刊）。

2.《詞學季刊》創刊號p.33，學生書局，民國56年。

3.唐圭璋《詞學論叢》p.749，宏業書局，民國77年。

4.王重民《敦煌曲子詞集》序（修訂本），商務印書館，1956年。

5.同註4。

6.任二北《敦煌曲初探》p.267，上海文藝聯合出版社，1955年。

7.楊海明〈論唐五代詞〉（《唐代文學論叢》第四輯，1983年），他在此論文，除三類之外，還說明『隱君子之怡情悅志』約5%；『少年學子之熱望與失望』約4%；『佛子之讚頌』約7%；『醫生之歌訣』約2%；其他內容，約占5%。

8.任氏《敦煌歌辭總編》第1卷到第3卷中除宗教性歌辭二百九十四首、殘辭二十首及文人之辭七首之外，共有二百三十五首。（此書將〈雲謠集雜曲子〉作品數看做三十三首）

第一節　情　歌

　　以往，在民歌當中仍以歌詠男女戀愛的情歌爲最普遍，敦煌民歌中最多的也是以男女愛情爲主題的歌辭。這類歌辭反映愛情生活歷程中不同的典型感受，特別描寫婦女的思想感情多爲中下層良家婦女，其抒發更爲逼眞。寫男女愛情的，大概有征婦怨思、情愛與相思、被棄與怨望等三類。

一、征婦怨思

　　敦煌民歌中描寫閨中征婦的複雜感情者佔大多數。如S.1441〈鳳歸雲〉[1,2]二首將思婦的憂思難禁，刻劃得深刻而細膩。

　　　　征夫數載。萍寄他邦。去便無消息。累換星霜。月下愁聽砧杵起。
　　　塞雁南行。孤眠鸞帳裡。枉勞魂夢。夜夜飛颺。　想君薄行。更不
　　　思量。誰爲傳書與。表妾哀腸。倚欄無言垂血淚。暗祝三光。萬般
　　　無奈處。一爐香盡。又更添香。

　　　綠窗獨坐。修得君書。征衣裁縫了。遠寄邊隅。想你爲君貪苦戰。
　　　不憚崎嶇。終朝沙磧裡。只憑三尺。勇戰奸愚。　豈知紅臉。淚滴
　　　如珠。枉把金釵卜。卦卦皆虛。魂夢天涯無暫歇。枕上長噓。待公

卿回故里。容顏憔悴。彼此何如。

　　前一首敘寫了一個深切思念丈夫的閨中婦女，讀一遍就自然知道是征婦敘述的。上片寫丈夫出征數年不歸，又杳無音信，引發女子深切的思念之情。聽到砧杵的聲音，又看到南歸的鴻雁，在在無不生愁，以至想思成夢，這樣反複表達了其思念以後，渡到下片。下片主要寫女子的心理活動。她埋怨丈夫薄情，匆匆忙忙地走了；懷疑丈夫的品行，只好暗暗祈求上蒼令丈夫早日回來。‘征夫數載。萍寄他邦。’，說明丈夫遠征在外，好像萍梗一樣地漂流，此處用萍梗的漂浮比喻征夫到處奔波，表達了女子盼望丈夫早日回來的心情。這就是運用形象思維，以具體事物的形象，表達抽象的思想感情。再如以月光、砧杵、塞雁來表達了女子對離別的憂愁。

　　第二首寫透過想像邊塞之丈夫，抒發她對丈夫的愛與怨。上片由修書信、寄征衣，想到丈夫在邊塞沙漠中苦戰，下片寫女子愁思流淚、卜卦、畫思夢想，她不禁愈想愈悲，只是設想夫婦相會後的感傷。這一首歌委婉曲折。沒有描寫戰爭的恐怖，但是描述戰爭給人帶來的精神痛苦，從而充分揭露了邊塞發生了戰爭的消息，而且想像丈夫如何苦戰。再如寫女子思夫的心理活動時，卻不直接描述細膩的心理而通過女子的行動的敘述，來流露自己的感情。

　　這兩首似乎反映了唐朝府兵制度下特有的社會現象。任二北在《敦煌歌辭總編》說：「因唐代府兵制之淪廢關係，敦煌曲內之凡屬『征婦怨』者已大都取得開元末期之時代。」所以征婦怨的怨之根源就在府兵制的流弊。府兵制，基本上以兵農合一為原則，府兵平時務農，與一般農民無異，而一定時間負宿衛、戍邊、征伐等的任務，戍邊以三年為期，開元六年以後改為六年，盛唐安史之亂後府兵制就破壞了（註1）。府兵制破壞，當兵的人遠離家鄉，參戰或戍守邊塞，終老不得回家者，十有八、九。由此產生了大量的征婦之怨，征婦獨守空閨，只有等待著丈夫回來的日子。先提到‘他邦’、‘邊隅’、‘沙磧’、‘奸愚’等出征的地方和

征討的對象；同時寫到‘傳書’、‘征衣’等引起女子的丈夫的相思的媒體，接下來描寫閨中怨思的心理活動和祈盼，足夠表現了民間文學的清新質樸，感情飽滿、真摯的藝術特色。府兵制破壞，連音信都沒有，空閨的懊愁越深，S.6537〈阿曹婆〉(1013) 一首明顯地揭露了那望夫之女子的呼訴。

> 當本祇言三載歸。灼灼期。朝暮啼多淹損眼。信音稀。妾在空閨恆獨寢。君在塞北亦應知。懊惱無辭呈肝膽。留心會合待明時。□□□。

辭中‘懊惱無辭呈肝膽’一句足夠顯示了自己無可奈何的苦衷。語言樸實率直，令人引起悽惋之情。

總之，征婦怨思題材都率直地表達征婦「相思夜夜到邊庭」（註2)的思念。「淚珠串滴。旋流枕上。無計恨征人。」（註3）的痛苦，「早晚三邊無事」（註4）的夫婦團聚之願望等心理形象。

另有一首借閨中女子的行動和她與喜鵲的對話，以輕鬆明快的方式表現了女子對征人的思念和盼望歸家之情。

《敦煌零拾》〈鵲踏枝〉：(115)

> 叵耐靈鵲多瞞語。送喜何曾有憑據。幾度飛來活捉取。鎖上金籠休共語。　比擬好心來送喜。誰知鎖我在金籠裏。願他征夫早歸來。騰身卻放我向青雲裏。

上片寫一個丈夫出征在外的女子，看到喜鵲帶來送喜，但是卻總不見丈夫回來，心裏不免有些惱怒，於是把靈鵲抓住關在籠子裏，而且責問它‘送喜何曾有憑據’，這是很巧妙地表現出女子對丈夫的思念心情。下片寫被關在籠中喜鵲的話，喜鵲早已知道女子的心理，便調皮地回答說，它好心給女子送喜信，反而把它鎖在籠子裏，只希望丈夫早日歸來，把它放回青天裏去。這種奇特的物結形式有新穎的風格，以此表達了隱藏在閨中女子心中的悲痛。透過女子和靈鵲一問一答，不僅描繪思念的痛苦，而且其文字幽默、生動、活潑。透過幽默、玩笑的文字來真正表達其骨子裏

的悲痛，這是內容上諧趣和悲哀共存的形態，即以詼諧的形態表現悲哀心理，從而更深化其悲哀意味，同時可以減輕悲哀的痛苦（註5）。這種表現手法是民間文學特有的情趣。

　　敦煌民歌中描寫征婦怨思之作品，其內容展開上有共同特點，即在描寫征婦思念征夫時，何以產生思念之情以及如何克服那種心理上矛盾。征婦對丈夫的思念大概先從觸景生情開始，如「柳條垂處處。喜鵲語零零。」（S.2607〈荼怨春〉(131)）、「悲雁隨陽。解引秋光。寒蛩響夜夜堪傷。」（S.1441〈洞仙歌〉(11)）、「月下愁聽砧杵起。塞雁南行。」（S.1441〈鳳歸雲〉(1)）、「唯聞蟋蟀吟相伴」（P.3251〈菩薩蠻〉(39)）等女子感覺到時節或聽喜鵲、砧杵的聲音，接著想起出征在外的丈夫。出征在外已過了數年仍無音訊，且歸期未定，心裏自然生起對丈夫的怨望。如「去時花欲謝。幾度葉還青。」（S.2607〈荼怨春〉(131)）、「淚珠串滴。旋流枕上。無計恨征人。」（S.1441〈洞仙歌〉(11)）、「和愁封去書。春色可堪孤枕。心焦夢斷更初。」（S.1441〈破陣子〉(14)）、「恨征人久鎮邊夷」（S.1441〈洞仙歌〉(10)）、「去便無消息。累換星霜。」（S.1441〈鳳歸雲〉(1)）、「千行歆枕淚。恨別添憔悴。」（P.3251〈菩薩蠻〉(39)）等或提到歲月的推移或直接表達心裏的愁恨，以此抒發對丈夫的怨望。但是在那些願望中卻不失表現出其對丈夫的感情，還是愛他、想念他的真心。如「相思夜夜到邊庭」（S.2607〈　怨春〉(131)）「戰袍待穩」（S.1441〈洞仙歌〉(11)）、「想夫憐處。較相愛幾多恩義。」（S.1441）〈洞仙歌〉(10)）、「枉勞魂夢。夜夜飛颺。」（S.1441〈鳳歸雲〉(1)）、「修得君書。征衣裁縫了。」（S.1441〈鳳歸雲〉(2)）等可看女子對丈夫的思念之情及其心理活動或以送征衣、寄信等具體的行動表現出來。最後，這些又怨又想的感情究竟以歸於祝禱之辭，來克服恨征人和情悠長的矛盾心情。如「願天下銷戈鑄戟。舜日清平。待成功日。」（S.2607〈荼怨春〉(131)）、「願四塞來朝明帝。令戍客休施流浪。」（S.1441〈洞仙歌〉(11)）、「早晚三邊無事了」（S.1441〈破陣子〉(14)

）、「暗祝三光。萬般無奈處。一爐香盡。又更添香。」（S.1441〈鳳歸雲〉⁽¹⁾）、「願他征夫早歸來」（《敦煌零拾》〈雀踏枝〉⁽¹¹⁵⁾）等表現了希望邊塞安寧，四海統一，征夫得以歸來之意，進一步點香祈求丈夫健康安寧。從這種意識的流露過程，可知民歌將有的純厚之趣。民間寧可怨而絕不怒的思想透過這種溫柔的侍念來明顯地證明。所以人們常說民歌裏有生命力，有民間健康的思想，而且它抒發民間的各種情緒，不是直接反抗諷刺的改革性文學。

二、戀愛

描寫男女相悅之辭是民歌最主要的情調，內容豐富多彩，有表現真摯、強烈的愛情，有寫男女相思的，也有寫離別之痛苦的，或是寫愛情之誓言的。描繪男女戀愛的民歌，可以舉下兩首歌。

P.3251〈菩薩蠻〉⁽³⁷⁾：

清明節近千山綠。輕盈士女腰如束。九陌正花芳。少年騎馬郎。
羅衫香袖薄。佯醉拋鞭落。何用更回頭。謾添春夜愁。

S.1441〈竹枝子〉⁽⁹⁾：

高捲珠廉垂玉戶。公子王孫女。顏容二八小娘。滿頭珠翠影爭光。
百步惟聞蘭麝香。　口含紅豆相思語。幾度遙相許。修書傳與蕭娘。倘若有意嫁潘郎。休遣潘郎爭斷腸。

兩首都是寫相悅之情的。前一首描寫男女邂逅於風和日麗的春遊中，而最後又不得不分手的無奈。特別通過男子佯醉拋鞭，回頭顧盼的動作，表現了他對女子深爲愛慕，很生動，又有濃厚的青春氣息。透過簡單而習見的情節，全篇洋溢著輕鬆愉快的氣氛，又寫出了男子淡淡的懷愁和難言的苦衷（註6）。作品只用了‘輕盈’、‘腰如束’五個字描寫了女子之美，透過失落馬鞭而表現了男子對女子的好奇，這些都是象徵愛情的含蓄性表現。

後一篇是描寫男子思念一位美麗的女子，思念之情令人斷腸心折。女子雖然‘口含紅豆相思語。幾度遙相許。’，但是仍不能肯定兩人之間的

關係，終於男子寫信給她，要她肯定婚姻關係。由此篇可推想當時很多青年男女，通過自由戀愛，結成幸福的結婚。最後兩句寫男子的心態，情真而意切。

男女相思相悅之情，往往以思念或怨望之歌來描寫了。看 S.5540〈山花子〉[75]：

> 去年春日長相對。今年春日千山外。落花流水東西路。難期會。
>
> 西江水竭南山碎。憶你終日心無退。當時只合同攜手。悔□□。

這是一首寫女子思念遠別的情人之歌。女子回憶去年與情人在一起的情景，又為今年春天已經離她遠去而傷情。‘長相對’意味著他們初遇時刻的喜悅、相愛，‘千山外’與前句對比，造成離別之惆悵、痛苦。這種對情人的愛和思念，在下片卻有感情上的大轉折，她做山盟海誓的決心。‘西江水竭南山碎。憶你終日心無退。’兩句是說女子對情人的忠貞。這種愛情的堅貞與 P.2838〈魚歌子〉[28]中：「莫阻兩情從過與。暢平生。兩風醋。若得丘山不負。」是一樣的態度。

男女之愛情，往往透過離別之情景反映出來。P.3251〈菩薩蠻〉[40]是寫送征夫之恨的民歌。

> 昨朝為送行人早。五更未罷金雞叫。相送過河梁。水聲堪斷腸。
>
> 唯念離別苦。努力登長路。駐馬再搖鞭。為傳千萬言。

前四句簡單地寫相送的一對夫婦，雖然默默地承受離別，但是後邊隱藏著莫大的激情和無比的哀怨。這樣的情緒在最後兩句‘駐馬再搖鞭。為傳千萬言。’更能深刻表達。劉大杰《中國文學發達史》說此兩句：「在十個字裏，把送別情景表現得非常生動，而又自然動人。」（註7）兩人欲說無言之表情，濃濃地流露出夫婦互相恩愛和心心相映的深情。

因著這些相思或離別，甚至於在戀愛中的男女也常耽憂恩愛不再的痛苦。一般民眾的愛情，以真摯、堅貞為特點，所以透過歌唱表明自己對對方堅貞而不變的愛。現在看兩首代表發誓相愛的民歌。S.4332〈菩薩蠻〉[41]：

枕前發盡千般願。要休且待青山爛。水面上秤錘浮。直待黃河徹底
枯。　白日參辰現。北斗迴南面。休即未能休。且待三更見日頭。

S.5643〈送征衣〉[117]：

今世共你如魚水。是前世因緣。兩情準擬過千年。轉轉計較難。教
汝獨自孤眠。　每見庭前雙飛燕。他家好自然。夢魂往往到君邊。
心穿石也穿。愁甚不團圓。

前一首是男女共同立下愛情的誓言。辭中列舉六種決不可能發生的事
件作為反喻，以表達追求愛情的堅決態度，感情熱烈真摯，大膽真率。比
喻得很通俗，體現了濃厚的民間氣息。內容具有剛健清新，生動活潑的特
點。青山不會爛，鐵秤錘不可能浮在水上，黃河也不會徹底枯乾。參辰指
天上的參宿和商宿，二者在天上此出彼沒，永遠不會同時出現。北斗也不
可能到南天去。更有趣的，是最後兩句；即使上述五種不可能發生的現象
出現了，兩個男女的盟誓也不能罷休，除非是半夜三更出了太陽。這種比
喻手法，在漢樂府民歌中也有（註8），這可能是在民間文藝中往往使用
的一種積極且強烈的表現手法。

後一首則是一面肯定男女兩人的恩愛，一面希望對方也能堅貞，以便
兩人能夠永久和合，白頭偕老。作品裏的男女可能是一對夫婦。上片借魚
水，比喻夫婦之情，而在遠方的丈夫說‘教汝獨自孤眠’這一句話，可以
體會到對妻子的關懷、體貼。下片從一雙燕子聯想到孤獨，但是最後仍堅
信兩人之情感永遠不渝，表達了堅貞的愛情。‘心穿石也穿。愁甚不團
圓。’意味著兩人之心相通，滴水也可穿石，夫妻一定會團圓的。手法十
分率真，令人感到夫婦多麼恩愛，他們的盟誓具有樂觀的民間愛情觀念。

三、棄婦、伎女之怨望

在唐五代封建禮教社會中，婦女常被丈夫所遺棄。敦煌民歌中P.3137
〈南歌子〉[119]是因著不合理的婚姻制度造成遺恨的棄婦辭中的一篇。一
位女子不幸嫁給了薄情郎，丈夫整天在外遊蕩，醉酒之後就回家，而女子
悔恨傷心自己嫁給薄情的丈夫。

悔嫁風流婿。風流無準憑。攀花折柳得人憎。夜夜歸來沈醉。千聲
喚不應。　回覷簾前月。鴛鴦帳裏燈。分明照見負心人。問道些須
心事。搖頭道不曾。

　　這首歌一開始便是女子痛苦地喊出其不幸的婚姻生活，非常率直，並
可窺見女子心裏累積的憤怒。歌中丈夫不忠實於愛情，其人品不正，整天
在青樓歌院中風流，每晚喝得酩酊大醉才回家，妻子千聲呼喚仍毫無反
應，這樣放蕩的丈夫造成了妻子的憤怒、憎惡。女子問丈夫有何心事，但
他卻搖頭不答。丈夫的態度使妻子更難過，她實在希望藉著月光和燈光之
助使自己能看透丈夫的心思。全辭的情節令人同情，表現逼真而樸素，具
備戲劇性。

　　另有一首棄婦辭，它描寫一位被遺棄的女子，孤獨深夜難眠時的思
念。《敦煌零拾》〈望江南〉[87]：

　　　天上月。遙望似一團銀。夜久更闌風漸緊。為奴吹散月邊雲。照見
　　　負心人。

意思是女子在皎潔的夜空下賞月，可惜月亮卻被浮雲遮掩住了，求風爲她
吹散那明月邊的浮雲，以此藉明亮的月光照見那負心的丈夫。只用五句就
表達出棄婦對丈夫無限的失望、傷心。辭句中沒有出現一點憤怒、責備丈
夫的話語，卻藉月和風抒發自己心中之怨情。這一首與前一首有不同之
處，女子默默地等待著那變心的丈夫早日回到她身邊，可見當時被棄遺的
女子有口難言的痛苦。所謂‘照見負心人’與前一首一樣，是表現自己很
希望看透男子的心，可推想棄婦納悶的心態。辭的語言通俗樸素，完全白
描，這也是表現民間文學的本色。

　　與上述兩篇有同樣題材的民歌，還有P.2838〈拜新月〉[24]中：「到處
輒狂迷。不思家國。花下遙指祝神祇。直至於今。拋妾獨守空閨。」、
P.2838〈喜秋天〉[31]中：「何處貪歡醉不歸。羞向鴛衾睡。」、S.1441〈
破陣子〉[12]中：「不念當初羅帳恩。拋兒虛度春。」等等都以不同角度反
映出那些棄婦們的怨恨，這就是控訴當時男女不平等社會所造成的罪惡，

具有深刻的社會意義。

　　女子在社會上的地位不如男子，特別伎女的社會地位是婢與妾之間（
註9）。所以她們在職業上往往與男子交情，後來或被欺負或被背反。敦
煌民歌中有一首簡單直接地敘述那些妓女不甘凌辱的辭。如P.2809〈望江
南〉(86)：

> 莫攀我。攀我太心偏。我是曲江臨池柳。者人折了那人攀。恩愛一
> 時間。

　　辭一開始就以沈痛憤懣的感情發出‘莫攀我。攀我太心偏。’妓女把
自己比喻曲江邊的垂柳，只是被男子玩弄，終於得不到眞正的愛情。透過
這一首民歌，可知當時妓女的身世多麼悲慘，而且男子們爲了尋歡作樂精
神上肉體上給妓女的打擊是多麼深刻。只有二十幾個字，但是該發出的內
心已經都表達出了。

　　下一首也是反映歌伎怨情的民歌。S.1441〈天仙子〉(5)：

> 燕語鶯啼三月半。煙蘸柳條金線亂。五陵原上有仙娥。❀歌扇。香
> 爛漫。留住九華雲一片。　犀玉滿頭花滿面。負妾一雙偷淚眼。淚
> 珠若得似真珠。拈不散。知何眼。串向紅絲應百萬。

　　上片寫景物和歌伎之美。暮春三月，燕飛鶯啼，柔嫩的柳條兒垂落的
季節，一位像仙女一樣的歌伎，她拿著歌扇，輕歌慢舞，其香氣四面飄
散，歌聲婉轉，連一片行雲也暫停了。下片敘寫歌伎偷偷流淚怨望薄情的
男子辜負她一片痴心。前一句‘犀玉滿頭花滿面’和後四句‘淚珠若得似
眞珠。拈不散。知何限。串向紅絲應百萬。’是適用比喻、誇張手法來深
刻地對照歌伎外表上的美麗和怨情充滿的內心。這是當時妓女內心衝突矛
盾的寫照，也是她們命運的表白。辭富有浪漫色彩，在比喻中運用誇張的
手法表達一位歌伎的怨情，這是極爲突出的藝術效果。王國維在〈敦煌發
見唐朝之通俗詩及通俗小說〉指這首歌說：「情詞宛轉深刻，不讓溫飛卿
韋端己」（註10），又在〈雲謠集雜曲子跋〉說：「特深峭隱秀，堪與飛
卿端己伉行。」（註11）是較妥當的評價。有些人指此首〈天仙子〉是描

寫一位美女發現了她的意中人而產生偷偷愛慕之情，終於失戀的歌。但是辭中‘五陵’指盛唐的「紈袴追歡、歌伎賣笑」的場所（註12），還有‘仙娥’大概指妖艷婦人或唱伎（註13），所以將此首民歌看做詠歌伎之怨情，較妥當。

　　事實上，有關妓女的敦煌民歌不少，如S.1441〈浣溪沙〉(16, 17)兩首是詠歌伎求情和容貌之美，S.1441〈柳青娘〉(18, 19)兩首均詠妓女之怨恨，P.2838〈拋球樂〉(27)也反映了妓女悔恨男子負心。敦煌民歌中寫妓女怨情的歌，比《詩經‧國風》和漢樂府民歌數量多，內容比較樸素而率眞。這是因爲隨著唐五代都市經濟發展而產生很多歌樓妓館，是一種社會變化的反映。我們不難推想透過這些游樂地會發生各樣各色的不倫的愛情關係。

【附　　註】

1.見王壽南《隋唐史》pp.644～647，三民書局，民國75年。

2.S.2607〈　怨春〉(131)中。

3.S.1441〈洞仙歌〉(11)中。

4.S.1441〈破陣子〉(15)中。

5.韓國、趙東一《敘事民謠研究》p.49，啟明大學出版部。

6.高國藩《敦煌曲子詞欣賞》p.17，南京大學出版社，1989年。

7.引自任二北《敦煌歌總辭編》p.393，上海古籍出版社，1987年。

8.漢、樂府民歌〈上邪〉：「上邪。我欲與君相知。長命無絕衰。山無陵。江水爲竭。冬雷震震。夏雨雪。天地合。乃敢與君絕。」（郭茂倩《樂府詩集》第16卷、鼓吹曲辭中）

9.參見本書第三章第二節。

10.周紹良編《敦煌變文論文錄》上冊P.7，上海古籍出版社，1982年。

11.王國維《觀堂集林》中，河洛圖書，民國64年。

12.‘五陵’通常借指漢代先帝的五個陵墓所在地，在長安附近。

13.陳寅恪〈元白詩箋證稿〉說:「唐代仙之一名,遂多用作妖艷婦人,或風流放
　　誕之女道士之代稱。亦竟有以之目倡伎者。」(《陳寅恪先生文集》第三冊,
　　里仁書局,民國70年。)

第二節　邊塞和愛國歌曲

　　唐五代敦煌民歌中有反映邊役和戰爭的苦痛,慷慨抒發愛國之心等作
品。唐初詩壇已有邊塞詩,所謂邊塞詩,就是描寫邊塞上的戰爭、軍事生
活和邊塞風光的。它常常揭露戰鬥的慘烈、沙場征戰之苦,抒發征人邊塞
的生活感受、志士報國忠君之悲壯慷慨之情感等。

　　唐初,特別是盛唐時期國力強盛,國威遠揚,國土開拓,對外交往密
切,邊塞戰爭頻繁,由此造成當時人向往邊塞、向往軍功,尚武精神大發
揚,從而詠邊塞之歌興盛了。既然邊塞詩反映民眾對戰爭的情緒,屬於民
間之呼聲,那麼,在民間歌遙中反映這時代的心聲也是無疑的。在敦煌民
歌中,有時以反戰的立場來揭露各種悲劇性的情緒,有時以愛國忠貞的立
場來發出邊塞將士的豪俠精神。本節將分爲邊塞之痛苦和邊塞軍民之愛國
兩方面探討。

　　唐代不合理的兵役制度招來了不少民眾的悲憤和不滿。S.1441〈破陣
子〉[15]:

　　　　年少征夫軍帖。書名年復年。為覓封侯酬壯志。攜劍彎弓沙磧邊。
　　　　拋人如斷絃。　迢遞可知閨閣。吞聲忍淚孤眠。春去春來庭樹老。
　　　　早晚王師歸卻還。免教心怨天。

P.3360失調名[213]:

　　　　十四十五上戰場。手執長槍。低頭淚落悔喫糧。步步近刀槍。昨夜
　　　　馬驚彎斷。惆悵無人遮攔。下缺

　　兩首都是反映戍卒對邊役的苦痛和悽惋之感。初唐至盛唐,都是沿用
前朝的府兵制,服役期是「二十爲兵,六十爲免」。但是戰爭連綿不絕,

輪番休息的制度已破壞。征人久戍不歸，不能與家人團聚，由此而生鄉愁與怨望。前一首‘年少征夫軍帖。書名年復年。’、‘迢遞可知閨閣。吞聲忍淚孤眠。’從這四句可知三年輪番式府兵制已破壞，也使得征人思婦的哀愁更深化。後一首也描寫未成年的少年上戰場的恐懼，‘低頭淚落悔吃糧’又多麼可憐。兩首都是間接表現反戰反役的民眾心聲。若此兩篇是抒發消極厭戰的情緒，〈補敦煌曲子詞〉第七首是積極反戰，而且渴望戰爭結束、太平無事的好例子。

> 大王處分警烽煙。山路阻隔多般。寒風切切賤於丹。行路遠。正見
> 一條天。　願我早晚說山川。大王堯舜團圓。自今巳後把槍攢。舍
> 金甲。陳唱快活年。

辭中十分體會到征人純樸的願望，這大概也是全人民的盼望。表現率直、清新。

歌中表明戰場是沙磧邊，即是西北地區。盛中唐時，唐朝和西北少數民族關係密切，特別在安史之亂後，與西北吐蕃的衝突很尖銳，終於西北諸州被吐蕃占領受七十多年的統治。趁著平定安史之亂，吐蕃佔有河西、隴右兩節度使所轄之地，勢力遂漸擴展，河湟地區陸續陷於其手。涼州陷於764年，甘州、肅州陷於766年，瓜州陷於776年，最後沙州遲至787年始陷（註1）。諸州最東部的先陷，以次及於最西部。沙州未陷蕃之前，敦煌與唐內地之交通路已因著東部諸州之淪陷而被阻，處於孤立的形勢。

敦煌民歌也在反映此時邊地民眾的痛苦。P.3128〈菩薩蠻〉[44]：

> 敦煌古往出神將。感得諸蕃遙欽仰。效節望龍庭。麟台早有名。
> 只恨隔蕃部。情懇難申吐。早晚滅狼蕃。一齊拜聖顏。

歌抒發邊民痛恨地要求抗擊吐蕃、收復唐地的呼聲。上片歌頌防守敦煌將軍的威功，下片寫與唐隔絕的痛苦，唯一的希望就是早日平定吐蕃，能入朝拜聖顏。這樣被隔絕的心情裏面，也窺見邊民強烈的愛國熱情。

此外，還有純粹歌詠邊塞生活風貌的民歌。P.2506失調名[208]：

> 上缺舊戎裝。卻著漢衣裳。家住大楊海。蠻驀不會宮商。今日得逢

明聖主。感恩光。

S.6537〈何滿子〉[1016]：

> 城傍獵騎各翩翩。側坐金鞍調馬鞭。胡言漢語真難會。聽取胡歌甚
> 可憐。

前一首‘大楊海’，據任二北《敦煌歌辭總編》之考證，即沙州附
近。辭描寫了歸附的外族學漢族生活習慣的情景。後一首寫了邊地征人和
外族雜居而和平相處的情景。通過打獵、騎馬、胡言和漢語併用談話、唱
歌等日常生活中的娛樂，能體現邊地獨特的風土人情。

西北諸州受七十年的吐蕃統治之後，接著進入張義潮、曹義金等節度
使領導的歸義軍時代。從此以後到北宋初，敦煌一帶在政治、社會上和平
無患。敦煌民歌中有反映五代時期西北邊民之太平生活的作品。P.3128〈
望江南〉[81~84]四首：

> 曹公德。為國託西關。六戎盡來作百姓。壓壇河隴定羌渾。雄名遠
> 近聞。　盡忠孝。向主立殊勳。靖難論兵扶社稷。恒將籌略定妖
> 氛。願萬載作人君。
>
> 敦煌郡。四面六蕃圍。生靈苦屈青天見。數年路隔失朝儀。目斷望
> 龍墀。　新恩降。草木總光輝。若不遠仗天威力。河湟必恐陷戎
> 夷。早晚聖人知。
>
> 龍沙塞。路遠隔煙波。每恨諸蕃生留滯。只緣當路寇讎多。抱屈爭
> 奈何。　皇恩溥。聖澤遍天涯。大朝宣差中外使。今因絕塞暫經
> 過。路遠合通和。
>
> 邊塞苦。聖上合聞聲。背蕃歸漢經數歲。常聞大國作長城。金榜有
> 嘉名。　太傅化。永保更延齡。每抱沈機扶社稷。一人有慶萬家
> 榮。早願拜龍旌。

張、曹兩家解除吐蕃歸於唐朝而統治敦煌一帶的功績，曾以民歌流傳
民間。這四首都真是王重民所說的「外族治下敦煌人民的愛國壯烈歌
聲」，又反映歸義軍時代當地和平安穩的生活情緒。據任二北《敦煌曲初

探》中時代考證，第一首可能是後唐、莊宗時期的作品，第二、四首是後晉、出帝時期，（以上是曹義金統治時代）的，第三首是後漢高祖時期（曹元忠統治時代）的，可以肯定這些民歌便是五代敦煌一帶民間所流行的。而且忠實地反映當時邊塞形勢。

另一方面，反映邊塞之民歌中有描述戍邊征人的豪邁氣概，「忠臣義士之壯語」，這也是比較突出的主題。

表現戍邊征人的豪氣的，如 S. 6537〈何滿子〉[1014]：

　　半夜秋風凜凜高。長城俠客逞雄豪。手執鋼刀利霜雪。腰間恆掛可
　　吹毛。」

S.6537〈劍器詞〉（1019）：

　　丈夫氣力全。一箇擬當千。孟氣衝心出。視死亦如眠。率率不離
　　手。恆日在陣前。譬如鶻打雁。左右悉皆穿。

〈補敦煌曲子詞〉第八首：

　　大丈夫漢。為國莫思身。單槍匹馬排陣。塵飛草動便須去。已後警
　　家斤。　兩陣壁。影攝處。莫潛身。腰間四圍十三隻。龍泉寶劍警
　　腰粉。手將來。獻名君。

第一首，一讀就令人感到俠客不畏艱險保衛祖國邊防的英雄氣概。正在寒冷的塞風吹起，以淒惋、蒼涼的邊塞氣候對比俠客豪爽的鬥志。全首歌辭的風格很像是初盛唐邊塞詩的剛健雄渾的特色。

第二、三首也是描寫邊塞大丈夫臨戰的高昂的士氣和具體戰爭場面，語言很明快。他們為國忘身，不畏慘烈的戰爭，而且其豪情之後仍有保家衛國的愛國精神。

此外，敦煌民歌也反映忠臣義士之壯語。這種為國立功，盡忠報國之壯志，或以「年少將軍佐聖朝。為國掃蕩狂妖。」（註2）、「為國竭忠貞。苦處會征戰。」（註3）等豪爽英姿表現，或以「行人南北盡歌謠。莫把堯舜比今朝。」（註4）的盼望安居樂業，顯示出來。

盛、中唐時期，因國內經濟、軍事力量增強，平定邊疆各族而與之交

往了。邊疆各族在與唐朝交流過程中，用和親、留學、歸附、朝貢等方式來學習唐朝文化。敦煌民歌眞實地反映了這些歸漢邊民對唐朝的忠貞和歌功頌德。

P.2506〈獻忠心〉[71]：

> 臣遠涉山水。來慕當今。到丹闕。御龍樓。棄氈帳與弓劍。不歸邊地。學唐化。禮儀同。沐恩深。　見中華好。與舜日同欽。垂衣理。菊花濃。臣遐方無珍寶。願公千秋住。感皇澤。垂珠淚。獻忠心。

S.2607〈贊普子〉[132]：

> 本是蕃家將。年年在草頭。夏日披氈帳。冬天掛皮裘。　語即令人難會。朝朝牧馬在荒丘。若不爲拋沙塞。無因拜玉樓。

前一首寫邊塞少數民族朝覲獻忠，由此可推知背景可能是對外奉行睦鄰政策、臣服四方的盛中唐時期。

後一首是描寫邊民願離沙塞歸附唐朝的心意。'贊普'指蕃語君長（註5），故此歌可能詠吐蕃將領歸漢之事。歌中描繪邊地游牧生活和語言問題，最後表明棄氈帳皮裘而歸附唐朝。從兩首歌辭內容，可推想邊塞少數民族實際生活的艱苦，以及他們對唐朝威德教化的仰慕之情。

以上敘述的邊塞之歌，其題材也多樣，其描寫亦多彩，這是眞正反映唐五代社會形態的重要證據。它有一個特色，就是詠邊塞的地區集中於西北邊地戰場或西北邊民社會。由此可以證明敦煌民歌除了代表唐五代民歌之外，它的確保留著純粹表現西北邊地風光和邊民情緒的當地民歌。

【附　註】

1.依照蘇瑩輝〈論唐時敦煌陷蕃的時代〉、〈再論唐時敦煌陷蕃的年代〉二文之說，敦煌自德宗貞元3年（公元787）至宣宗大中5年（公元851）約六十四年受了吐蕃的統治。（參《敦煌論集》修訂再版，蘇瑩輝，學生書局，民國68年。）

2.P.4692〈望遠行〉[103].

3.P.3821〈生查子〉[96]。

4.同註2。

5.《新唐書‧吐蕃傳》上說：「其俗謂彊雄曰『贊』，丈夫曰『普』，故號君長曰贊普。」

第三節　民生疾苦之歌

　　民歌主要反映民間內外的生活，這是民間文學最基本的特色。它屬於民間，是民間心聲的自然流露，所以本身有生動活躍的生命力，質樸純眞的風格，尤其細膩刻劃現實生活的百態，這些性質更突顯出來。所謂「男女有所怨恨，相從而歌，飢者歌其食，勞者歌其事。」（何休《春秋公羊傳、宣公15年解詁》），說明民歌與社會各層之生活有不可分的關係。民間不像一般作家那樣有意識地觀察、體驗廣泛社會生活現象，只是人們情不自禁地表白自己對生活的感受，訴說自己的愉快和痛苦，就是飢者自歌其食，勞者自歌其事。因此他們描繪的現實生活形象，自然是眞實鮮明栩栩動人的。

　　民歌是反映民衆生活和環境的鏡子。所以它除了具體地、清楚地照出民衆基本生活和勞動生活之外，還揭露社會黑暗。因爲不好的社會制度或腐敗的政策直接影響到民衆身上，民間往往通過申述自己悲慘不幸的生活，或抒發下層被壓迫者的憤怒，來揭露制度政策的矛盾。

　　在這些方面唐五代敦煌民歌也多反映了當時民間生活和社會現象，如日常生活中的情緒，遊子懷念家鄉，感歎人生的易老，船夫的生活，戰爭引起的離別之恨，甚至於直接描寫晚唐黃巢之亂等，無不站在民衆立場上歌詠的。

　　首先考察反映民間各種形態之勞動生活的作品，如P.3128〈浣溪沙〉[58]一首是描寫船夫生活的歌。

　　五里灘頭風欲平。張帆舉棹覺船輕。柔艣不施停卻棹。是船行。

　　滿眼風波多陜汋。看山恰似走來迎。子細看山山不動。是船行。

　　描寫船夫乘風破浪行船的輕快、激動、新穎的心情。從語言運用的活潑、事情展開的自然及內容描述的細膩，能感到平凡樸素，而且生動的船夫生活。上片寫船夫用測風器等到風力平均，從此張起風帆而前進的情景。下片寫船夫行船後接觸大自然而感受的情緒。後三句‘看山恰似走來迎。仔細看山山不動。是船行。’，船夫在山水之間已經陶醉而以爲山動來迎接船和自己，暫時進入忘我的心境，然後反過來現實世界。這是經過平時精細的觀察經驗才流露出來的生活氣息。潘重規《敦煌詞活》中說這種一瞬間的心理活動：「這種普通兒童和成人共有的感覺，用天眞質樸的語句描寫出揚帆疾駛的快感，……富有民歌的情調。」（註1）

　　另有類似醫生行醫歌訣的民歌。P.3093〈定風波〉(100～102)三首敘述了傷寒之病狀，如「頭面大汗永分離。時當五六日。頭如針刺汗微微。吐逆黏滑脈沈細。全冒憒。」、「上氣喘粗人不識。身顫舌焦容顏黑。」、「風濕傷寒脈緊沈。遍身虛汗似湯淋。此是三傷誰識別。」等診斷陰毒傷寒和夾食傷寒和風濕傷寒的症狀識別之後，描寫詳細工緻。全辭直抒鋪張，沒有抒情的情調，但眞實地表現自己的經歷，卻有生動感、緊迫感。

　　《敦煌零拾》〈長相思〉(110～112)三首是描寫在外做客的小商人之三種情況，有的發財致富，有的生意失敗，另有的客中得病，這三種情形都是不能回家的理由（註2）。看第二首(111)：

　　作客在江西。寂寞自家知。塵土滿面上。終日被人欺。

　　朝朝立在市門西。風吹淚點雙垂。遙望家鄉長短。此是貧不歸。

　　辭寫離鄉背井跑到他鄉做生意，但經營不好，流落他鄉而過痛苦的生活。唐初以來商業經濟很發達，商人有時可以發大財，但是下層小商人卻往往被騙而失敗，因此連回家的錢也沒有。辭中小商人每天立在市門西邊流淚而‘遙望家鄉長短’，這就是揭露當時社會一種黑暗現象，因此使遊

子湧出思歸之情。

　　民間生活中的疾苦，在描寫遊子懷念家鄉的歌中也看見。無論遊子之離家原因是出征或爲了生活或求取功名，遊子總是感到遠行不如歸去。敦煌民歌中除了前述〈長相思〉一首之外，P.3821〈浣溪沙〉[66]、S.2607〈臨江山〉[76]，都抒發遊子懷念家鄉之情。

　　P.3821〈浣溪沙〉[66]：

　　　　玉露初垂草木彫。雁飛南去燕離巢。寸步如同雲水隔。月輪高。

　　　　遠客思歸砧杵夜。庭前□葉墮銀篠。蟋蟀夜鳴階砌下。恨長宵。

　　S.2607〈臨江山〉[76]：

　　　　岸闊臨江底見沙。東風吹柳向西斜。春光催綻後園花。鶯啼燕語撩亂。爭忍不思家。　每恨經年離別苦。等閒拋棄生涯。如今時世已參差。不如歸去。歸去也。沈醉臥煙霞。

　　前一首寫遠方遊子在秋夜述懷思鄉之苦。上片描繪秋夜景物，即葉子在玉露中凋零、雁燕離巢向南飛，觸景生情、借景抒情。下片寫遊子看到悽涼的情景，而懷念家鄉；又看到落葉、聽到蟋蟀之聲，而恨怨不得歸家。遊子感到自然之景物終究有其歸宿，只悲嘆自己無法回家。廖蔚卿說：「……所以遊子望歸的歌中，描繪自然物色用以興情托情的較對生活環境之反省的歌爲多，因爲遊子對自身生命反省中實已滲入了自然生命的諸種現象的觀照寫省察，因而人和物以相同的生命的本質在盛衰榮枯中展示其對生命的經驗與體認。」（註3）遊子以自然的盛衰榮枯聯想到自己的身世，從而感到離家的悲哀。

　　這種觸景生情，在後一首也能看到。上片說遊子站在江岸上俯仰山水風景，正在春風吹到柳條，春光照下百花，由此感到時節變換而引發歸思之情。下片前三句說遊子怨恨自己長久遠離家鄉，而且輕易放棄其欲做的事。當時的社會不安定而常有動亂，所以遊子感到還是回家去隱居山中才好。可說此篇是爲了功名或生業在他鄉漂泊的遊子，觸景生情，因而自然抒發其思歸之心的，辭中也可窺見遊子的隱居之意。

　　此兩首歌辭質樸清新，先提景物，後抒情緒，以此更深刻地表現出了作品裏的思想。此外，P.3333〈菩薩蠻〉[42]一首也寫士子因「求宦一無成」，就奔赴邊塞「操勞不暫停」中，藉著寒食節春景而抒發思家之念。

　　使人們在生活上引起愁苦的原因中還有重要的，就是因社會政治上問題而要面對的各種苦難。我們已經在「邊塞和愛國歌曲」部分考察過唐五代邊塞形勢之變化大，許多男子要服邊役參戰之義務。因這種時代的特色，廣大民衆社會往往造成了妻離子散、家破人亡的悲劇。敦煌民歌中P.2809〈擣練子〉[127~130]四首是反映當時時代精神的作品。

　　　　堂前立。拜辭娘。不覺眼中淚千行。勸你耶娘少悵望。為喫他官家重衣糧。

　　　　辭父娘了。入妻房。莫將生分向耶娘。君去前程但努力。不敢放慢向公婆。

　　　　孟姜女。杞梁妻。一去燕山更不歸。造得寒衣無人送。不免自家送征衣。

　　　　長城路。實難行。乳酪山下雪紛紛。喫酒只為隔飯病。願身強健早還歸。

　　〈擣練子〉四首都是從孟姜女故事引申出來的。辭意通過對勇敢、優美的孟姜女的描寫，來揭露當時被壓迫的民間生活，孟姜女，杞梁及公婆他們家庭的悲劇就是唐五代民間家庭的縮影。

　　第一首寫杞梁服邊役出發時的情景。他為了‘為喫他官家重衣糧’不得不去負役，當離別之時，自己滿面流淚，卻安慰父母而‘勸你耶娘少悵望’。十分感到離別的悲痛，語意懇切、逼真。

　　第二首寫杞梁與孟姜女告別的情景。丈夫對妻子說：“莫將生分向耶娘”；妻子答說：“君去前程但努力。不敢放慢向公婆。”表達了夫妻的恩愛，他們對父母的孝心。特別是孟姜女勉勵丈夫的話，令人反而深感悲哀。透過這兩首可知由於邊役參戰而造成的離別之恨。就是當時民衆個個都要經驗的疾苦。

　　第三首寫爲丈夫準備寒衣的情景。丈夫一去不回，孟姜女準備寒衣，但悲歎沒有人送衣，終於決定自己送去。從此不難想像當時每家女子做征衣的情形，或每家傳出的砧杵聲音，這些情景令人感到黑暗社會之一面。

　　第四首寫孟姜女送衣離家時，公婆慰勉媳婦的情景。雖然邊塞的道路險難，天氣更加寒冷，但是兩親很渴望媳婦帶回兒子的好消息，而且衷心囑咐好好保重而早日回來。在悲慘的情景中卻表達了民間不屈的健康意志和迫切的盼望。

　　四首反映了當時人民面對不幸生活時的面貌，不過民衆無力無勢，他們只能透過這些民歌傾吐無聲的抗拒。全辭都具有樸素生動的風格，運用一則民間傳說故事來眞實地描寫一個社會現象，表現含蓄、鮮明。

　　民間疾苦，除了上述幾種形象之外，有時透過歷史事實的描寫來表達。唐五代民歌有直接反映了當時重大政治事件的作品，這就是民歌反映現實的一種方法，也是唐五代敦煌民歌內容特徵中之一種。這些歌辭的記錄保存是彌補史實上是珍貴的資料。其中S.2607〈獻忠心〉[70]一首是直接反映晚唐黃巢之亂的歌。

　　　自從黃巢作亂。直到今年。傾動遷移每驚天。京華飄颻。因此荒
　　　□。空有心。長思戀。明皇□。　　願聖明主。久居宮宇。臣等默
　　　佑。有望□。常輸弓劍。更拋涯計。會將鑾駕。一步步。卻西遷。

　　此首寫黃巢起亂，晚唐社會陷入塗炭的緊迫狀態。黃巢之亂是唐僖宗乾符元年（公元874）從王仙芝之亂爲前奏所發生的全國性的大動亂。晚唐僖宗即位時，連年災荒，全國經濟破產，民間生活艱難，而官吏之治不良，殘害民衆，更使民間痛苦。因這些原因參與民衆至十幾萬，廣明元年（公元880）黃巢佔領長安開始，僖宗帶諸王奔命。僖宗先逃至興元（今陝西南鄭），後來中和元年（公元881）又到達成都，等到中和四年（公元884）黃巢之亂結束時才回到長安（註4）。辭正在反映黃巢攻進長安，僖宗奔蜀的情況。作者在國家的立場描述當時大動亂，但是由事情展開的規模可推測其對民間生活帶來更大的疾苦和貧困。

另外一首P.2506〈酒泉子〉[78]是描寫民變之歌：

> 每見惶惶。隊隊雄軍驚御輦。驀街穿巷犯皇宮。祇擬奪九重。　　長
> 槍短劍如麻亂，爭奈失計無投竄。金箱玉印自攜將。任他亂芬芳。

晚唐乾寧年間藩鎮割據稱雄。鳳翔、李茂貞，邠州、王行瑜，華州、韓建相互勾結引起了民變。《舊唐書·昭宗本紀》說：「京師大恐，人皆亡竄，吏不能止。」

再依任二北《敦煌曲初探》說：「在唐史中，與昭宗乾寧二年五月，李茂貞、王行瑜、韓建，各率精甲數千入覲，京師大恐，人皆亡竄，吏不能止之情形，比較相合。其作辭時代，或即在此。」（註5）由此可說此作品反映一件歷史事件，大概是晚唐昭宗藩鎮割據時的一件亂事。

此首與上述〈獻忠心〉不同，作者在客觀的立場來表現事件的情景。上片寫長安混亂，亂軍經過大街，穿過小巷，一直沖擊了宮殿，寫得生動逼真。下片寫亂事的失敗。雖玉印在亂軍之手中，但因他們武器不好、計劃不徹底，乃失敗了。

因著黃巢之亂、藩鎮割據等大亂事，晚唐五代的政治、社會極不安定，民間生活逐漸陷於塗炭，從以上兩首民歌的事實表現也深刻地顯示了這種情況。

以上把唐五代敦煌民歌分為三種內容風格而分析作品了。透過內容風格之考察，可知敦煌民歌確實反映當時廣泛的社會生活，表達民間普遍真摯的情感；其風格千姿百態，有坦率熱烈的，渾厚樸素的、天籟自然的及清新剛健的。這些都是民歌基本的性質，也是民間文學最重要的內容特徵。

此外，透過本章研究，得到了敦煌民歌還有值得注意的幾點現象。第一，它反映的社會實多限於都市民眾。如詠妓女之愛情和怨望，描繪都市男女之較濃艷的生活氣息，抒發商人、醫生及書生等之生活哀歡，反映市民對政治之觀念，這些內容題材都具有濃郁的都市情調。這種由農村向都市集中的現象證明了隨著唐代商業之發達，民歌可取更多的內容題材。這

是唐五代民歌的一個新動向。第二，它直接敘說歷史時事。這是在《國風》和漢魏樂府民歌上罕見的現象，可能對當時民間對政治的意識會更清楚。第三，有關邊塞之作甚多。如征婦怨思，邊塞風光，邊民生活相，戰爭疾苦以及盡忠報國之志等都與邊塞有關係。這種現象證明唐五代敦煌民歌具有地域特色，換言之，它固然是流行於西北邊地的民歌，並反映唐五代社會問題的一面貌。

總之，唐五代敦煌民歌之內容不僅具有民間文學基本特色，並且不失反映其獨特的時代精神。

【 附　註 】

1.潘重規《敦煌詞話》p.30，石門圖書，民國70年。

2.參見本書第四章第一節。

3.廖蔚卿〈漢代民歌的藝術分析〉、下（《文學評論》第七集p.302，巨流圖書，民國69年。）

4.見王壽南《隋唐史》p.367～378。

5.任二北《敦煌曲初探・時代》p.256。

第 六 章
唐五代敦煌民歌表現形式之特色

第一節　語言形構之特色

　　文藝的功能在表現。一般認爲文學具有內容和形式兩大要素，內容是指思想情感，形式是爲表現思想情感的一定方式。依照朱光潛《談文學‧文學與語文——內容、形式與表現》說：「所謂表現就是藝術的完成，所謂內容就是作品裏面所說的話；所謂形式就是那話說出來的方式。」（註1），即內容與形式就是同時成就的，內容在形式之中表現出來。其所謂‘作品裏所說的話’是指情感思想，也是文學唯一的表現方法——語言文字。從這樣的看法，可以說文學是語言文字的藝術，它以語言文字爲材料，表現心中所想的情感思想。於是，若要考究作品的文藝性，必須看如何運用語言文字才能切實理解其文藝性。

　　本文以語言的結構形態來考究唐五代敦煌民歌表現形式，特別著重民歌之特色而論。現在分爲兩方面探討：第一，是語言的音樂性；第二，是口語性的辭彙。

一、語言的音樂性

　　艾略特（T.S. Eliot）認爲詩是語言的藝術，而非歌的藝術。他以爲現代抒情詩可以用無韻的語言來表達，但只要具有詩的音樂性就能像傳統有韻的歌一樣完美（註2）。雖然押韻助於詩的音樂性之發揮，但語言在聽覺上的美感不一定是否用押韻來表現。所謂詩的音樂性，一般是指詩句聽起來有一種愉悅的聲音。依上述艾略特之說，一首無韻的詩讀起來自然順口，那就已經具有音樂性（註3），這大概是在反對僵硬之音律的立場說

詩的音樂性。

那麼，‘語言在聽覺上的美感’、‘讀起來自然順口’等話語意味的是什麼？依肖馳《中國詩歌美學》說：

> 詩不等同於音樂，語言的音樂美也不可能具有音樂那樣的表現力。
> 在音樂表現力的三要素旋律、節奏和和聲中，詩之語言只具備節奏的音樂性（註4）。

節奏指節拍的強弱或長短，在樂曲中週期性地反覆循環，反覆運用巧妙地變化，可收到樂曲的美妙動聽。語言也與音樂一樣，以聲音爲基礎，它具有節奏，可使語言產生愉快的音樂性，讀起來琅琅上口，聽起來鏗鏘悅耳，此即所謂的‘在聽覺上的美感’、‘讀起來自然順口’，進而增強詩歌表現的效果。

由上述而言，詩之語言具有音樂性，它除了韻律之外，具有一定的節奏感。至於民歌，它是口唱的詩，所以一定有韻有節奏。原始民歌都是以語言爲主的徒歌形式，它雖只要唱得順口，聽得悅耳就好，但是起碼具有簡單的韻和節奏，何況採詩入樂的《詩經》和漢代樂府中民歌之音樂性呢？尤其是唐五代由聲塡辭的敦煌民歌之音樂性呢？

從民歌一定具備‘群衆喜聞樂見的藝術形式’（註5）的角度來看，意味著它是具有自然音樂的節奏和韻律的。雖然由聲塡辭之敦煌民歌，它曲調早已失傳，但是要進行民歌的立體性研究，實際上非在敦煌民歌之語言的音樂性上加以考察不可。

上述語言與音樂一樣具有節奏，民歌便利用語言的節奏配合其含義而完成音樂效果。看《禮記・樂記》對歌與語言的記載：

> 故歌者，上如抗，下如隊（墜），曲如折，止如槀木，倨中矩，句中鉤，纍纍乎端如貫珠。

這是對歌唱的描述，即歌唱之語言具有上下曲折之節奏。它又說歌是語言的延長，歌用語言來表達其所要表達的內容。即：

> 故歌之爲言也，長言之也。説（悅）之，故言之。言之不足，故長

言之。長言之不足，故嗟歎之。嗟歎之不足，故不知手之舞之、足
之蹈之也。

對這段話，宗白華的解釋如下：

　　　　‘歌’是‘言’，但不是普通的‘言’，而是一種‘長言’。‘長
　　　言’（註6）即入腔，成了一個腔調，從邏輯語言、科學語言走入
　　　音樂語言、藝術語言。為什麼要‘長言’呢？就是因為這是一個情
　　　感的語言。‘悦之故言之’，因為快樂，情不自禁，就要説出，普
　　　通的語言不夠表達，就要‘長言之’和‘嗟歎之’（入腔和引
　　　腔）。這就到了歌唱的境界（註7）。

音樂是語言之繼續，音樂透過歌唱的語言（在此特指長言）表達其內容。
由此可見詩歌的節奏便是語言本身之聲音性質有機的表現。

　　其次，在《禮記・樂記》中考察此種音樂的功能：

　　　　樂者，音之所由生也，其本在人心之感於物也。是故其哀心感者，
　　　其聲噍以殺。其樂心感者，其聲嘽以緩……六者非性也，感於物而
　　　後動。

因為人們感觸到可悲的事物就有了悲哀的心情，此時之聲音就急促而蕭
殺，在快樂的心情之下，其聲音就寬紓而遲緩，這些心情都是從與事物的
接觸而產生的心理活動，所以透過音樂可以表現情感（註8），也可以反
映外界生活（註9）。

　　以上透過《禮記・樂記》記載試探歌與語言之關係及音樂的功能。總
而言之，民歌之語言（歌辭）用其聲音效果可以表現人們的情感，同時也
標誌語言本身的含義。民歌因受樂曲的限制，其歌辭多保留著適合表演的
形態。在這方面，民歌比於一般的詩，其語言的音樂性更明顯地突出。因
此，本文先取能加強語言之節奏感的幾點結構方式，以探索敦煌民歌的語
言之音樂性。

　(一)篇章、分片和句式

　　《文心雕龍・章句》說：「夫裁文匠筆，篇有大小。離章合句，調有

緩急。……其控引情理，送迎際會，譬舞容迴環，而有綴兆之位。歌聲靡曼，而有抗墜之節也。」意味著離章合句既然可顯示音調之緩急、抗墜之節奏。因此考察敦煌民歌語言的音樂性時，先就歌辭之分章、分片和句式而談。

　　唐五代敦煌民歌體裁上一個特點就是它有不少聯章體。所謂聯章，是把二首以上同一曲調或不同曲調的歌辭按照一定方式聯合起來，組成一個套曲，歌詠同一或同類題材，便稱爲聯章（註10）。如S.1441〈鳳歸雲〉二首[3,4]，前一首寫公子見女子就戀慕，後一首寫女子拒絕，並述說結婚條件。兩首各有上下兩片，而且句數和字數完全相同，可說兩首以同一曲調奏兩遍，由此組成具備一定節奏的套曲。再看P.2809〈擣練子〉四首[127-130]，每首爲單片，以孟姜女故事爲內容，這也是聯章式歌辭。此四首聯章歌辭也透過同一曲調的反覆表演而造成一定形式的節奏感。《敦煌零拾》〈長相思〉三首[110-112]、S.2607〈西江月〉三首[54-56]、S.2607〈浣溪沙〉二首[61,62]、P.3994〈虞美人〉二首[34,35]、P.3821〈蘇莫遮〉二首[108,109]等都是同一曲調、內容屬於貫串或問答式的聯章體裁，依《敦煌曲初探》記載，敦煌民歌中這種聯章歌辭有二十六組曲調名（其中一組爲失調名）七十八首。透過這種結構方式來表演的民歌，因以同一曲調，翻來覆去，唱了一遍又一遍，來詠唱一件故事，若像P.2721〈皇帝感〉十二首[141-152]以數首組成一組曲調的聯章，其歌辭不免節奏的單調，令聽者覺得厭倦。還有，與上述聯章體類似的另一種聯章方式的歌辭，任二北在《敦煌曲校錄》把此種歌辭區分於其他歌辭，而稱爲定格聯章。定格聯章，此名是任二北在《敦煌曲校錄》最初使用，他說：「五更轉、十二時、百歲篇三曲，根據其所詠內容之限制，與前人已表現之體裁，知其主曲皆必守一定之章數，不容增減，有別於普通聯章，故名之曰『定格聯章』。」如《敦煌零拾》〈五更轉〉十二首[401-412]。《敦煌零拾》〈十二時〉二十四首[443-454, 467-478]、S.2947〈百歲篇〉二十首[657-676]、S.6208失調名〈十二月相思〉十二首[687-698]、《敦煌詞掇》〈十恩德〉十首[677-686]等都是定

格聯章。舉《敦煌零拾》〈發憤十二時〉十二首[467-478]，是勸人努力勤學
的內容。歌辭把一天按十二支劃分，以此分別十二章。每章用三七七七的
句式，首句三字都是十二支的名稱與相應的時辰。曲調較單純，給人單調
的節奏感，但以‘主曲皆必守一定之章數，不容增減’，助於歌辭的記
憶，可避免漏章。

　　唐五代敦煌民歌體裁上與詩歌不同之點，就是分片。因爲它以曲調名
做爲標題，各曲調都是一首分爲數片的，片就是遍，則同一音樂奏數遍之
意（註11）。分片等於《詩經‧國風》的分章和漢樂府民歌的分解，都是
與曲調之演奏有關係的。因爲用一個曲調可以叠唱數遍合爲一曲，此時片
與片之間的關係，是在音樂上曲調之反覆。

　　敦煌民歌中常見的分片，以分上下兩片爲最多，也有單片的。如
P.3137〈南歌子〉兩首[119,120]，其一首是以雙片造成的：

　　　　悔嫁風流壻。風流無準憑。攀花折柳得人憎。夜夜歸來沈醉。千聲
　　　　喚不應。回覷簾前月。鴛鴦帳裏燈。分明照見負心人。問道些須心
　　　　事。搖頭道不曾。

另一首是以單片造成的：

　　　　翠柳眉間綠。桃花臉上紅。薄羅衫子掩酥胸。一段風流難比。像白
　　　　蓮出水中。

　　前一首是分兩片，並上下之句數、字數相同。尤其是在兩片之間的內
容上看來，歌辭雖然分片，但仍是一首，所以上片末句和下片起句一定有
承接的關係。張炎《詞源》卷下、制曲條說：「過片不可斷了曲意，須要
承上接下。」辭中上片寫放蕩的丈夫，下片寫放蕩惹得妻子憂愁，上下片
內容爲有機的聯係。透過分片形式的運用，敦煌民歌在音樂上獲得兩方面
的效果。第一，反覆歌唱可避免短曲的單調；第二，反覆利於曲調之記
憶。敦煌民歌中多數是以兩片爲一首之歌，如S.1441中〈鳳歸雲〉四首[1-
4]、〈天仙子〉[5]、〈竹枝子〉二首[8,9]、〈洞仙歌〉二首[10,11]、〈破陣
子〉四首[12-15]、〈浣溪沙〉二首[16,17]、〈柳青娘〉二首[18,19]，P.3994〈

菩薩蠻〉(36)，P.3251〈菩薩蠻〉四首(37-40)，P.3128〈望江南〉四首(81-84)等等，約一百多首。

其次爲主的分片形態，是單片。這種形態之曲調很短，其節奏簡單又清新，如S.1441中〈天仙子〉二首(6,7)、P.2838〈喜秋天〉四首(30-33)，S.4578〈詠月婆羅門〉四首(104-107)，S.6537〈鄭郎子〉(134)，P.2721〈皇帝感〉十二首(141-152)等等，約五十多首。

接著討論敦煌民歌的句式。民歌歌辭的音樂性與其句式有密切關係。因爲歌辭的句，以其長短、繁簡、錯落，影響到節奏的緩急、抑揚等。一般民歌的句式本是很自由的、多樣的，唐五代敦煌民歌也不爲例外。仔細談句式形態之前，該考慮的一項，就是從民歌變異性特色而帶來的句式的變化。一首民歌，最初被創辭時的歌辭，在民衆的口中流傳過程中，或改爲更順口悅耳的句子，或在樂工歌伎之手中增減辭句。因此到它被文字化時，其句式比最初創辭時的更爲精煉，語調也有較整齊變化且有節奏感。從民歌具有變異性特色的角度來看，這種句式變化現象是應當要考慮的，它是一種自然淘汰現象。

現在查敦煌民歌中常見的句式來加以分析。所謂句式，是指詩文中句子的組織方式。在民歌語言的音樂美的表現上，句式專指句子的語音組織方式。唐五代敦煌民歌的形式以長短不齊之句爲主體，其句式參差變化，顯示出活潑、錯落的形式美。它也有整齊之句式，齊言句大部分在大曲歌辭中被使用了。

先談長短的句式，例如：

P.3128〈望江南〉(81)：

曹公德。爲國託西關。六戎盡來作百姓。壓壇河隴定羌渾。雄名遠近聞。　盡忠孝。向主立殊勳。靖難論兵扶社稷。恆將籌略定妖氛。願萬載作人君。

P.3128〈望江南〉(82)：

敦煌郡。四面六蕃圍。生靈苦屈青天見。數年路隔失朝儀。目斷望

龍墀。　新恩降。草木總光輝。若不遠仗天威力。河湟必恐陷戎
夷。早晚聖人知。

前一首分上下兩片，各片有五句，上片句型結構是三五七七五，下片第五
句「人」爲襯字，其結構也是三五七七五。此二首本是聯章的，所以前後
的句式相同。一首十句，句型變化的自由活潑，而爲了同一曲調反覆詠
唱，兩首各片又採用相同的格式，即從全歌辭來說，又是有一定的整齊格
式的了。再如S.1441〈天仙子〉二首[6,7]，是單片的聯章，句式是七七七
三三七；S.1441〈浣溪沙〉二首[16,17]，是雙片的聯章，一片四句，句式是
七七七三；P.3251〈菩薩蠻〉四首[37-40]，也是雙片的聯章，上下片各有
四句，但其句式不同，四首上片的句式是七七五五，下片的句式是五五五
五；P.2809〈擣練子〉四首[127-130]是單片的聯章，每首句式是三三七七七
；P.3821〈定風波〉二首[98,99]是雙片聯章，上下各五句，上片句式都是七
七七二七，但下片句式不同，前一首是六七七三七，後一首是六七七二七
的句式；P.2506〈獻忠心〉二首[71,72]是雙片的聯章，各片九句，但各首各
片的句式都不同，即前一首上片是五四三三六七三三三，下片是四五三三
六五三三三，後一首上片是六七七三七四三三三，下片是五三三三六三三
三三；P.3360〈蘇莫遮〉六首[1001-1006]是雙片的聯章，各片七句，六首上
下片都是三三四五七四五的句式。又如P.3137〈南歌子〉一首[119]，是雙
片十句，上下片都是五五七六五句式；P.4692〈望遠行〉[103]是雙片九句
的，上片的句式是七六七七，下片是三三七七七；S.4332〈別仙子〉[118]
是雙片二十二句，上片的句式是四三三三三三三三六五四，下片是四三三
三三三三三三五三六；S.2607失調名「與君別後」[206]，是雙片十句，上片
的句式是四五七三三六，下片是七七七六；S.2607失調名「良人去」[207]
，是雙片十三句，上片的句式是三三四七三四三，下片是八四七四三三；
S.2607〈贊普子〉[132]，是雙片八句，上片的句式是五五五五，下片是六
七六五。此外，又如P.3137〈南歌子〉一首[120]，是單片五句，其句式是
五五七六六；P.2809〈楊柳枝〉[126]，也是單片的，句式結構爲七四七五

七四七五；S.6537〈鄭郎子〉[134]，也是單片六句，句式是三三五三七七。

以上從三大類考察敦煌民歌中長短的句式來看，無論是同調的聯章歌辭或是雙片一首的歌辭或是單片的歌辭，因其句式是長短雜言體，由此以音節的錯落造成抑揚頓挫的變化，其節奏較爲複雜。反而，第一、二類歌辭雖其句數不等，爲了合樂歌唱，它們有一定的整齊格式，由於此種特點，令歌辭的節奏不複雜而具有一定反覆變化的效果，第三類歌辭，雖有音節的錯落變化，但其句數大部分爲少，因此可免繁長的節奏感。

其次，談整齊的句式。敦煌民歌中間有的齊言句，大別爲七言句和五言句兩種。先看七言句，例如S.6537〈泛龍舟〉[133]：

> 春風細雨霑衣濕。何時脫忽憶揚州。南至柳城新造里。北對蘭陵孤驛樓。迴望東西二湖水。復見長江萬里流。白鶴雙飛出谿壑。無數江鷗水上游。泛龍舟。遊江樂。

最後‘泛龍舟。遊江樂。’兩句是和聲，故此首歌辭爲七言八句的句式。以音節的整齊和句數多造成較嘽緩，以長句的反覆重唱令聽者有較單純或單調的節奏感。但再看S.6537〈何滿子〉四首[1014-1017]，其句型結構爲七言四句。每首第一句中「半夜秋風凜凜高」、「秋水澄澄深復深」、「城傍獵騎各翩翩」、「金河一去路千千」等運用疊字，要追求整齊單調當中之若干急促的節奏感，因爲疊字的音義造成激發的意趣。此外，《敦煌零拾》〈雀踏枝〉[115]爲雙片一首，是七言八句：

> 叵耐靈鵲多瞞語。送喜何曾有憑據。幾度飛來活捉取。鎖上金籠休共語。　比擬好心來送喜。誰知鎖我在金籠裏。願他征夫早歸來。騰身却放我向青雲裏。

唯有下片第二句中‘在’是襯字，第四句多了兩個字，因著多加了兩字語意便加重，音節響亮，增強表現力，而且不單純地追求節奏，由此可確定這是齊言句式中若干的變化。S.6537〈樂世詞〉一首[137]（註12），S.6537〈水調詞〉二首[135,136]（註13），《敦煌零拾》〈五更轉·閨思〉

七首[(406-412)]，P.2721〈皇帝感〉十二首[(141-152)]，S.2947〈丈夫百歲篇〉十首[(657-666)]，〈女人百歲篇〉十首[(667-676)]等，都是七言四句的句型。因爲民歌多爲即興，其句式也短，便於記憶，所以各七言歌辭的句數並不多，從而免了過長的單調節奏引起的厭倦感。

　　除了七言句外，敦煌民歌也有五言整齊的句型。例如P.3821〈生查子〉二首[(96,97)]：

　　　　三尺龍泉劍。匣裏無人見。一張落雁弓。百隻金花箭。　　爲國竭忠貞。苦處曾征戰。先望立功勳。後見君王面。

　　　　一樹澗生松。迴向長林起。勁枝接青霄。秀氣遮天地。　　鬱鬱覆雲霞。直攆高峰際。金殿選忠良。合赴君王意。

二首都是雙片一首，各首五言八句的句式。五言四句形式的反覆詠唱，給人留下深刻鮮明而單調的節奏感。S.6537〈劍器詞〉三首[(1018-1020)]，都是五言八句單片的句式。S.6537〈鬭百草〉四首[(1007-1010)]，每首都以五言五句爲主，而插六言句「喜去喜去覓草」爲和聲，以此免了語言表現時單調的節奏。整齊句式的單純旋律，歌唱時以加和聲來引起音樂性的美感。

　　總上述而言，從章、片、句考察唐五代敦煌民歌的語言的音樂性，可得到下列幾點。第一，在同一題材之下被唱的聯章式歌辭和定格聯章歌辭，通過用同一結構的章節反覆詠唱表達了鮮明的節奏感和音樂性。同一曲調之重章疊唱，易於記憶，且極便民衆合唱（註14）。此點就是在民歌裏常見的特色。第二，以長短雜言句式爲主流，同時片與片之間或章與章之間有一定的整齊格式，於此可獲得在節奏上錯落變化中反覆和諧的效果。第三，整齊的句式，每一首的句數並不多，最多的只有八句，此顯示民歌從單純又即興性質常常引發急促的節奏。第四，加強敦煌民歌之音樂性的句式，主要是雜言，其字數參差，以七字、三字、五字爲主，也有二字或九字，句數也不整齊，最少的有四句（註15），最多的有二十二句（註16）。

　（二）重疊

　　敦煌民歌之歌辭常用重疊的表現法增強語言的音樂性，並給人一種情韻迴環的感覺。字句的重疊，在《詩經・國風》（註17）、漢樂府民歌（註18）、以及古詩十九首（註19）等民間的詩歌裏常見的結構方式，可說它在民歌裏十分常見。民歌是很注意重奏復沓的，語言重疊在音樂性上的效果是運用字音和聲調之反覆，音節複沓，抑揚起伏來自然地產生音樂旋律之美（註20）。重疊，從運用格式上可分爲字的重疊和句的重疊，以下來一一探索。

　甲、疊字

　　同一個字接二連三反覆使用者叫做疊字，這是最普遍又簡單的重疊方式，使民歌的語言更加豐富、活潑、形象深刻及富於音樂性。敦煌民歌中，有疊字的篇數和疊字的次數，共爲九十餘首一百多次，它的運用有字的連接重疊和字的隔離重疊兩種。

　1.連接重疊

　　P.3994〈菩薩蠻〉一首[36]，全歌八句四十四字，每句連用連接重疊，有十對疊字。

　　　　霏霏點點迴塘雨。雙雙隻隻鴛鴦語。灼灼野花香。依依金縷黃。

　　　　盈盈江上女。兩兩溪邊舞。皎皎綺羅光。輕輕雲粉妝。

用疊字繪聲繪色，讀起來造成音響聯綿而和諧的感覺，聽起來造成語言輕快的節奏，使聲色表現爲鮮明，感受生動又和諧的美感。黃慶萱先生《修辭學》說類疊的原則：「類疊必須借聲音的同一，擴大語調的和諧；借聲音的反復，增進語勢的雄偉。……我們只要在類疊詞的上下或中間，穿插一些有變化的詞句，就能突破單調。」（註21）依照黃先生之說法來看此首歌的疊字運用；第一，‘霏霏點點’、‘灼灼’、‘依依’等之同一聲音的反覆表現造成雨水盛貌、狀花之鮮、盡柳之貌（註22）等語意的強調與語調的聯綿和諧；第二，十對疊字一疊到底，自然貼切，疊字句的中間運用有變化的詞句來突破其單調、枯燥的節奏。任二北《敦煌歌辭總編》說此歌運用多數疊字，只是玩弄文字而已，沒有價值（註23）。不過其不

像那樣「鶯鶯燕燕春春，花花柳柳眞眞。事事風風韻韻，嬌嬌嫩嫩，停停當當人人。」（註24）無聊單調、爲疊字而疊字的文字游戲式運用，而可繼《詩經・國風》和古詩運用疊字的複而不厭，也極自然的節奏美（註25）。一般說來，疊字運用可得到豐富的詞彙，並通過同音同字的連接反覆獲得音響和諧、整齊節奏等兩種音樂性效果。

　　以兩次以上連接重疊或可寫貌或可擬聲，敦煌民歌之連接重疊在這種作用上有一個特色。即是六十多類疊字（註26）中除了半數以上用動詞或形容詞來表示動作的進行或事物情狀之外，還有用名詞、數詞來強調各種情狀的爲多數。例如，爲了表達反覆時間，敦煌民歌運用了八次‘夜夜’、五次‘時時’等疊字，也有‘年年’、‘朝朝’等；表示事物的衆多和個別性，運用了‘一一’、‘千千’、‘兩兩’、‘寸寸’、‘雙雙’、‘點點’、‘滴滴’、‘堆堆’等疊字，這些都增強語意突出之作用，有時強調個別性的語意，有時表示衆多之意，又有時只爲了聲音上和諧的緣故。

　　2.隔離重疊

　　　相同的字間隔出現也屬於重疊，敦煌民歌中有這種隔離重疊的字大概有隔一字或一字以上而兩、三次反覆的現象。例如，S.1441〈破陣子〉(15)中「年少征夫軍帖。書名年復年。」、「春去春來庭樹老」等是隔一字反覆兩次的，強調時間的連續，S.2607〈浣溪沙〉(61)中「一壺清酒一竿風」是隔三字反覆兩次的，表示羅列個個事物。重疊的字可分爲述語和主語兩種。例如，S.1441〈破陣子〉(15)中「春去春來庭樹老」、S.6537〈水調詞〉(136)中「爲言無谷還逢谷。將作無山更有山。」等在主語部分有語勢，《敦煌詞掇》〈十恩德〉(684)中「爲男爲女受沉淪」、P.3093〈定風波〉(102)中「有風有氣有食結。」、S.2607〈菩薩蠻〉(48)中「天同地不同」等以反覆述語強調主語的情狀。這些隔離重疊造成語言延展的感覺，也造成語言輕快空靈的節奏。P.2809〈楊柳枝〉(126)就是獲得此種效果的好例子：

> 春去春來春復春。寒暑來頻。月生月盡月還新。又被老催人。只見
> 庭前千歲月。長在長存。不見堂上百年人。盡總化微塵。

第一句隔離運用四個‘春’字，又同時並用‘去’、‘來’、‘復’
三個述語，把四時變化寫得出奇而無窮盡；第三句也用三個‘月’字，兼
用‘生’、‘盡’、‘還’三個述語，描寫一個月過一個月的時間的循環
；第六句用兩個‘長’字，又並用意義相同的兩字述語，揭示永恆。各運
用隔離重疊，讀起來令人對時間即人生有深刻的體會，並在緩慢起伏的節
奏中有年華易逝、韶光不待的嘆息。

　乙、疊句

　　民歌有時句式簡短，故節奏也較爲單調。避免單調節奏，往往運用句
的重疊，從而得到全篇生動、變化的音樂性效果。敦煌民歌中雖疊句運用
的並不多，但是其運用上有兩種形態，現在分析而論。

　　第一，相似句子的反覆現象，是較原始的方法。如〈補敦煌曲子詞〉
第十三首中：「一百怨耶娘老。二百怨番中王。三百怨無兄弟。四百怨自
身當。」，句中一、二、三、四原是襯字，以每句加以相同之字來造成重
覆的節奏。這種現象在聯章體中也有，如P.3836〈南歌子〉二首(121,122)，
其中對照各篇第三句到第八句：

- 「分明面上指痕新。羅帶同心誰縮。甚人踏破裙。蟬鬢因何亂。金釵
　爲甚分。紅妝垂淚憶何君。」
- 「夢中面上指痕新。羅帶同心自縮。被孫兒踏破裙。蟬鬢朱簾亂。金
　釵舊股分。紅妝垂淚哭郎君。」

這是在兩篇聯章歌辭上只重覆一篇中的幾句，而且經各句換用幾個字，使
前後兩篇內容達到更緊密的作用。《敦煌零拾》〈長相思〉三首(110-112)是
每首句與末句爲反覆的聯章。

- 「作客在江西。…………此是富不歸。」
- 「作客在江西。…………此是貧不歸。」
- 「作客在江西。…………此是死不歸。」

各篇改換了一個字，三篇的兩句仍是相同的，這種現象也屬於聯章中疊句方式。

第二，是相同句子的反覆重唱。如〈補敦煌曲子詞〉第六首：

　　草頭霜冷誤中年。誤中年。先須學取禮儀全。誓願莫歸還。　　脫却
　　皮裘蕃漢國。蕃漢國。多應養馬上胭脂山。淚眼叩年天。

上下片的次句連接反覆運用首句之末三字，這種重疊方式，一般說是疊唱。它與普通疊句不同之點，就是在句與句的節奏間造成連續的旋律，使歌調增進堅定的氣勢。另外一種是同一句子在聯章體各篇中出現。如S.6537〈鬭百草〉四首[1007-1010]，每篇第五句都用「喜去喜去覓草」一句反覆重唱。這是大曲歌辭，每當唱第五句可感受語言的節奏的統一性。

從這些重疊的運用可得到反覆去延展的節奏效果，是要表現語意和強調感情思想時，所帶用的結構方式。所以單純、即興的民歌在口傳過程中爲了上口悅耳，以重疊的運用增進聲音的抑揚起伏和聯綿和諧。

⊜套語與和聲

套語是民歌中經常出現的一些固定的詞語或句式，和聲是別人和唱或衆人合唱的句式。這兩種結構方式可屬於重疊的範圍，但是其在語言的音樂性功能上與前項的重疊有不同之點，所以在此區分於重疊而論。

甲、套語

套語（或套句）是在民歌常見的句子或詞語。民歌的主要表現在掌握大量的民衆習知習用之詞語，以便在歌唱時，依靠約定俗成的表現方法，即運用套語（或套句），能即興地唱出來流暢、貼切的歌，並與聽者的感情直接交流，立刻引起反嚮（註27）。因爲民歌有民衆性、普遍性特質，語言的運用上爲了避生就熟的緣故，套語在民歌的語言結構上是很獨特的手法。

讀民歌時能注意到歌中有大量套語的反覆現象。這裏所說的反覆與前述重疊在運用方法上有不同之點。即重疊必須在同一句或同一篇或聯章裏形成，但套語的反覆比重疊較爲自由。因爲它主要特色在借用現成習語，

却在不同篇中反覆出現。

　　透過反覆地互相襲用或借用現成詞語，民歌在表現手法上不僅引出某種固定的情緒與心理活動，而且由經常出現來直接喚起民衆的反響，也使人們容易背誦。由此套語使句子的結構更爲緊密，可達到格律上和諧、心理上和諧。

　　敦煌民歌中所見的套語，大部分是語義套語，是指在不同民歌中出現的，在內容和詞語上相同或相似的現成詞語。另一種，就是像四季、五更，十二月等民間小調裏常用的結構方式，大概有起句使用套語的現象。

　　先看語義套語的運用，它可分爲三種運用方式。其一，是同一句在不同歌辭上運用的，如：「直爲思君容貌改」一句，在S.6537〈阿曹婆〉二首[1011,1012]都有；「路遠關山隔」一句，在P.3333〈菩薩蠻〉[43]和P.4017〈雀踏枝〉[116]中運用；「叵耐不知何處去」一句，在S.1441〈天仙子〉[7]和S.1441〈柳青娘〉[18]中都有。其二，是語義相似的句子在不同歌上使用的，如S.6208失調名〈十二月相思〉第三首[689]中「嘆妾思君腸欲斷」與第七首[693]中「賤妾思君腸欲斷」；《敦煌詞掇》〈十恩德〉第二首[678]中「今日說向君」與第四首[680]中「今日各須知」；《敦煌零拾》〈五更轉〉[409]中「一片貞心獨守空閨」與《敦煌零拾》〈發憤十二時〉[476]中「一片貞心常不改」;S.1441中〈竹枝子〉[9]中「公子王孫女」、〈洞仙歌〉[10]中「少年夫壻」、〈破陣子〉[15]中「年少征夫」，P.2838〈傾杯樂〉[21]中「公子王孫。五陵年少」、〈拋毬樂〉[26]中「少年公子」、〈魚歌子〉[29]中「狂花年少。」，S.4332〈別仙子〉[118]中「少年時節」、以及P.3836失調名[210]中「公子王孫」等都意味著年輕的男子;《敦煌零拾》〈望江南〉[87]中「照見負心人」和P.3137〈南歌子〉[119]中「分明照見負心人」；S.1441〈天仙子〉第一首[5]中「燕語鶯啼三月半」和第二首[6]中「燕語鶯啼驚覺夢」和S.2607〈臨江山〉[76]中「鶯啼燕語撩亂」等。其三，是在詩歌中常見的套式，如S.5643〈送征衣〉[117]中「心穿石也穿」，P.2809〈楊柳枝〉[126]中「只見庭前千歲月。……不

見堂上百年人。」，S.1441〈鳳歸雲〉[3]中「東鄰有女」，S.5540〈山花子〉[75]中「落花流水東西路。……西江水竭南山碎。」等，都是熟悉的詞語。這些套語，不僅證明民歌含有民間普遍共有的情緒，而且透過習用詞語的即興歌唱，可喚起民眾的反響，進而容易使人記住背誦，加強語言結構的音樂性。

其次，是以無意的同一句子用於起句的套語方式。如，《敦煌零拾》〈發憤十二時〉十二首[467-478]和〈天下傳孝十二時〉十二首[443-454]，兩套每一首的起句都相同，次序也相同，即「平旦寅」、「日出卯」、「食時辰」、「隅中巳」、「日（或正）南午」、「日昳（或昃）未」、「晡時申」、「日入酉」、「黃昏戌」、「人定亥」、「夜半子」、「雞鳴丑」；S.6208失調名〈十二月相思〉十二首[687-698]，《敦煌零拾》〈五更轉〉五首[401-405]，S.2947〈丈夫百歲篇〉十首[657-666]和〈女人百歲篇〉十首[667-676]等，各首起句運用十二個月或五更或以十年為單位的數字。此種套語與歷來類似的民間小調，是相同的運用方式。借用的套語，在意義上與後文沒有直接的關係。

鍾敬文對此現象說其理由：

一、俗歌云："山歌好唱起頭難，起子頭來便不難。"這該是一個原因。二、人類是有沿襲性的（當然同時也有創造性）。借用現成的語句，完成自己的創制，這是藝人的常事。民間的作者，自然無多例外（註28）。

除這樣的原因之外，用表示次序的起句，以使人能夠分清楚各篇的連結與切斷，並歌唱時中間沒有哪一首的落失，因此令人順口易唱。

套語既然是民歌創作上主要表現方式，它順口悅耳的習慣性語氣增強民歌語言結構的音樂性，因此《詩經》、漢樂府民歌以及古詩十九首等大量應用套語。雖然如此，到唐五代敦煌民歌中卻少有這種現象，其原因為何？大概古代社會語言詞彙貧乏、句式簡單，以此對語言運用給不少的限制，使民眾多借用套語來唱民歌。唐五代社會繁榮、文化發展帶來豐富多

采的詞語之產生，且民歌受當時新樂的影響，其句式爲多樣化，因此民衆襲用套語的必要性減少了。

　　乙、和聲

　　和聲是指把和音或合唱的句子加在歌辭中，造成音樂的節奏和旋律的美化。邱師燮友〈唐代民間歌謠的結構〉中說明和聲在音樂上的作用：

> 歌謠中的和聲，謂之散聲，……我國的詩歌一向不脫離音樂，而和
> 送聲的使用，可以增加音樂的效果。它的作用有二，一爲使詩歌的
> 句法化爲參差，多變化能增加歌詞句調上的繁複性。一爲多人加入
> 和唱，能增加音調上的強烈性（註29）。

和聲在漢六朝樂府中已習用（註30），唐代也普遍地運用了。和聲或在歌後，或在歌前，沒有一定的規律，它有的有義，有的無義。因和聲專爲了加強歌唱時的節奏感或和諧而運用，民歌成爲文字化時和聲往往被刪略，而且合唱衰微而和聲漸失其效用了（註31）。敦煌民歌中一些歌辭記載著和聲。但是大部分集中在佛曲歌辭，敦煌民歌中出現不多。敦煌民歌的和聲形態有兩類。

　　第一類的和聲是由一些無義的字句組成的。例如S.5540〈山花子〉[75]中末句「悔□□」、S.6208失調名〈十二月相思〉中第二、四首[688,690]的末句都是「也也也也」、「悔□□」，後兩空格很可能是悔字的重疊句（註32），「也也也也」在〈十二月相思〉十二首中只出現了兩次，摹仿啼泣，此與佛曲聯章每篇具有和聲不同的現象。這些和聲大多數是爲了曲調的伴唱或延長而配合的，它在歌辭的表演時增強旋律之美。無義的和聲大概用單音節的反覆而得到生動地聲音效果。

　　另一類，就是由一組字句組成，可以與篇名無關，有義的和聲。例如S.6537〈泛龍舟〉[133]末兩句「泛龍舟。遊江樂。」、P.3128〈浣溪沙〉[58]上下片各末句「是船行」等，兩種和聲重複描寫著坐船遊覽的歌辭而結束全辭，給人新鮮的感覺。再看P.2506〈獻忠心〉第二、三首[71,72]結尾有「獻忠心」一句，含有祝頌的意味，此可以視作和聲。運用這種和聲構成

了全辭旋律有起伏而曼妙的變化。

㈣韻腳

　　無韻就不能成爲民歌。韻腳是民歌基本因素中之一，也是民歌造成語言的音樂美的重要關鍵。《文心雕龍‧聲律》中說：「同聲相應謂之韻。」，即說是句末或行末利用同韻同調的音相協，韻腳是指那些在句末押韻母相同之字的。魯迅說最原始形式的詩歌時，曾提過「杭育杭育派」（註33），連這「杭育杭育」也在韻律上有特點，就是韻腳相同，簡單重覆，讀起來順口動聽。這揭示最初詩歌在民間開始時，它與音樂節奏有極深刻的關係。經過長期的運用韻腳，人們又創造了只有韻母或韻母的收音部分相同，聲母不相同的協韻形式。這種新形式可避免最初韻腳形式的簡單的節奏而追求自然的變化。

　　爲什麼韻腳可以造成民歌語言的音樂美？民歌被唱的時候要求最基本的節奏感。句末有韻腳，在一定的字數距離，一定的時間節拍中，反覆出現熟悉的聲音，若此聲音與人們心理上預期的節拍相合，與形成生理上的慣性節奏相符，便成爲一種和諧（註34）。即同韻音節的定期性反覆出現，使語言的聲音異中有同，造成和諧。

　　無韻之歌幾乎沒有。敦煌民歌的韻腳，大都一韻到底，有些中途換韻。如P.3994〈虞美人〉二首[34,35]：

　　　東風吹綻海棠開。香麝滿樓臺。香和紅艷一堆堆。又被美人和枝折。墜金釵。

　　　金釵釵上綴芳菲。海棠花一枝。剛被蝴蝶遠人飛。拂下深深紅蕊落。污奴衣。

二首是一韻到底的聯章體，全首用平聲韻的。一定的時間節拍中可感到統一性音調的出現，造成簡單的節奏感、迴環之美。

　　再如S.1441〈天仙子〉三首[5~7]：

　　　燕語鶯啼三月半。煙蘸柳條金線亂。五陵原上有仙娥。攜歌扇。香爛漫。留住九華雲一片。　犀玉滿頭花滿面。負妾一雙偷淚眼。淚

　　珠若得似真珠。拈不散。知何限。串向紅絲應百萬。

　　燕語鶯啼驚覺夢。羞見鸞臺雙舞鳳。天仙別後信難通。無人共。花
滿洞。羞把同心千　弄。

　　叵耐不知何處去。正值花開誰是主。滿樓明月夜三更。無人語。淚
如雨。便是思君腸斷處。

任二北在《敦煌曲校錄》說：「此調之辭，各本皆作雙疊二首，實宜作三
首。蓋後一首前後片之叶韻，萬無牽合可能，應視作單片之二首，於文意
則爲聯章。」，由於叶韻不同，他在《敦煌歌辭總編》又提出由此起開始
打破寫卷中〈雲謠集雜曲子〉下面寫的‘共三十首’之限制。不過，一般
民歌的韻腳方式非常靈活。譬如段寶林、過偉編《民間詩律》中所提到的
中國各族民歌之韻法豐富多樣（註35）。尤其詞可以換韻（註36），文人
之詞運用韻腳也很自由。例如，宋、呂本中〈浪淘沙〉一首：

　　柳塘新漲。艇子操雙槳。閒倚曲樓成悵望。是處春愁一樣。　傍人
　　幾點飛花。夕陽又送栖鴉。試問畫樓西畔。暮雲恐近天涯。（《全
　　宋詞》中）

上片用漲、槳、望、樣協韻，下片用花、鴉、涯協韻，即下片換一韻。唐
圭璋〈雲謠集雜曲子校釋〉中曾說過敦煌民歌韻腳不拘，並說：「〈天仙
子〉第一首上下兩疊，皆用一韻，而第二首則上疊同用一韻，下疊又換一
韻。」（註37）任氏只重視韻腳不同而分爲兩首，但是在上述的理由上加
以其句法相同、內容相聯及同一調名的理由，筆者認爲合後兩首而爲一較
妥當。

　　這樣來看此兩首，第一首用一韻到底，第二首中途換韻；在聯章體的
角度來看，此調中途換了二韻。韻腳的轉換不僅在一定節奏上造成旋律的
變化，且使民歌語言的外部結構更生動活潑，畢竟在語言的音樂性中助成
參差之美。

二、口語性的辭彙

　　民間文學源於民間生活，它以民間口頭語言爲表達手段，因此在記錄

下來的文學，特別一些民歌中，往往可見順口熟悉的日常語言，也可見無意之聲的反覆，這些都證明民歌博採口頭語言表達當時民間生活和思想。

　　口頭性是民間文學獨特的性格之一，凡是在民間通過口頭進行創作的作品，都有口頭性的特徵。至於民間口頭的語言，鍾敬文《民間文學概論》說它的特徵爲：「一種最靈便的表達工具，既便於傳，又便於記，緊緊依附在人民生活的各個方面，牢牢刻在人民的記憶裏，生動地活在人民的各種演唱、講述活動中。」（註38）民間歌謠，必然喜歡用那便於傳，便於記的口頭語言，唱出他們的情緒。因此民間創作的歌謠，其語言的結構多以民間口頭語言爲素材，因而作品具有口頭性的特色。

　　口頭語言常保存著活在民間口頭上的新鮮、潑辣的生活氣息，並造成許多新穎的辭語，又生動明快，富形象性，具有一種立體性的動態美。它在時代、地域及職業上會有形態的變化，這使得民歌語言的藝術表現力更加豐富。唐五代民歌保留著當時口頭語言，本節從唐五代民歌的俗語、方言，問答式，白描三方面來考究其語言的口頭性。

　（一）俗語、方言

　　俗語乃是流行於民間的通俗語言。據黃慶萱《修辭學・藏詞》中說：「俗語就是流行於社會大衆間口頭語言的固定詞組了。俗語代表我同胞們的集體智慧與集體幽默。裏面常含有顛撲不破的眞理，嘻笑怒罵的機智，以及面對無可奈何的人生的自我嘲弄。……它源於人類行爲的復演論；能使語言豐富、精鍊和形象化；加強了語言的穩定性和藝術性。」這裏說明俗語的性質、它的功能及效果。

　　方言就是地方語言，古今任何語言都有方言的地域差異。黃慶萱《修辭學・飛白》說其功能與效果爲：「方言的使用，對懂得此種方言的人，有一種親切感；對不懂此種方言的人，有一種新奇感。更要緊的是，方言豐富了國語的辭彙，使國語永保其新鮮而不致腐朽。」

　　俗語是使用於一定的社會階層的語言的社會變體，方言是分佈於一定地域的語言的地域變體（註39）。由此我們可推論俗語方言共有語言的變

體特色。若是提到某一個地域民衆之間所用的語言，就會容易聯想到俗語方言。

　　民歌有口頭性特徵，所以它必須使用民間流行的社會通俗性語言，而且民歌裏所用的辭彙，多少是帶有地域性。據上述，俗語與方言的確是兩種形態，但是在民歌語言的口頭性研究時兩個都是必需不可缺的基礎資料。因爲本文探討的重點在民歌語言的通俗性，從而避免俗語與方言的分別，而兩者混爲一談。

　　唐五代敦煌民歌所用的辭語多爲普遍、通俗的俗語方言。任二北《敦煌曲初探・修辭》中對敦煌民歌裏俗語方言說：「雖猶不足稱爲『於新文體中自由使用新言語』（王國維《宋元戲曲史》內論元戲語），但其用方言俗語之深與廣，已超過唐代其他一切韻文。」

　　本文以《敦煌曲初探》中查考的俗語方言例子爲基礎，參考敦煌本《俗務要名林》、賈思勰《齊民要術》、張相《詩詞曲語辭匯釋》、蔣禮鴻《敦煌變文字義通釋》、孫其芳〈敦煌詞中的方言釋例〉，加以整理唐五代敦煌民歌裏的俗語方言。

甲、動詞

・趁：逐也。

　　「平明趁伴爭毬子」（S.2947〈丈夫百歲篇〉[657]）

・擡舉：提抱之意。

　　「擡舉近三年。血成白乳與兒餐。」（《敦煌詞掇》〈十恩德〉[681]）

・排備：或排列齊備之意。

　　「排備白旗舞」（S.6537〈劍器詞〉[1020]）

・談揚：猶宣揚。

　　「居士談揚。唯有天人聽。」（P.3360〈蘇莫遮〉[1005]）

・湯：猶衝犯。

　　「聞賊勇勇勇。擬欲向前湯。」（S.6537〈劍器詞〉[1018]）

‧騰身：騰是猛然和驟然的意思，騰身是說猛然躍身而起。

「騰身却放我向青雲裏」（《敦煌零拾》〈雀踏枝〉(115)）

‧應奉：猶供奉。

「除非却應奉君王。時人未可趨顏。」（P.2838〈內家嬌〉(22)）

‧勾當：操作也。

「勾當如同強健日」（P.3093〈定風波〉(102)）

‧過磨：有磋磨盤問之意。

「回來直擬苦過磨」（P.3137〈臨江山〉(77)）

‧乞求：有希望之意。

「乞求待見面。誓不辜伊。」（P.2838〈拜新月〉(24)）

‧服裹：有打疊結束之意。

「聞道君王詔旨。服裹琴書歡喜。」（P.3821〈謁金門〉(93)）

‧捻，拈，撚弄：三種皆猶拈之意。

「你取硯筒儂捻筆」（P.3128〈浣溪沙〉(57)）

「淚珠若得似真珠。拈不散。知何限。」（S.1414〈天仙子〉(5)）

「只把同心。千遍撚弄。」（P.2838〈內家嬌〉(23)）

‧過與：有交結、付予之意。

「莫把真心過與他」（P.2838〈拋毬樂〉(26)）

‧不藉：不借重也。

「不藉你馬上弄銀槍」（P.3128〈浣溪沙〉(57)）

‧檢校：猶查考，語義與文義同。

「耶娘約束須領受。檢校好惡生嗔。」（《敦煌零拾》〈天下傳孝十二時〉(443)）

‧騁：誇張之意。

「爭如沙塞騁傴羅」（P.3821〈定風波〉(98)）

‧不揀：有不論意。

「空裏喚向百街頭。惡業牽將不揀足。」（《敦煌零拾》〈天下傳

孝十二時〉(451)）

・安存：猶言安置、安頓。

「比死共君緣外客。悉安存。」（P.3128〈浣溪沙〉(59)）

・招：有大凡之意，或美好之意。

「招事無不會。解烹水銀。鍊玉燒金。」（P.2838〈內家嬌〉(22)）

・掛：穿著也。

「教人幾度掛羅裳」（S.1441〈柳青娘〉(18)）

・呈：表達也，同「陳」。

「魚虌豈易呈」（S.1441〈破陣子〉(13)）

・尤泥：軟纏也。

「擬舖鴛被。把人尤泥。」（S.1441〈洞仙歌〉(10)）

・相料：有撩撥之意。

「東鄰有女。相料實難過。」（S.1441〈鳳歸雲〉(3)）

・別：由判別引申爲精鑑之意。

「善別宮商。能絲調竹。」（P.2838〈內家嬌〉(23)）

・屈：委屈相邀之意。

「殺個豬羊屈閑人」（《敦煌零拾》〈十恩德〉(684)）

・休也：猶說完了。

「更遇盲醫與渲瀉。休也。」（P.3093〈定風波〉(100)）

・叉手：禮式之一，猶拱手。

「叉手堂前諮二親」（《敦煌零拾》〈天下傳孝十二時〉(443)）

・打羅：抖戰狀。

「明晨若有微風至。筋骨相牽似打羅。」（S.2947〈女人百歲篇〉(673)）

　　以上二十八例，都是描述動態的俗語方言。民歌有寫實主義特徵。民間參與實際生活大部分以具體行動爲主，甚至於形容心境時也借行動來描寫。所以民歌中的動態語可以直接連結於民間生動的生活舞臺，也是坦白

顯出民間心理的表現方法。尤其以當時流行的俗語方言代替這些動態語，每動作在作品中更凸現。因爲俗語方言有逼眞地再現當時的情境；使本來的意義更爲生動的效果。民間生活語言中的動態語在作品中能增強結構的形象性。

乙、狀詞

・風醋：猶言風流。

「暢平生。兩風醋。」（ P.2838〈魚歌子〉(28) ）

・穩，穩便：有妥善之意。

「戰袍待穩。絮重更熏香。」（ S.1441〈洞仙歌〉(11) ）

「榮華爭穩便」（ P.2838〈傾杯樂〉(20) ）

・芬芳：猶紛紜。

「金箱玉印自攜將。任他亂芬芳。」（ P.2506〈酒泉子〉(78) ）

・'新：猶言簇新。

「三尺青蛇。斬新鑄就鋒刃剛。」（ P.2809〈酒泉子〉(80) ）

・惺惺：猶言清楚貌。

「言語惺惺精神出」（ P.3093〈定風波〉(102) ）

・生分：猶言疏慢，或有陌生之意。

「莫將生分向耶娘」句中生分是本來相識，以後不相親近的意思。（ P.2809〈擣練子〉(130) ）

・放慢：任意欺慢，慢待之意。

「不敢放慢向公婆。」此句中放慢，較接近慢待之意。（ p.2809〈擣練子〉(130) ）

・當本：猶言原本。

「霸王虞姬皆自刎。當本。便知儒士定風波。」（ P.3821〈定風波〉(99) ）

・傻儸：猶言乖巧、能耐、精悍也。

「爭如沙塞騁傻儸」（ P.3821〈定風波〉(98) ）

・優柔：猶言温柔。

　　　「優柔婀娜復厭厭」（S.2947〈女人百歲篇〉⁽⁶⁶⁷⁾）

・屈折、屈滯：困屈也。

　　　　　「男兒到此屈折地。悔不孝經讀一行。」（《敦煌零
拾》〈五更轉〉⁽⁴⁰⁴⁾）

　　　　　「莫言屈滯長如此。鴻鳥只思羽翼齊。」（《敦煌零
拾》〈發憤十二時〉⁽⁴⁷⁷⁾）

・堂堂：公然不客氣之義。

　　　「三十堂堂六藝全」（S.2947〈丈夫百歲篇〉⁽⁶⁵⁹⁾）

・可憐：可愛也。

　　　「胡言漢語眞難會。聽取胡歌甚可憐。」（S.6537〈何滿子〉
⁽¹⁰¹⁶⁾）

　　以上十三例，都是屬於狀語時俗語方言。民間用當時俗語方言來表達
他們要形容的事物之狀況或情態。使用這些狀態形容詞，以此語意更接近
原意，且描寫地鮮明、逼眞。

　　丙、助詞

・驅驅；爭逐之意。

　　　「六十驅驅未肯休」（S.2947〈丈夫百歲篇〉⁽⁶⁶²⁾）

・縱饒：猶言「即使」。

　　　「縱饒聞法豈能多」（S.2947〈女人百歲篇〉⁽⁶⁷³⁾）

・叵耐：猶怎奈。

　　　「叵耐不知何處去」（S.1441〈天仙子〉⁽⁷⁾）

・却：有肯定作用。

　　　「早晚王師歸却還」（S.1441〈破陣子〉⁽¹⁵⁾）

・早晚：何時之意，多指將來而言。

　　　「早晚三邊無事了」（S.1441〈破陣子〉⁽¹⁴⁾）

・擬，比擬，準擬，擬欲：猶言待，準備動作。

「擬鋪鴛被。把人尤泥。」（ S.1441〈洞仙歌〉⁽¹⁰⁾ ）

「比擬好心來送喜。」（《敦煌零拾》〈雀踏枝〉⁽¹¹⁵⁾ ）

「兩情準擬過千年」（ S.5643〈送征衣〉⁽¹¹⁷⁾ ）

「擬欲向前湯」（ s.6537〈劍器詞〉⁽¹⁰¹⁸⁾ ）

・將，將作：以爲之義，用於動詞之後。

「謾將比並無因」（ P.2838〈內家嬌〉⁽²³⁾ ）

「將作無山更有山」（ S.6537〈水調詞〉⁽¹³⁶⁾ ）

・爭：猶怎。

「榮華爭穩便」（ P.2838〈傾杯樂〉⁽²⁰⁾ ）

・好是：有贊美意，好一個之意。

「好是身霑聖主恩」（ P.3128〈浣溪沙〉⁽⁶⁵⁾ ）

・鎮：有加強意。

「一從征出鎮蹉跎」（ P.6537〈阿曹婆〉⁽¹⁰¹²⁾ ）

・生：有強行意，猶曰「硬生生地」。

「每恨諸蕃生留滯」（ P.3128〈望江南〉⁽⁸³⁾ ）

・悉皆：兩字連用，猶皆也。

「刑於四海悉皆通」（ P.2721〈皇帝感〉⁽¹⁴⁶⁾ ）

・合：猶言應當。

「上有穹蒼在。三光也合遙知。」（ P.2838〈拜新月〉⁽²⁴⁾ ）

・轉轉：猶輾轉。

「轉轉計較難」（ S.5643〈送征衣〉⁽¹¹⁷⁾ ）

・從：重新之意。

「須索琵琶從理」從理是從新彈奏之意，從有重新開始的意思。（
　 S.1441〈洞仙歌〉⁽¹⁰⁾ ）（註40）

・到頭：到底、終了之意。

「每歲送寒衣。到頭歸不歸。」（ P.3251〈菩薩蠻〉⁽³⁹⁾ ）

以上十六例，都是屬於助詞的俗語方言。助詞在結構中有詳細描寫要

形容的內容之功能。雖結構變爲敘述性，沒有緊密感，反而透過這些通俗語言的敘述可以感到更樸野的趣味美感。

丁、名詞

・多生：猶言前生。

　　　「便認多生宿姻眷」（P.2838〈傾杯樂〉[20]）

・三光：指日、月、星。

　　　「倚牖無言垂血淚。暗祝三光。」（S.1441〈鳳歸雲〉[1]）

・丘山：喻恩義。

　　　「若得丘山不負」（P.2838〈魚歌子〉[28]）

・筆章：猶言文具。

　　　「却掛綠襴用筆章」（P.3128〈浣溪沙〉[57]）

・知聞：猶交誼、朋友。

　　　「淡薄知聞解好麼」（P.2838〈拋毬樂〉[26]）

・狼蕃：敦煌民間對吐蕃的蔑稱。

　　　「早晚滅狼蕃」（P.3128〈菩薩蠻〉[44]）

・紅樓：猶言朱門富貴家也。

　　　「終日紅樓上。□□舞著詞。」（《敦煌零拾》〈長相思〉[110]）

・一過：經過之意。

　　　「一過教人腸欲斷」（S.2607〈浣溪沙〉[62]）（註41）

・雅奴：猶丫頭。

　　　「雅奴白。玉郎至。」（《敦煌零拾》〈魚歌子〉[113]）

・綠沈槍：綠沈，指墨綠色。

　　　「手執綠沈槍似鐵」（P.3821〈定風波〉[98]）

・親情：猶言親友。

　　　「夢中常見親情鬼」（S.2947〈女人百歲篇〉[674]）

・涯計，主計：泛指家計。

「常輸弓劍。更拋涯計。」（S.2607〈獻忠心〉(70)）

「四十當年主計深」（S.2947〈女人百歲篇〉(670)）

· 自家：猶言自己。

「寂寞自家知。」（《敦煌零拾》〈長相思〉(111)）

· 八水、三川：指長安洛陽的形勝。關中八水，指灞、滻、涇、渭、豐、鎬、牢、潏。三川，指繞洛陽南北的縠、洛、伊三水。

「八水對三川。昇平人道泰。」（P.3821〈感皇恩〉(92)）

以上十四例爲名詞。在俗語方言中，名詞是時代性和地域性最強的語辭。民歌運用這些名詞，加強了語言的豐富、多樣化。

戊、其他

· 秤錘浮；由日參辰現；北斗迴南；三更見日：皆爲喻不可能，無其事。

「水面上秤錘浮。直待黃河徹底枯。白日參辰現。北斗迴南面。休即未能休。且待三更見日頭。」（S.4332〈菩薩蠻〉(41)）

· 辜天負地：情語。有負心人將遭天遣意。

「共別人。好說我不是。你莫辜天負地。」（《敦煌零拾》〈魚歌子〉(113)）

· 視死如眠：視死如歸之意。

「猛氣衝心出。視死亦如眠。」（S.6537〈劍器詞〉(1019)）

· 喜去喜去：歌謠中之和聲，無義。

「喜去喜去覓草」（S.6537〈鬭百草〉(1009)）

· 鶻打雁：喻擊無不中。

「譬如鶻打雁。左右悉皆穿。」（S.6537〈劍器詞〉(1019)）

· 迴塘雨：迴塘，言四面可迴遶者。

「霏霏點點迴塘雨」（P.3994〈菩薩蠻〉(36)）

· 傷蛇含眞：指隋侯救蛇，蛇銜珠以報的事，出《淮南子》（註42）。

「路上共君先下拜。如若傷蛇口含眞。」（P.3128〈浣溪沙〉[59]）

・梳頭京樣：謂時世妝也。

「及時衣著。梳頭京樣。」（P.2838〈內家嬌〉[23]）

・靈鵲途喜：喻吉兆也。

「叵耐靈鵲多瞞語。送喜何曾有憑據。」（《敦煌零拾》〈雀踏枝〉[115]）

以上九例，都是當時民間通用的成語、俗諺等各種話。特別有些話，如梳頭京樣、靈鵲送喜等，都表示當時民間多樣的風俗內容。民歌直接運用有關人類行爲和意識的民間習用之話，使語彙更豐富，語言有靈活性。

這些俗語方言之多用使得唐五代民歌之語言具有樸質、清新的風格，並使它有濃烈的民間色彩。

(二)問答式

詩的語言組合之方法和形式，與作品的結構有密切關係。問答式是在民歌裏常見的語言結構中一種手法。

所謂問答式，是以雙方對話的方式敘述某種事物或事情的描寫方法。在對話的方式來看，它同於對話式結構方法。對話式，主要是通過對話來刻畫人物，如表現人物的性格特徵，揭示人物的內心活動，反映人物之間複雜而微妙的關係，摹擬人物的神態、語態等；其次，還可以交代事件線索，發展故事情節，表現主題（註43）。這樣的方法，大部分用於小說或戲劇的結構，也可以用於民歌。原始民歌的創作常是即興式短歌，並沒有一定的結構。但是在流傳歌唱的較久之後，它總是變成以敘述爲主的。因爲民歌直接表現民間生活與感情，它有時借日常生活中兩人用口頭語言問答對話的最生動方式來造成結構。

問答，一般有一問一答和甲乙對話兩種方式。對話的對象包含人與人、人與物、內心外境之間構成的多樣的組合，以至形成戲劇性的敘事民歌。在中國文人詩歌中不常見此種問答式，唐五代敦煌民歌卻較多的運用

這一方法，顯出口頭語言的自然生動的趣味，並以對話方式使人能夠體會再現當時情境的逼真感。敦煌民歌運用問答式，依任二北《敦煌曲初探》的列舉，有七十四首演故事或兼問答體者。

按運用形態可分兩種，第一種是聯章問答式，就是用兩首以上同一曲調的歌辭以對話的形式敘述一件事情或描寫一個事物。如P.3836〈南歌子〉二首[121,122]是聯章體，是前一章設問，後一章作答的結構。

> 斜倚朱簾立。情事共誰親。分明面上指痕新。羅帶同心誰綰。甚人
> 踏破裙。　蟬鬢因何亂。金釵為甚分。紅妝垂淚憶何君。分明殿前
> 實說。莫沉吟。

> 自從君去後。無心戀別人。夢中面上指痕新。羅帶同心自綰。被猻
> 兒踏破裙。　蟬鬢朱簾亂。金釵舊股分。紅妝垂淚哭郎君。信是南
> 山松柏。無心戀別人。

俞平伯《唐宋詞選釋》說：「設爲男女兩方相互問答。這是民歌的一種形式，源流都很長遠。」前一首寫久別歸來的丈夫看到妻子穿戴打扮的樣子，就產生懷疑，接連提出七個疑問；後一首是妻子針對詰問所做的回答。久別重逢的一對夫妻之間複雜的內心活動和對愛情的忠貞，透過一問一答的形式來很明顯地表現出。連接各問與答來看：

- 男：“斜倚朱簾立，情事共誰親？”
  女：“自從君去後，無心戀別人。”
- 男：“分明面上指痕新！”
  女：“夢中面上指痕新。”
- 男：“羅帶同心誰綰？”
  女：“羅帶同心自綰。”
- 男：“甚人踏破裙？”
  女：“被猻兒踏破裙。”
- 男：“蟬鬢因何亂？”
  女：“蟬鬢朱簾亂。”

・男：　“金釵爲甚分？”

　女：　“金釵舊股分。”

・男：　“紅妝垂淚憶何君？”

　女：　“紅妝垂淚哭郎君。”

把夫妻的對話直錄下來，中間一個字也不容絲毫的餘地，很有急切感與速度感。透過對話方式，不僅生動地表現了人物的性格和情節的進展，而且描寫了人物無需婉轉的語態，即男子的嚴肅、女子的清楚、認眞，都活在歌辭裏，給人如在現場聞見的感覺。

其實兩篇的主題已經在第一對問答中出現了，另六對問答是提到具體事物或情狀，以深入確認兩人對愛情的堅決。夫妻提到的事物或情狀都是在民間生活中常見的例子，但丈夫對妻子外貌的觀察力也很正確，語氣很積極，充滿生活氣息。

此聯章問答體的句式結構完全一樣，只有改成一兩個字就構成情節。其特點是，問題鮮明而恰當，回答簡明而通俗，並問題之間有一定連貫性，第一對問答包括另外六對問答。一問一答，互相呼應，環環緊扣，使主題更深刻、突出，結構緊湊、周嚴。

前篇每句設問，以八句提出七個問題，末用兩句小結；接著，後篇連用八句作答，再用兩句小結。這樣的問答方式與民間的盤歌爲同樣的形式（註44）。盤歌，是問答形式的民歌，流行中國各地。它基本上每句設問，提問了一系列問題，又作答，以此可唱廣泛的內容。一般爲一男一女對唱或集體對唱（註45）。

此外，還有S.1441〈鳳歸雲〉[3,4]「幸因今日」、「兒家本是」二首聯章，前篇爲錦衣公子問，後章爲東鄰女答；P.3821〈定風波〉[98,99]「攻書學劍能幾何」、「征戰儻儸未足多」二首聯章，前篇問儒士：「誰人敢去定風波。」，後篇儒士答：「當本。便知儒士定風波。」，都屬於聯章問答式。此二類都不同於上述〈南歌子〉二首爲一問一答式，就是對話形式。即，前後篇在敘述同一故事中插進對話句。

　　另外一種，就是單篇之內具有問答的形式。例如看《敦煌零拾》〈雀踏枝〉一首：[(115)]

　　　巨耐靈鵲多瞞語。送喜何曾有憑據。幾度飛來活捉取。鎖上金籠休
　　　共語。　比擬好心來送喜。誰知鎖我在金籠裏。願他征夫早歸來。
　　　騰身卻放我向青雲裏。

　　此首運用了對話形式，及擬人化的手法，借人與鵲的話，表現了思婦思念征夫的深情。上片開頭就責怪靈鵲報喜不靈，說謊話騙人，思婦感到十分惱怒，她便情不自禁地斥道：「下次再來我要捉住，鎖在金籠裏！」思婦的話中‘休共語’，是生動地表現了她此刻的心情爲怒氣沖沖。下片換了以喜鵲的口氣來回答的方法。它申訴道：「我本來打算給你報喜，誰知道你把我鎖在金籠裏。」前面它這樣表示內心不平的情況，而後面說出思婦埋怨責怪靈鵲的真正原因，是‘願他征夫早歸來’。透過思婦對靈鵲的指斥和靈鵲對思婦的申訴，可知主題在描寫懷念征夫的思婦之真摯感情。

　　對話方式，其語言十分簡潔。此篇運用簡明的口語性話，刻劃出人物懇懇的性格特徵和她煩悶和盼望交織的內心活動。全篇充滿愛情的氣氛，結構也顯得活潑。

　　P.2809〈擣練子〉一首[(130)]也是問答體歌辭。

　　　辭父娘了。入妻房。莫將生分向耶娘。君去前程但努力。不敢放慢
　　　向公婆。

此篇是夫妻相別則設一問一答，即丈夫別父娘之後，對妻子囑咐事親，妻子回答而勉丈夫努力前程，並誓自己負責事親。

　　民歌用口語或俗語，使得作品增強通俗純樸、形象鮮明的藝術效果。尤其，問答式結構的運用是民歌獨特的表現方法，使作品能夠容納更純粹、粗野的民間語氣，此令人感到親切、自然，引起讀者的興趣，並明顯出民歌生動活潑的口頭性特色。

　　㈢白描

　　白描，本是繪畫術語，指在繪畫中只用線條勾勒，不著顏色的畫法。在文藝的語言藝術上，據譚達先《中國民間文學概論》說：「白描就是在語言上毫不修飾地直說，如能抓緊事物的本質，只要很樸素的語句就會說得很中肯、明白、有力，事物的形象給說的很眞實，道理也說的很深刻。」（註46）白描，是民歌最基本的表現手法之一，只有對事物或事情有了深刻的認識，而可以運用。白描的特色有兩點；其一是文字樸實，以敘述的語言造成結構，即是樸素的敘述與自然流露的描寫的高度結合；其二是簡煉傳神，只寥寥幾筆就勾勒出鮮明生動的形象（註47）。

　　白描雖有樸素的敘述方式，但其語言造成與平庸無奇，泛泛道及不同，反而更需要言簡意賅、眞摯嚴密的語言結構。爲了充足這些特色而常用白話或口頭語言，因此它在民間文學作品中普遍地存在。唐五代敦煌民歌有不少篇都是非常出色地運用白描手法。如P.3128〈浣溪沙〉一首：⁽⁵⁸⁾

　　　五里灘頭風欲平。張帆舉棹覺船輕。柔艣不施停卻棹。是船行。

　　　滿眼風波多陝㴉。看山恰似走來迎。子細看山山不動。是船行。

　　此歌通過描寫戰勝狂風揚帆前進行船的情景，觀賞山水風光時感覺到青山在走動的心情，言簡意賅地反映了船夫生活和在帆海中感到的愉悅歡快的心情。依照潘重規先生《敦煌詞話》中的解釋；「從測風器顯示風力很平均，因此張起風帆，不須搖艣舉棹，船自然而然的前進。由於御風而行，沒有覺得船動，彷彿山勢跑來迎接似的。等到想起山是靜止的，仔細觀看，原來山並未移動，而是船在進行。」（註48）特別‘看山恰似走來迎’以下三句，完全用白描法，刻劃船夫從幻到眞的心理活動，是生動新穎的，並有樸素之美。其語言純係口語，沒加任何雕飾、渲染，卻有細膩、逼眞的感覺，讀起來令人喜愛。透過自然順口的敘述現實，描寫船夫眞正達到了忘我的境界（註49）。

　　又如S.2838〈拋毬樂〉一首：⁽²⁶⁾

　　　珠淚紛紛濕綺羅。少年公子負恩多。當初姊妹分明道。莫把真心過
　　　與他。子細思量著。淡薄知聞解好麼。

俞平伯《唐宋詞選釋》評此民歌：「白描寫法，口氣神情非常婉轉，不像一般的七言絕句，別具一種風格。」此歌反映的是妓女被公子欺騙而痛苦的心態。其語言沒有用多少形容詞或細緻的描寫，只是敘述女子痛苦流淚的外部形象和勸戒之話，以刻劃了他怨恨、後悔莫及的心理狀態。‘珠淚紛紛濕綺羅’表現痛苦之深、女子可悲的命運，‘莫把眞心過與他’意味自己的追悔心意，‘少年公子負恩多’與‘淡薄知聞解好麼’互相呼應而描寫悲傷的心理轉變而斷言公子是不懂愛情的。全篇語言樸素、口氣十分婉轉。

又如P.3123失調名一首[212]：

> 蘆花白。秋夜長。庭前樹葉黃。門前寒。旋草霜。來了繡襠襠。夫妻在他鄉。淚千行。

此歌以敘述的語言描寫他鄉的風景。語言簡捷有力，沒有修飾的字眼，只是從秋天大自然的風景和由妻子寄來的東西引起旅思，達到情景交融的境界。前五句是抓住秋天的主要特徵，用盡量簡短明快的語言，以鮮明生動地描繪冷落的秋色。末句‘淚千行’，逼眞地描寫無法歸家的旅客思婦之心態。全篇透過白描法，直抒眞摯的情緒，因而有較強的藝術表現力。

此外，S.2607〈臨江山〉[76]中：「岸闊臨江底見沙。東風吹柳向西斜。春光催綻後園花。鶯啼燕語撩亂。爭忍不思家。」以寫景來描寫思鄉之意；P.2809〈楊柳枝〉[126]中：「春去春來春復春。寒暑來頻。月生月盡月還新。又被老催人。」寫時光的流逝；P.3251〈菩薩蠻〉[40]中：「駐馬再搖鞭。爲傳千萬言。」描繪送別；S.2607〈㳻怨春〉[131]中：「柳條垂處處。喜鵲語零零。」，S.6537〈泛龍舟〉[133]中：「春風細雨霑衣濕」，S.2607〈浣溪沙〉[62]中：「一陣風來吹黑雲」等句幾乎都以敘述的語言進行描寫生動的形象。

白描不是用很多筆墨和描寫的，乃是以簡語樸實敘述可以達到高級描寫、返樸歸眞的境界

【附　註】

1.朱光潛《談文學》中p.94，國文天地，民國79年。

2.見杜國清譯《艾略特文學評論選集》中〈詩的音樂性〉，田園出版社，民國58
年。

3.見楊耐冬〈詩的音樂性〉（《幼獅文藝》15卷5期）。

4.肖馳《中國詩歌美學》p.53，北京大學出版社，1986年。

5.見魏同賢〈民間文學界說〉（《中國民間文學論文選》上冊p.341，上海文藝出
版社，1982年。）

6.孔穎達解釋‘長言’是「引液其聲，長遠而言之。」、「美而和續之。」即歌
唱是語言的延長。

7.宗白華《藝境》中〈中國美學史中重要問題的初步探索〉p.343-344，北京大學
出版社，1989年。

8.《樂記‧樂本》又說：「凡音者，生人心者也。情動於中，故形於聲，聲成文
謂之音。」

9.見郭沫若〈公孫尼子與其音樂理論〉（《樂記論辯》P.11，人民音樂出版社，
1983年。）

10.見夏承燾、吳熊和《詞學》p.41，宏圖出版社。

11.同前揭書p82。

12.依任二北《敦煌歌辭總編》p.490，說此辭是七言四句之聲詩，行於初唐。

13.依任二北《敦煌曲初探》p.48，說此辭是七言絕句二首。

14.參見朱自清《中國歌謠》p.164所引用的諸家之說。

15.例如P.2721〈皇帝感〉[141]

16.例如S.4332〈別仙子〉[118]

17.例如《詩經‧衛風‧碩人》中：「河水洋洋。北流活活。施罛濊濊。鱣鮪發
發。」

18.例如《樂府詩集‧相和歌辭‧江南》中：「魚戲蓮葉間。魚戲蓮葉東。魚戲蓮

葉西。魚戲蓮葉南。魚戲蓮葉北。」

19.例如古詩十九首〈迢迢牽牛星〉中：「迢迢牽牛星。皎皎河漢女。纖纖擢素手。札札弄機杼。」

20.參見夏傳才《詩經語言藝術》臺1版p.42，雲龍出版社，1990年。

21.黃慶萱《修辭學》增訂版p.442-443，三民書局，民國79年。

22.劉勰《文心雕龍・物色》說：「是以詩人感物，聯類不窮。……故灼灼狀桃花之鮮，依依盡楊柳之貌，杲杲爲出日之容……」

23.參見任二北《敦煌歌辭總編》p.502。

24.元、喬吉越調〈天淨沙〉中〈即事〉一首，（《喬吉》，地球出版社，民國81年。）

25.顧炎武《日知錄》卷22、詩用疊字條說：「詩用疊字最難。衛詩：『河水洋洋，北流活活；施罛濊濊，鱣鮪發發；葭菼揭揭，庶姜孽孽。』連用六疊字，可謂複而不厭，賾而不亂矣。古詩：『青青河畔草，鬱鬱園中柳。盈盈樓上女，皎皎當窗牖。娥娥紅粉妝，纖纖出素手。』連用六疊字，亦極自然，下此即無人可繼。」顧氏既然說如此，但以後發現的此首唐五代民歌實際上能繼承《詩經》和古詩。

26.六十多類疊字大概如下：切切，夜夜，率率，一一，千千，翩翩，凜凜，灼灼，裊裊，遠遠，時時，紛紛，寸寸，厭厭，驅驅，看看，堂堂，飄飄，步步，重重，年年，朝朝，兩兩，處處，零零，緩緩，懸懸，輕輕，聲聲，悄悄，頻頻，彎彎，漸漸，轟轟，鬱鬱，惶惶，芬芬，惺惺，微微，簇簇，沈沈，淼淼，依依，點點，釵釵，堆堆，寂寂，渺渺，萋萋，滴滴，卦卦，霏霏，雙雙，盈盈，皎皎，釅釅，山山，嘶嘶，些些，澄澄，迢迢，團團，拌拌，忽忽等。

27.參見夏曉虹〈中國早期文人詩套語套式研究〉（洋溟編《中國傳統文化的反思》中，廣東人民出版社，1987年）。

28.鍾敬文《鍾敬文民間文學論集》、下冊中〈歌謠雜談、同一起句的歌謠〉p.320，上海文藝出版社，1985年。

29.見《書目季刊》第9卷3期，民國64年。

30.參見王運熙〈論六朝清商曲中之和送聲〉（《六朝樂府與民歌》p.102，鼎文書局，民國66年。）

31.參見朱自清《中國歌謠》p.178。

32.詳見任二北《敦煌歌辭總編》p.359─360。

33.參見本書第二章第一節註1。

34.參見黃永武《詩與美》p.138，洪範書店，民國76年。

35.參見段寶林、過偉編《民間詩律》中收錄的各族民歌之格律分析，北京大學出版社，1987年。

36.依曾永義〈影響詩詞曲節奏的要素〉說：「近體詩和曲都限於一韻到底，古體詩和詞都可以轉韻。」（《中外文學》4卷8期）

37.唐圭璋《詞學論叢》再版中，宏業書局，民國77年。

38.鍾敬文《民間文學概論》p.34，上海文藝出版社，1980年。

39.見周振鶴、游汝杰著《方言與中國文化》p.4，上海人民出版社，1991年。

40.此句在《敦煌曲校錄》改作「須索琵琶重理」，依〈敦煌詞中的方言釋例〉之說，現在西北口語中猶用從爲重新的意思，如‘從做’就是再開始另行做的意思。（見《社會科學》1982年4期）

41.依《敦煌曲初探‧修辭》，一過爲一次之意。但依〈敦煌詞中的方言釋例〉，爲經過之意，看前後之句：「即問長江來往客。東西南北幾時分。一過教人腸欲斷。爲行人。」，即每見客船經過，令人爲盼行人歸來而愁腸欲斷，句意可通。

42.《淮南子‧覽冥訓》說：「順之者利，逆之者凶。譬如隋侯之珠，和氏之璧，得之者富，失之者貧。」高誘注：「隋侯見大蛇傷，斷以藥傅之，後蛇於江中銜大珠以報之。」

43.見劉勵操編《寫作方法一百例》p.371，國文天地，民國79年。

44.依周紹良《敦煌文學作品選》說：「採取的是我國民歌中〈盤歌〉的形式，男女雙方互相問答表達戀情，民間情歌風味濃鬱。」（p.94，北京中華書局，

1987年。）

45.見楊亮才編《中國民間文藝辭典》，甘肅人民出版社，1989年。

46.譚達先《中國民間文學概論》修定本p.119，貫雅文化事業有限公司，民國81年。

47.見同註40，p.333。

48.潘重規《敦煌詞話》中〈天眞質樸的敦煌曲子詞〉p.30，石門圖書，民國70年。

49.見高國藩《敦煌曲子詞欣賞》p.64，南京大學，1989年。

第二節　語言表現技巧之特色

　　文學用語言描繪形象，來表達情感、反映現實。民歌也是把內在的情感以語言具體表現出來。朱光潛《談文學·文學與語文》說：

> 文學的功用在表現，不過究竟什麼叫做『表現』，用這名詞的人大半不深加考究。依一般的看法，表現以形式表現內容。……表現就是拿在外在後的『言』來翻譯在內在先的『意』。

這裏的‘意’是指情感意識。要把這種內在的意（情感意識）轉變成外在的審美對象，必定要有具體形象的媒介。民歌是按照各種運用語言的手法把內在情感意識和具體形象聯在一起而實現這種轉譯工作。所以轉譯－表現－就是文藝的完成。民歌利用人們在實際生活上的經驗、記憶及聯想等之活動，並且各種運用語言的表現技巧，使所表達的抽象情感轉化爲具體形象，並使作品有趣味和美感。

　　唐五代敦煌民歌有包括上述表現條件，本文著重民歌習用的幾種表現手法，來分析唐五代民歌如何表現出當時民間內在的情感和思想。

一、比喻

　　談民歌時常提到的表現方法，就是比。古代民歌和許多詩人普遍運用比手法創作了無數形象生動、意境深遠的作品，這是肯定的事實。他們何

爲喜用‘比’的手法呢？先考查對比的意義。依劉勰《文心雕龍‧比興》
之說：「故比者，附也；……附理者，切類以指事，……且何謂爲比？蓋
寫物以附意，揚言以切事者也。」即，比是描寫事物的形象來比附作者的
情感和思想，而且用誇飾的語言來使形象更切合事理。朱熹在《詩集傳‧
周南‧螽斯》注更簡明而易懂地說：「比者，以彼物比此物也。」兩人的
解釋比較一致。此外，依據劉勰的說法可以抽出比的特點。所謂‘寫物以
附意’、‘揚言以切事’，這不限於簡單比喻，而突出了形象描述的特
點。因爲它用人們所熟知的東西來說明所欲表達的事物，用比的手法無不
能表現的，能使所要表達的對象表現得更具體準確，而且喻依自然要比喻
體更通俗更具體。

　　《文心雕龍‧比興》又對《詩經》中的民歌說：「或喻於聲，或方於
貌，或擬於心，或比於事」，因而使被表現的形象更鮮明生動。民間把心
中的事理或情感，藉客觀景物作比方說明或形容時，他們能取易知具體的
語言來描寫難知抽象的，所以比喻在民歌創作上最普遍地運用。

　　林庚〈歌謠不是樂府不是詩〉中曾說：

　　　　巧喻是歌謠之所以成為歌謠的所在，是歌謠之所以不能以別的東西
　　　　代替的理由。它這樣的寫法，即使站在一切藝術之間而無愧；因為
　　　　沒有另外一件東西可以照它一樣去做，有則必須屬於它的旗幟之下
　　　　了。而它則是獨立的，不屬於誰的。歌謠中亦有不用巧喻的，那正
　　　　如詩中有許多並無『靈感』的詩一樣，乃是失敗的作品（註1）。

　　他認爲巧妙的比喻可以說是民歌的生命。比喻說明形象，此種方法因
可以把陌生的事物解釋得淺顯易懂、簡明通俗，使人易於認識和了解的緣
故，對民衆創作歌謠和口唱流傳，是很方便的表現手法。他們用生活中常
見的、熟悉的事物，來比喻描寫罕見的、陌生的事物。同時恰當的運用比
喻不僅使人產生滿足與信服的快感，而且使深奧的道理顯淺化，抽象複雜
的事物具體生動化，概念的東西形象化（註2），從而能引起讀者的聯
想、增強歌辭的吸引力。

　　敦煌民歌運用比喻大量描寫女子，如：

・「應是瀟湘紅粉戀」（S.1441〈破陣子〉[12]）

・「花枝一見恨無路」（P.2838〈魚歌子〉[28]）

・「像白蓮出水中」（P.3137〈南歌子〉[120]）

　　比喻女子的面容，如：

・「眉如初月」（S.1441〈鳳歸雲〉[3]）

・「朱含碎玉」（S.1441〈鳳歸雲〉[3]）

・「玉滿頭花滿面」（S.1441〈天仙子〉[5]）

・「蓮臉柳眉羞暈」（S.1441〈破陣子〉[12]）

・「髻綰湘雲淡淡妝」（S.1441〈浣溪沙〉[17]）

・「雲髻婆娑」（S.1441〈鳳歸雲〉[3]）

・「青絲罷攏雲」（S.1441〈破陣子〉[12]）

・「臉如花自然多嬌媚」（P.2838〈傾杯樂〉[21]）

・「眼如刀割」、「口似朱舟」（P.2838〈內家嬌〉[22]）

・「蓮臉能勻似早霞」、「蛾眉不掃天生綠」（P.2838〈拋毬樂〉[27]）

・「翠柳眉間綠」、「桃花臉上紅」（S.3137〈南歌子〉[120]）

・「二十容顏似玉珪」（S.2947〈丈夫百歲篇〉[658]）

・「六十面皺髮如絲」（S.2947〈女人百歲篇〉[672]）

這些比喻都從事物的色彩和美麗著眼。

　　比喻女子的身材，如：

・「玉腕慢從羅袖出」（S.1441〈浣溪沙〉[17]）

・「十指如玉如蔥」（P.2838〈傾杯樂〉[21]）

・「凝酥體雪透羅裳裏」（P.2838〈傾杯樂〉[21]）

・「揮白玉」（S.6537〈鄭郎子〉[134]）

　　比喻女子的淚，如：

・「淚滴如珠」（S.1441〈鳳歸雲〉[2]）

・「淚珠若得似真珠」（S.1441〈天仙子〉[5]）

・「淚如雨」（S.1441〈天仙子〉[7]）
・「倚牖無言垂血淚」（S.1441〈鳳歸雲〉[1]）
　比喻女子對丈夫的堅貞或夫妻之情，如：
・「妾身如松柏」（S.1441〈鳳歸雲〉[4]）
・「堪恨情如水」（P.2838〈拜新月〉[24]）
・「今世共你如魚水」（S.5643〈送征衣〉[117]）
・「信是南山松柏」（S.3836〈南歌子〉[122]）
・「香被重眠比目魚」（S.1441〈破陣子〉[14]）
・「每道說水際鴛鴦」、「惟指梁間雙燕」（P.2838〈傾杯樂〉[20]）

　　以上描寫女子時，用明喻、隱喻、借喻等各種比喻的方法來說明女子容
貌的美麗和女子的心懷意念。民間作者用常見的熟悉的事物，即白蓮、
月、玉、翠柳、雲、早霞、蛾、朱丹、桃花、蔥、雪、眞珠、雨等大自然
美好的形狀或顏色，來描寫女子容貌，形象清晰，簡明通俗，使人容易聯
想女子具體深刻的美貌。他們也用松柏、鴛鴦、雙燕、比目魚、水等的性
質具體說明堅貞、夫妻之情等較抽象的心理狀態，形象具體，給人留下深
刻的印象。

　　比喻可以使語言形象生動，無論是寫人、狀物、寫景，巧妙地運用比
喻可以使形象栩栩如生。敦煌民歌描寫月，如：
・「月如霜」（P.3821〈浣溪沙〉[67]）
・「天上月。遙望似一團銀。」（《敦煌零拾》〈望江南〉[87]）
・「臺上月。一片玉無瑕。」（《敦煌零拾》〈望江南〉[88]）
・「望月曲彎彎。初生似玉環。」（S.4578〈詠月婆羅門〉[106]）
運用四個比喻，把人們對月亮的普遍印象生動形象地勾勒出來了。

　　描寫人較複雜抽象的心理或性格，如：
・「似虎入丘山。勇猛應難比。」（P.3821〈蘇莫遮〉[108]）
・「視死亦如眠」（S.6537〈劍器詞〉[1019]）
・「卻似園中肥地草」（《敦煌零拾》〈發憤十二時〉[468]）

・「松柏縱然經歲寒」（《敦煌零拾》〈發憤十二時〉[476]）
・「鴻鳥只思羽翼齊」（《敦煌零拾》〈發憤十二時〉[477]）
・「蓬蒿豈得久榮華」（《敦煌零拾》〈發憤十二時〉[478]）

前兩個例子描繪征人臨戰的勇氣，後四個例子把男子的腐爛、節操、志向、身世比喻地草、松柏、鴻鳥、蓬蒿來描寫，比喻的語言準確，淺顯易懂。

　　此外，描寫具體動作時運用生動活潑的語言來比喻，如：

・「合如花焰秀。散若電光開。」（S.6537〈劍器詞〉[1020]）

此例子說明跳白旗舞時，舞者合而散的動作比喻像花焰一樣秀氣、像電光一樣，在一瞬間散開。

　　描繪人的感覺狀態，也運用日常生活上的經驗來表現，如：

・「筋骨相牽似打羅」（S.2947〈女人百歲篇〉[673]）
・「衰病相牽似拔茅」（S.2947〈丈夫百歲篇〉[663]）

　　由身體的衰弱來的痛症，比喻打羅、拔茅描寫出來，令人更逼真地感到具體症狀。民歌直接反映社會生活，它有時反而運用生活上的經驗、熟悉的現象和事物比喻民眾要表達的情緒和事物。所以當時的社會觀念和民間生活對民間作者可以提供很多用以為喻的材料。唐五代敦煌民歌使用比喻，使抽象的事物具體化，複雜微妙的心理顯淺化，概念的狀態形象化。它為了使形象鮮明和生動，往往用誇張的喻依，但喻依的性質色彩都與喻體相同相似的。

二、誇張和烘托

(一)誇張

　　誇張就是在描寫人或事物時，為了鮮明突出本質特徵或明顯強調形象，抓住人或事物的本質，加以擴大或縮小，以便加強表現效果的方式。人在日常談話中常用誇大之語引起人的共鳴或好奇心，民歌也自然運用不少的誇張。它施用於人或事物的形狀、性質、行為、情緒的描述，也往往用於作品的整體，以便塑造形象或構思情節。現在分別性狀、情境、情緒

三方面來探討唐五代敦煌民歌運用誇張手法的情況。

　　甲、屬於事物或人之性質、形貌的誇張法是常見的，如：

・「輕盈士女腰如束。九陌正花芳。」（P.3251〈菩薩蠻〉[37]）

・「獨向西園尋女伴。笑時雙臉蓮開。」（《敦煌曲‧新增曲子資科》
　　中〈思越人〉）

・「記之父母苦憂憐。恩德過於天。」（《敦煌詞掇》〈十恩德〉[682]
　　）

・「三冬十月洗孤兒。十指被風吹。」（《敦煌詞掇》〈十恩德〉[683]
　　）

・「明醫識。垜積千金醫不得。」（P.3093〈定風波〉[101]）

・「合如花焰秀。散若電光開。喊聲天地裂。」（S.6537〈劍器詞〉
　　[1020]）

・「素胸蓮柳眉低。一笑千花羞不坼。嬾芳菲。」（S.1441〈浣溪沙〉
　　[16]）

以上都是性狀上的誇張之例。依照每例子運用誇張手法描寫性質、形貌的
情況，可知誇張常常比喻手法並用，以鈎畫突出的狀態而加強興味感。它
不僅能將其特點為擴大，也可以縮小誇張，令人有更深刻的印象。

　　乙、關於情境的誇張，如：

・「休磨戰馬蹄。淼淼三江水。半是儒生淚。」（《敦煌零拾》〈菩薩
　　蠻〉[52]）

・「作客在江西。寂寞自家知。塵土滿面上。終日被人欺。」（《敦煌
　　零拾》〈長相思〉[111]）

・「西江水竭南山碎。憶你終日心無退。」（S.5540〈山花子〉[75]）

・「枕前發盡千般願。要休且待青山爛。水面上秤錘浮。直待黃河徹底
　　枯。　白日參辰現。北斗迴南面。休即未能休。且待三更見日
　　頭。」（S.4332〈菩薩蠻〉[41]）

第一例是描寫儒生反對戰爭，並抒述報國無門之情的歌。用三江水來比喻

儒生淚，說明動亂後有報國之心而無所用的痛苦。其運用了非常的誇張和比喻，很深刻地表現儒生獻才無路的心態。第二例描寫商人離家受貧窮之苦的情況。第三、四例都是描寫男女真摯戀情。前者提到水竭、山碎兩件不可能發生的事物作爲比喻，表達思念情人的情懷永不止息。用誇張描述，把人物的感情引向高潮，富有浪漫色彩。後者連用六種不可能發生的事情作爲比喻兼誇張，抒發追求愛情的堅決態度。即，青山爛，水面上浮秤錘，黃河枯乾，白天看見星星，北斗轉到南方，深夜出現太陽等，都是不能成爲現實的自然界現象，以形容兩人堅貞的愛情。全篇運用誇張，便更深刻地表現主題；它運用生動的語言，突出描寫情意的強烈和真實，引起人的共鳴，這是最驚心動魄的情境的誇張手法。

　　丙、對於情緒的誇張，如：

・「淚如雨。便是思君腸斷處。」（S.1441〈天仙子〉(7)）

・「已經新歲未還歸。堪恨情如水。」（P.2838〈拜新月〉(24)）

・「流淚數千行。愛別離苦斷心腸。」（《敦煌詞掇》〈十恩德〉(686)）

・「寒雁飛來無消息。教兒牽斷心腸憶。」（《敦煌零拾》〈雀踏枝〉(116)）

・「孤眠鸞帳裏。枉勞魂夢。夜夜飛颺。」（S.1441〈鳳歸雲〉(1)）

・「魂夢天涯無暫歇。枕上長噓。」（S.1441〈鳳歸雲〉(2)）

・「犀玉滿頭花滿面。負妾一雙偷淚眼。淚珠若得似真珠。拈不散。知何限。串向紅絲應百萬。」（S.1441〈天仙子〉(5)）

第一、二兩例都是表現思念之情流出來的情緒。兩者描繪等候丈夫回來的女子之心情，用水的形象誇張思君之情無限。第三例是表現父母對孩子的恩愛，第四例是寫女子思君之情的痛苦。第五、六例都描述閨中女子愁思極爲深，晚上以夢魂到天涯追尋，誇張強烈的情緒，從而顯示出女子對丈夫真摯的愛情。第七例是描寫春天女子失戀痛苦的情態。她把內心愁苦的淚直接比喻之真珠，形象生動，再透過這些形象來表達情思。又運用誇張

的手法，眞珠是拈不散的，也是有形可串的，所以女子希望把點點滴滴不斷流下的淚珠要串向紅絲，以表達極爲深刻的心中憤懣。先把淚比喻爲眞珠，然後以眞珠誇大描述內心愁苦。運用誇張的手法，以便把要表達的情緒更爲突出、鮮明，可以達到強烈表現效果。

　　誇張的目的主要在於更生動、活潑地描寫性狀、情境及情緒。準確、巧妙地運用，不僅令人引起豐富的想象，且可以得到突出描寫對象的形象特點的表現效果。所以誇張是唐五代敦煌民歌主要表現技巧中之一。

　（二）烘托

　　烘托就是從旁面刻畫主要對象的表現手法。即通過描寫主要對象周圍的情境，使要描繪的主要對象或主題得到自然的顯露。它在民歌中往往與誇張並用重複，其與誇張不同之處在於誇張偏重意境上的強調，而烘托則構建於材料上的組合（註3）。唐五代敦煌民歌運用烘托，分爲情境、人物性貌兩方面來探討。

　　甲、關於情境的烘托，如：

　　·「相送過河梁。水聲堪斷腸。唯念離別苦。努力登長路。」（
　　　P.3251〈菩薩蠻〉[40]）

　　·「天上月。遙望似一團銀。夜久更闌風漸緊。爲奴吹散月邊雲。照見負心人。」（《敦煌零拾》〈望江南〉[87]）

　　·「羅衫香袖薄。伴醉抛鞭落。何用更回頭。謾添春夜愁。」（
　　　P.3251〈菩薩蠻〉[37]）

第一例是送別的民歌。它描寫女子送丈夫過橋時，特別提到流水的聲音，以烘托夫妻臨別痛苦的心情，表達了夫妻之間深摯的關係。運用烘托，使主旨表現得更爲突出、生動。第二例是描寫被棄少女的怨情之歌。女子夜晚對皓月、觸景生情，心中喚起對男子的怨恨。其間描寫‘夜久更闌風漸緊’二句，借夜半到黎明前的天氣變化，以烘托女子激動、憤怒的情境。然後，對風發出快快吹散月邊的烏雲，表達希望明月照出那個男子的內心怨恨之情。這樣，雖沒有直接講出女子怨恨的心情，卻間接地把它形象地

渲染了出來，便令人深刻地領會。第三例是描寫男女邂逅於春遊而分手的
歌。騎馬郎在路上看到美麗少女，便爲如痴如醉。'佯醉拋鞭落'此句表
現出來男子當時複雜的心態，又對女子那動人的眼波從側面進行了烘托，
心醉的男子，以至他居然佯裝起醉酒來，同時做了一個表示他心理活動的
假動作，將他的馬鞭拋落下來（註4）。'謾添春夜愁'也是從側面烘托
出男女無可奈何的憂愁心情。這裏就烘托來描寫男女之間巧妙地心理狀
態，增強藝術魅力，使之形象蘊藉，韻味深長。

　　乙、關於人物性貌的烘托，如：

・「一樹潤生松。迴向長林起。勁枝接青霄。秀氣遮天地。　鬱鬱覆雲
　霞。直擁高峰際。金殿選忠良。合赴君王意。」（ P.3821〈生查子〉
　(97) ）

・「三尺龍泉劍。匣裏無人見。一張落雁弓。百隻金花箭。　爲國竭忠
　貞。苦處曾征戰。先望立功勳。後見君王面。」（ P.3821〈生查子〉
　(96) ）

・「絲碧羅冠。搔頭墜鬢。寶妝玉鳳金蟬。輕輕敷粉。深深長畫眉綠。
　雪散胸前。嫩臉紅唇。眼如刀割。口似朱丹。渾身掛異種羅裳。更熏
　龍腦香煙。　屧子齒高。慵移步兩足恐行難。」（ P.2838〈內家嬌〉
　(22) ）

・「窈宨透迤。體貌超群。傾國應難比。渾身掛綺羅裝束。未省從天得
　至。臉如花自然多嬌媚。翠柳畫蛾眉。橫波如同水。裙上石榴。血染
　羅衫子。」（ P.2838〈傾杯樂〉(21) ）

烘托是構建於材料上的組合，以製造具體的形貌。特別描繪人物的性格、
形貌時，常常用烘托表現手法。第一、二例都是詠武士、才人之歌。前者
烘托出武士的龍泉劍、弓術、苦戰邊疆等，以刻劃盡忠報國的英武形象。
後者用誇張和比喻描述求仕者之才德。一棵松樹喻爲求仕者，長林、高峰
喻爲英才培育之地，勁枝、秀氣喻爲求仕者之德，以誇張其爲人而強調對
仕進的渴望。全篇用松樹高尚的氣象來烘托出求仕者的性格。兩者語言剛

健、生動，用烘托使要表現的主體更爲自然顯露。這是用烘托直接或間接表現人物性格之例子，後兩例都是用服飾、化妝和步伐烘托女子美麗的容貌。兩篇都並不直接描寫其美麗的具體情況，但組合多樣的材料而製造女子的形貌，以烘托出美采，使形象鮮明、生動傳神，富有趣味性。

三、描寫的多樣性

詩歌的最高趣味，固然在以寫物造形使人如睹其物，如見其人，如臨其境，得到多樣、眞切的感受。寫物造形與「體物寫志」、「擬諸形容」的描狀是相同之意，即指用生動形象的語言，摹寫描繪對人、事物和環境的各樣感覺經驗。描寫，通常通過作者的各種感官活動而成爲的，所以用多樣的手法刻畫人、事物和環境。民歌作者的情緒爲多樣，他們廣大接觸人、事物和環境而描寫形容的也多樣。描寫的特點在於「狀難寫之景如在目前」（註5），既然如此，民歌的確是能包容更多樣描寫的文學形態。本文所談的描寫是針對描寫的對象而論，現在探討唐五代敦煌民歌之描寫手法時，分爲人物的行動與心理，詠物寫景和社會環境，以及形、聲、色的摹擬三方面而論。

㈠人物行動與心理的描寫

人物行動所表現出的心情，令人感到描寫的趣味性，如：

・「佯醉拋鞭落。何用更回頭。」（ P.3251〈菩薩蠻〉[(37)]）

・「駐馬再搖鞭。爲傳千萬言。」（ P.3251〈菩薩蠻〉[(40)]）

第一例敍述男子遭遇美女，就將他的馬鞭拋棄落下來的動作。他的假動作裏隱藏著對美女禁不住的心情，描寫得十分含蓄婉轉。第二例表現送別時男子騎在馬上踟躕、徘徊的動作。通過男子‘駐馬再搖鞭’的動作，描繪出他欲走又停下踟躕的內部心境。兩者都通過細膩地表現動作，描寫出民間男子健康、樸實的戀情。

關於描寫人物的心理，如：

・「放兒去。任征邊。阿娘魂魄於先。兒身未出到門前。母意過山關。」（《敦煌詞掇》〈十恩德〉[(685)]）

・「暮風掃雪石松哀。人生不作非虛計。萬古空留一土堆。」（
　S.2947〈丈夫百歲篇〉(666)）

前者詠母親對兒子的慈愛，母親難捨離別兒子，其痛苦之心已經勝於實際
動作。淡淡素描母親心理活動，便深一層刻畫了難言悲哀的心情。後者是
嘆息人生無常之歌。敘述人生無不空虛，只有留下一堆塵土而已，描繪出
對生命極短的悲哀感和面對死亡之人絕望唏噓。

　（二）詠物寫景和社會環境

　　詩歌描寫自然景物，都屬於觸景生情或借物托情，如：

・「團團明月照江樓。遠望荻花風起。」（S.2607〈西江月〉(55)）
・「玉露初垂草木彫。雁飛南去燕離巢。寸步如同雲水隔。月輪
　高。」（P.3821〈浣溪沙〉(66)）
・「岸闊臨江底見沙。東風吹柳向西斜。春光催綻後園花。鶯啼燕語撩
　亂。」（S.2607〈臨江山〉(76)）
・「臺上月。一片玉無瑕。迤邐看歸西海去。橫雲出來不敢遮。戀戀繞
　天涯。」（《敦煌零拾》〈望江南〉(88)）
・「失群孤雁獨連翩。半夜高飛在月邊。霜多雨濕飛難進。暫借荒田一
　宿眠。」（S.6537〈樂世詞〉(137)）
・「蘆花白。秋夜長。庭前樹葉黃。門前寒。旋草霜。」（P.3123失調
　名(212)）

　　上述前三例都將描寫自然景物而作爲起興或烘托之效用，以發抒旅客
鄉愁之情。後兩例，整篇是純粹將自然景物作爲主題來描繪的。前者描寫
明朗皎皎的月，橫雲也不敢遮蓋，後者描寫失群之雁在月夜徘徊的情境，
別有意趣。最後一例集中描寫晚上的景物，特別描繪各景物的顏色，黑
天、白花、黃葉，再加上綠草上透明的霜等，都可以引起鮮明、生動的視
覺效果。同樣的描寫形態，在「楊柳連隄綠。櫻桃向日紅。舜吟迎紫陌秋
風。」（P.3836〈南歌子〉(123)）也看到。

　　再看描寫社會環境的，如：

・「每見惶惶。隊隊雄軍驚御輦。驀街穿巷犯皇宮。祇擬奪九重。」（
　　P.2506〈酒泉子〉(78)）

・「夾食傷寒脈沈遲。時時寒熱汗微微。只爲臟中有結物。虛汗出。心
　　脾連冒睡不得。　時當八九日。上氣喘粗人不識。身顫舌焦容顏
　　黑。」（P.3093〈定風波〉(101)）

前者是寫黃巢之亂（公元875～884）時社會混亂的情況，描寫得生動，
有緊迫感。後者描述夾食傷寒症的病症，說明地十分詳細、深刻。

㈢形、聲、色的摹擬

　　民歌常用的疊字，通常描寫人和物的形狀、聲音、色彩，以能使感情
和景物表現更爲深刻、生動。依照《文心雕龍・物色》的記載：

> 是以詩人感物，聯類不窮。流連萬象之際，沈吟視聽之區。寫氣圖
> 貌，既隨物以宛轉；屬采附聲，亦與心而徘徊。故灼灼狀桃花之
> 鮮，依依盡楊柳之貌，杲杲爲出日之容，瀌瀌擬雨雪之狀，喈喈逐
> 黃鳥之聲，喓喓學草蟲之韻。皎日嘒星，一言窮理；參差沃若，兩
> 字窮形。並以少總多，情貌無遺矣。雖復思經千載，將何易奪？

這說明寫貌和擬聲是疊字的重要作用，本文再加上繪色一項來考查敦煌民
歌運用疊字形容人和事物的情況。

　　甲、關於寫貌，即直觀地描摹人和物的外部形態，先看描繪景物形態
　　的：

①「淼淼三江水」（《敦煌零拾》〈菩薩蠻〉(52)）、「秋水澄澄深復
　　深」（S.6537〈何滿子〉(1015)）

②「柳色正依依」（S.2607〈菩薩蠻〉(51)）、「攔徑萋萋芳草綠」（
　　S.1441〈破陣子〉(13)）「灼灼其花報」（S.6537〈鬥百草〉(1010)）

③「飄飄萬里隨風走」（《敦煌零拾》〈發憤十二時〉(478)）、「半夜
　　秋風凜凜高」（S.6537〈何滿子〉(1014)）、「風裊裊」（P.3360〈蘇
　　莫遮〉(1003)）

④「飲食喫得些些子」（《敦煌零拾》〈天下傳孝十二時〉(446)）、「

香和紅豔一堆堆」（P.3994〈虞美人〉⁽³⁴⁾）、「頭如針刺汗微微」（
P.3093〈定風波〉⁽¹⁰⁰⁾）、「御園點點紅絲掛」（S.2607〈菩薩蠻〉
⁽⁵¹⁾）、「五陵正渺渺」（P.2838〈魚歌子〉⁽²⁹⁾）、「一架紫藤花簇
簇。雨微微。」（P.3821〈浣溪沙〉⁽⁶⁸⁾）

⑤「望月曲彎彎」（S.4578〈詠月婆羅門〉⁽¹⁰⁶⁾）、「團團明月照江
樓」（S.2607〈西江月〉⁽⁵⁵⁾）

⑥「萬仞迢迢」（P.3360〈蘇莫遮〉⁽¹⁰⁰⁴⁾）、「煙迷沙渚沈沈」（
S.2607〈西江月〉⁽⁵⁶⁾）

以上六類都是描繪自然景物的形貌，①是水貌，②是木之貌，③是風吹之
貌，④事物大小多寡或強弱之貌，⑤是月貌，⑥是遠近淺濃之貌。這些疊
字都是狀態形容詞來描寫多樣景物的形象。

　　描寫人的心理或神態，如：

①「每見惶惶」（P.2506〈酒泉子〉⁽⁷⁸⁾）、「幃幛悄悄垂珠淚」（
S.1441〈竹枝子〉⁽⁸⁾）

②「三十堂堂六藝全」（S.2947〈丈夫百歲篇〉⁽⁶⁵⁹⁾）、「言語惺惺精
神出」（P.3093〈定風波〉⁽¹⁰²⁾）、「優柔婀娜復厭厭」（S.2947〈女
人百歲篇〉⁽⁶⁶⁷⁾）、「盈盈江上女」（P.3994〈菩薩蠻〉⁽³⁶⁾）

①是描寫人內心不安、憂愁之貌的，②是寫人不同的神態。

　　描述動態的，如：

・「緩緩脫簾櫳」（P.3836〈南歌子〉⁽¹²³⁾）、「六十驅驅未肯休」（
S.2947〈丈夫百歲篇〉⁽⁶⁶²⁾）

・「醉思鄉千日醺醺」（P.3911失調名⁽²⁰⁹⁾）、「城傍獵騎各翩翩」（
S.6537〈何滿子〉⁽¹⁰¹⁶⁾）

・「幾度擬拌拌不得」（《敦煌曲・新增曲子資料》中〈思越人〉）

・「忽忽恨闕良媒」（《敦煌曲・新增曲子資料》中〈思越人〉）

以上是描述人和動物的動態。由上述可知，寫貌大部分運用屬於形容詞的
疊字，其對人與物的外貌起著形象的描繪作用。

　　乙、擬聲，乃是運用象聲詞來摹擬事物的聲音，如：

・「宮裏樂轟轟」（S.4578〈詠月婆羅門〉[105]）是摹擬鼓樂之聲；

・「喜鵲語零零」（S.2607〈恭怨春〉[131]）、「迎取嘶嘶馬」（《敦煌曲・新增曲子資料》中〈怨春閨〉）

都是摹擬動物鳴叫之聲。運用擬聲之疊字，使語言立體、生動，給人如聞其聲的感覺。

　　丙、繪色的描寫是指用有關色彩之詞來表現出事物的顏色和明暗的情態，如：

・「皎皎綺羅光」（P.3994〈菩薩蠻〉[36]）是描寫綺羅的顏色；

・「輕輕敷粉」（P.2838〈內家嬌〉[22]）、「髻綰湘雲淡淡妝。」（S.1441〈浣溪沙〉[17]）是描寫女子臉化妝的程度淡；

・「深深長畫眉綠」（P.2838〈內家嬌〉[22]）是描述女子畫眉的綠色之程度。

　　從上述三方面描寫手法來看，可說詩歌必需要寫物造形的描寫手法。特別，民歌用多樣的描寫手法來具體坦白的形容對象，使人產生鮮明、通俗的印象，而且運用豐富的疊字，以細心體察描繪對象的特點來突破形容限制，從而增強形象性和生動感。

【附　註】

1.引自朱介凡《中國歌謠論》二版p.111，中華書局，民國73年。

2.見黎運漢、張維耿著《現代漢語修辭學》p.107，書林出版社，民國80年。

3.見廖蔚卿〈漢代民歌的藝術分析〉、下（《文學評論》第七集，巨流圖書，民國69年。）

4.見高國藩《敦煌曲子詞欣賞》p.16，南京大學。

5.見劉勵操編《寫作方法一百例》p.326，國文天地。

第 七 章
唐五代敦煌民歌與樂舞之關係

　　研究詩歌，同時就會提到音樂。其實詩歌本是把用文字寫下來的歌辭
與用嘴唱出聲音來的歌曲結合而稱謂的。所以詩歌與音樂二者有非常密切
的關係，尤其民間的歌謠是從民間的感情思想自然流露的辭與音調的結合
體。它們既然是兩種藝術，但考查中國音樂文學史中辭與音樂的關係及其
發展變化情況，每當在民間產生新文體時，辭一定伴隨音樂而興起，如《
詩經》、楚辭都有各不同風格的音樂，漢魏樂府也採詩合樂來唱，直到唐
五代，辭創作主要爲了應歌，依拍塡辭，成爲辭與音樂結合的一個大轉
變。由以上敘述辭的產生和發展，與音樂有一定的關係來看，筆者以爲研
究唐五代敦煌民歌也需要對當時音樂的形成，以及其與歌辭相結合過程做
一番試探。

　　就中國音樂歌舞藝術而言，唐五代是最繁盛的時期。公元618年唐朝
建立之後，社會經濟繁榮，繼承漢魏以降傳統民間音樂吸收西域、各少數
民族音樂而融合，這就對音樂的發展是個重要關鍵。

　　依沈括《夢溪筆談・樂律》說：「自唐天寶十三載，始詔法曲與胡部
合奏，自此樂奏，全失古法，以先王之樂爲雅樂，前世新聲爲清樂，合胡
部者爲宴樂。」，可見唐代音樂都包括於雅樂、清樂、燕樂三種之內。又
看杜佑《通典》卷146清樂：

　　　　自長安以後，朝廷不重古曲，工伎轉缺；能合于管弦者，唯〈明
　　　　君〉、〈楊叛〉、〈驍壺〉、〈春歌〉、〈秋歌〉、〈白雪〉、〈

堂堂）、〈春江花月夜〉等共八曲。舊樂章多或數百言，時〈明
君〉尚能四十言，今所傳二十六言。就中訛失與吳音轉遠，以為宜
取吳人使之傳習，開元中有歌工李郎子，郎子北人，聲調以失，云
學于俞才生江都人也。自郎子亡後，清樂之歌闕焉又闕。清樂唯雅
歌一曲，辭典而音雅；閱舊記其辭信典。自周隋以來，管弦雜曲將
數百曲，多用西涼樂，鼓舞曲多用龜茲樂，其曲度皆時俗所知也。
唯彈琴家猶傳楚漢舊聲，及清調琴調蔡邕五弄調，謂之九弄。

杜氏說清樂到唐朝未受重視，前代所視爲民衆的、抒情的音樂，卻變成了
貴族的、古典的音樂了。不過，‘西涼樂’、‘龜茲樂’都屬於燕樂，燕
樂代替清樂本來的地位，唐代民間大部分的樂曲可說無不在燕樂的範圍之
中，因此燕樂就是唐五代俗樂之代名詞。清、徐養源《管色考・辨異》
說：「隋唐以後，俗樂勝於雅樂。俗樂雖俗，不失爲樂；雅樂雖雅，乃不
成樂。」（註1）說的最切。

　　本文先考察唐五代俗樂的面貌，以探討其與民間歌辭的關係，然後了
解敦煌樂譜與舞譜的形態，將進行探索敦煌民歌以樂舞演出的情狀如何。

【附　　註】

1.清、徐養源《管色考》，叢書集成續編，新文豐出版公司。

第一節　唐代俗樂之形成與發展

一、唐代俗樂之形成

　　自古以來，中國音樂大致以雅樂與俗樂之形態並行發展。雅樂於周漢
時代基於儒家的禮樂思想，在保存文、武二王之古樂前提下所制定的。唐
代民間的音樂對詩歌起了格律上的突破，從此俗樂大盛，雅樂混入俗樂。
其實俗樂遠從先奏在民間裏流傳下來，在唐代由於西域、各少數民族音
樂，即胡樂的大量輸入，社會的風氣等影響，大盛於世，成爲中國音樂發

展上一個新境界。本文討論唐俗樂形成之外緣背景，選擇較重要的因素來敘述。

(一)西域、各少數民族音樂之大量輸入

西域、各民族音樂傳入中國，爲時很早。遠在成周即已有韎師，旄人及鞮鞻氏之官，以掌四夷之樂舞（註1）。漢興以後，高祖好楚聲，武帝遣使張騫通西域、廣採民間音樂、令協律都尉李延年創作新聲（註2），使得中國的音樂有變化創新的機會。但，此時傳入中國的胡樂種類甚少，故對俗樂影響不大。直到南北朝，逐漸輸入大量的各民族音樂，北邊的北魏、周、齊，固然得風氣之先，所謂「周、齊舊樂，多涉胡戎之技。」就南方的梁、陳也爲各民族音樂所波及（註3）。

具體考察胡樂大量傳入的情況，一爲五世紀以前伊朗系音樂傳入西域，主要以天山南道之于闐爲中心；二爲印度方面，隨佛教文化的成長，五世紀以後佛教音樂開始流傳西域，主要爲天山北道諸國，以龜茲爲中心。兩者是西方音樂成爲西域音樂最隆盛的例子，其中後者是在南北朝時傳入中國的西域音樂，以全盛期之印度佛教音樂爲主流。此外，西域地區不斷受印度佛教音樂之影響而發展，其中東傳的有康國、安國之伎等。當西域音樂傳入時樂人携帶的樂器，主要是琵琶、橫篴、羯鼓、箜篌等。除西域音樂外，尚有東夷、南蠻、北狄之各種系統之樂舞傳入中國。如此，南北朝胡樂之傳入使固有音樂之傳統掀起變革浪潮。

隋代，胡樂仍不斷的傳入中國，受了皇帝的愛好。文帝時設立七部伎，煬帝時編成爲九部伎。九部伎是西涼伎、清商伎、高麗伎、天竺伎、安國伎、龜茲伎、文康伎（註4）、康國伎及疎勒伎。其中屬於西域樂五伎，東夷樂一伎，俗樂二伎，胡俗折衷樂一伎。

總之而言，九部伎是選擇胡樂及俗樂中具有代表性的音樂，從而將零亂的胡樂，加予整理，以保存正在衰退中之俗樂。就中國音樂之雅樂與俗樂的演變而言，秦漢爲雅樂和俗樂並存時期，南北朝、隋爲雅、俗、胡三樂鼎立時期。日人、岸邊成雄《唐代音樂史的研究》分此三種音樂，加以

說明其特點：

> ‘雅樂’係集權國家支配者之宮廷皇室統治國家之象徵，和民間並無直接關聯。‘俗樂’則為民間樸素舞樂，經予擴大規模並網羅了士大夫，官僚階級之琴樂等而供宮廷宴慶之用。‘胡樂’係來自西域，大部份屬於宮廷享受，其中有極少數較珍貴者流入官僚富商之手，總之均為支配階級之占有物，亦為支配階級榨取奴隸和農民之財富而贏得的一種享受（註5）。

直至唐代，由於胡樂已以藝術或娛樂為對象之音樂，大致上實屬於俗樂的範疇。但其與中國固有俗樂之性質不同，它不斷地與俗樂接觸，給俗樂發展新風格的機會。唐初固有的俗樂，指沿著漢族傳統音樂脈絡不斷沿革，而在隋唐時期得到繼續發展的清商樂和在民間中生生不息、不斷創新的曲子音樂。

自漢代至隋代不斷吸收輸入的胡樂，經過繼續與中國固有音樂交流的過程而傳下到唐代。這些胡樂實屬於俗樂之範疇，為唐代新俗樂形成之主要因素。

（二）社會風氣

唐代社會安定，政權統一，經濟繁榮，所以社會風氣基本上是開放的。唐代不僅繼承而發揚前代的文化傳統，而且不斷地吸收其他各民族的文化，以豐富自己的社會內容。這樣開放的習尚，兼容並包的觀念，對新俗樂的形成很有推動力。

西域歌舞音樂及胡人習俗之所以大量傳播，和唐代夷夏觀念的薄弱有很大的關係。如《資治通鑑》卷198記載：「（貞觀21年）自由皆貴中華，賤夷狹，朕獨愛之如一。」這樣的觀念之下，大量西域人歸化入居中國，繼而西域的音樂、歌舞、技藝、衣食為唐人所普遍愛好。如元稹〈法曲〉詩中：

> ……自從胡騎起煙塵。毛毳腥羶滿咸洛。女為胡婦學胡妝。伎進胡音務胡樂。〈火鳳〉聲沈多咽絕。春鶯囀罷長蕭索。胡音胡騎與胡

妝。五十年來竟紛泊。（《全唐詩》卷419）

王建〈涼州行〉詩中：

> 涼州四邊沙皓皓。漢家無人開舊道。邊頭州縣盡胡兵。將軍別築防秋城。……城頭山雞鳴角角。洛陽家家學胡樂。（《全唐詩》卷298）

兩首反映了開、天以來長安、洛陽盛行西域化、胡化的社會風尚；胡音、胡樂、充塞樂壇，表現了人們對西域文化的傾倒。

唐朝對西域及胡人文化的開放性態度，是造成胡樂與中國傳統音樂的交流而產生新俗樂的外緣因素之一。

二、唐代俗樂之發展及興盛

沈括說的所謂‘合胡部者爲宴樂’，是以中國的音樂摻合胡樂的意義，只要有胡樂的分子摻雜著的總是燕樂。前述大量胡樂傳入中國，與固有音樂交流接觸逐漸融合而產生了新俗樂。那種新俗樂乃是燕樂，可以說唐代燕樂屬於一般俗樂的範疇（註6）。依《新唐書・禮樂志》說：「自周、陳以上，雅鄭淆雜而無別，隋文帝始分雅、俗二部，至唐更曰部當。凡所謂俗樂者，二十有八調。」據此可知唐人所稱的俗樂的確是燕樂。本文考察唐代新俗樂之發展及興盛，改稱爲燕樂來說明較妥當而且能更具體窺見其眞相。

唐太宗分音樂爲十部，此是唐朝燕樂之開始；其極盛，當在玄宗時（註7）。此時燕樂已脫離宮廷宴飲享樂所用的範圍，而始成爲大衆化，變爲一般民間共享。查考自隋七部樂到唐十部樂的樂制發展過程如上圖表。表中的胡樂之類最初進入中國的時期，公元346年天竺樂之傳入爲最早，公元586年康國樂爲最晚。由此可見西域或各民族音樂大部分在南北朝時期傳入中國，經過長時間的醞釀才登在一時代之音樂。十部樂中，‘燕樂’通常是開始時使用的，是帶著對統治者歌功頌德之內容的樂舞；‘清商’、‘西涼’、‘高昌’、‘龜茲’、‘疏勒’、‘康國’、‘安國’、‘扶南’、‘高麗’等是中間演出的主體音樂；‘禮畢’、‘讌

時　代	隋		唐		傳入中國的時期
	開皇初 (公元581後)	大業中 (公元605-618)	武德初 (公元618後)	貞觀十六年 (公元642)	
樂總名	七部樂	九部樂	九部樂	十部樂	
樂 種 名			燕　樂	燕　樂	
	清 商 伎	清　商	清　商	清　商	
	國　伎	西　涼	西　涼	西　涼	成于呂光建後涼時，其傳入中原當在魏太武太延五年北涼降于魏之後。（公元386，439）
				高　昌	西魏文帝大統十四年遣使貢獻。唐太宗貞觀十四年滅高昌得之。（公元548，640）
	龜茲伎	龜　茲	龜　茲	龜　茲	同西涼樂。（公元386，439）
		疏　勒	疏　勒	疏　勒	魏太武太延五年董琬等東歸，西域十六國隨貢萬物。（公元439）
		康　國	康　國	康　國	隨北周武帝後突厥阿史那氏於武帝天和三年來華。或在魏太武太延五年與安國樂同時傳入。（公元568，439）
	安國伎	安　國	安　國	安　國	同疏勒樂。或在周武帝天和三年與康國樂同時傳入。（公元386或568）
	天竺伎	天　竺	扶　南	扶　南	張董華爲涼王時天竺重四譯來貢男伎。（公元346-353）
	高麗伎	高　麗	高　麗	高　麗	魏太武太延元年平北燕之後。（公元435）
	文康伎	禮　畢	（禮畢）	（讌後）	

〈各部樂對照表〉

後'是在多部樂結束節目時使用的，是民間帶著假面表演的一種歌舞戲（
註8）。各部樂從南北朝起加入到中國音樂文化的發展線上，直到唐朝它
列入到燕樂，使燕樂的發展更爲加速化。

　　到了唐玄宗時（公元712-756），唐音樂的主流爲胡俗兩樂，此時達
隆盛頂點。依照文獻上的記載試探玄宗對當時音樂的政策如何，《通典》
說：

> 玄宗分樂為二部：堂下立奏，謂之立部伎。堂上坐奏，謂之坐部
> 伎。太常閱坐部不可教者，隸立部；又不可教者，乃習雅樂。立都
> 伎八：一、安舞，二、太平樂，三、破陣樂，四、慶善樂，五、大
> 定樂，六、上元樂，七、聖壽樂，八、光聖樂。安舞，太平樂，周
> 隋遺音也。破陣樂以下，皆用大鼓，雜以龜茲樂，其聲震厲。大定
> 樂又加金鉦。慶善舞，顯用西涼樂。每享郊廟，則破陣，上元，慶
> 善，三舞皆用之。坐部伎六：一、燕樂，二、長壽樂，三、天授
> 樂，四、鳥歌萬歲樂，五、龍池樂，六、小破陣樂。天授，年名。
> 鳥歌者，有鳥能人言萬歲，因以製樂。皆武后作也。自長壽樂以
> 下，用龜茲舞，惟龍池則否（註9）。

坐部伎、立部伎是按照表演的姿勢而分的，都屬於歌舞音樂。按中國樂律
上的變化，當以玄宗時期爲最大，玄宗極力提倡俗樂而棄雅樂。如據上述
引文中'太常閱坐部不可教者，隸立部，又不可教者，乃習雅樂。'，《
通典》又說：「玄宗既知音律，選坐部伎子弟三百，及宮女數百，教於梨
園，號爲梨園弟子。其後西涼節度使楊敬述，獻霓裳羽衣曲十二遍，盛演
習之。」，《唐會要》說：「天寶十三載，改婆羅門爲霓裳羽衣。」等記
錄，可推測其情況。坐部伎、立部伎都淆雜以龜茲、西涼樂舞不少，伴奏
樂器也大部分是龜茲與西涼的樂器（註10）。西涼、龜茲二樂是各民族音
樂中最爲傑出，二樂從周、隋以來對中國音樂發展產生了一定的影響（註
11）。

　　玄宗又改稱各調名。依《通典》說：

　　　　天寶十三載，改諸樂曲名。

《唐會要》說：

　　　　天寶十三載七月十日，太樂署供奉曲名及改諸樂名。太簇宮時號沙
　　　陀調。太簇商時號大食調。太簇羽時號般涉調。太簇角。林鐘宮時
　　　號道調。林鐘商時號小食調。林鐘羽時號平調。林鐘角。黃鐘宮。
　　　黃鐘商時號越調。黃鐘羽時號黃鐘調。中呂商時號雙調。南呂商時
　　　號水調。金風調。

這些調名都屬於燕樂所用的二十八調（註12）。

　　此外，玄宗時設置內外教坊和梨園等音樂機構，對燕樂發展有大的影
響。教坊早自太祖・武德以來創設，但唐初教坊的內容為按習雅樂（註
13）。玄宗設置新內教坊和左右教坊。依照《新唐書・禮樂志》說：

　　　玄宗為平王，有散樂一部，定韋后之難，頗有預謀者。及即位，命
　　　寧王主藩邸樂，以亢太常。分兩朋以角優劣。置內教坊於蓬萊宮
　　　側，居新聲、散樂、倡優之伎。

新內教坊係教習新聲、散樂、倡優之伎，按新聲於當時開始發展胡、俗樂
；散樂所指之漢朝以來之雜伎幻術類；指倡優為歌舞伎，其與舊的教坊樂
內容不同。

　　以上試探唐代俗樂之發展，即燕樂興盛之情狀，首先談十部樂曲以二
部固有俗樂與八部胡樂為構成；後之說舞曲雜用龜茲、西涼等各民族之樂
舞與樂器。這兩方面的考察也說明胡樂與俗樂如何融合。於此加上專習俗
樂之音樂機構，教坊與梨園，始成為新俗樂之全盛朝。

　　自南北朝大量輸入中國的胡樂，唐初在音樂構成性質上成為雅、胡、
俗三樂鼎立狀態；到了唐中葉通過胡、俗二樂之不斷地融合發展而產生了
新俗樂，即燕樂。燕樂特別由於玄宗時期重視俗樂之音樂政策，其發展達
於最高潮。

　　又據《資治通鑑》卷211開元2年條文說：

　　　舊制，雅俗之樂，皆隸太常。上精曉音律。以太常禮樂之司，不應

典倡優雜伎。乃更置左右教坊，以教俗樂。命右驍衛將軍范及為之使。

宋、朝昇《朝野類要》卷一故事、教坊條說：

自漢有琵琶篳篥之後，中國雜用戎夷之聲，六朝則又甚焉。唐時併屬太常掌之。明皇遂別置為教坊。

由上述二段文可推想左右教坊設置之動機，係將唐初以來太常寺管掌之俗樂改正在單獨管理。梨園是大致在開元2年創設的音樂機構。依《唐會要》說：

開元二年，上以天無事，聽政之暇，于梨園，自教法曲，必盡其妙。謂皇帝梨園弟子。

唐、鄭處誨《明皇雜錄》說：

開元二年，上於梨園自教法曲，必盡其妙。謂之皇帝梨園弟子。

《新唐書·禮樂志》說：

玄宗既知音律，又酷愛法曲，選坐部伎子弟三百，教於梨園，聲有誤者，帝必覺而正之，號皇帝梨園弟子。宮女數百，亦為梨園弟子，居宜春北院。梨園法部，更置小部音聲三十餘人。

可知梨園教習法曲，因法曲繼承漢朝以來清商樂（俗樂）之遺風，玄宗要將此固有俗樂與胡樂融合創作新俗樂。

透過探索教坊與梨園之設立動機，可推定玄宗對燕樂興盛之功勞，此為唐中葉燕樂非極盛不可之主要外在因素。

三、唐代俗樂之內容

由於燕樂屬於俗樂，它不僅限於多部樂與歌舞，且可以包含與民間音樂有關的一切音樂，如鼓吹、散樂等（註14）。不過，唐代燕樂之本體固然在十部樂中明顯地表出。本文略述十部樂之來源和本質，以探索唐代俗樂具有的內容如何。

十部樂，性質上可分五種；雅樂系即燕樂，俗樂系即清樂，胡俗樂系即西涼樂，西域樂系即高昌樂、龜茲樂、疏勒樂、康國樂、安國樂、天竺

樂，東夷樂系即高麗樂等。

　(一)雅樂系——讌樂

　　《舊唐書‧音樂志》中說：

　　　貞觀十四年，有景雲見、河水清。張文收採古朱鴈、天馬之義，制
　　　景雲河清歌，名曰讌樂，奏之管絃，為諸樂之首，元會第一奏者是
　　　也。

又說：

　　　舞二十人，分為四部：景雲樂，舞八人；⋯⋯慶善樂，舞四人；⋯
　　　⋯破陣樂，舞四人；⋯⋯承天樂，舞四人。

讌樂，是貞觀14年張文收作的〈景雲河清歌〉舞曲之別名。它是唐燕饗雅
樂之代表，以胡樂器及俗樂器爲中心，又是十部樂中之首位，具有典禮開
始之象徵。

　(二)俗樂系——清樂

　　《隋書‧音樂志》中說：

　　　清樂，其始即清商三調是也，并漢來舊曲。⋯⋯其歌曲有陽伴，舞
　　　曲有明君、并契。其樂器有鐘、磬⋯⋯等十五種，為一部。

　　《樂府詩集‧清商曲辭》中說：

　　　清商樂，一曰清樂。清樂者九代之遺聲，其始即相和三調是也。並
　　　漢、魏以來舊曲。其辭皆古調及魏三祖所作。自晉朝播遷，其音分
　　　散。符堅滅涼得之，傳於前後二秦。

　　《舊唐書‧音樂志》中說：

　　　武太后之時，猶有六十三曲，今其辭存者，⋯⋯等三十二曲，⋯⋯
　　　自長安以後，朝廷不重古曲，工伎轉缺，⋯⋯劉貺以為宜取吳人使
　　　之傳習，以問歌工李郎子，李郎子北人，聲調已失，⋯⋯今郎子
　　　逃，清樂之歌缺焉。

清樂是漢魏以後雅正的俗樂，它擁有樂曲，唐初所存的清樂曲數約有六十
餘曲。表演上樂器係雅樂器與俗樂器而編成。

(三)胡俗樂系——西涼樂

《隋書·音樂志》中說：

> （北齊）至太武帝平河西，得沮渠蒙遜之伎，賓嘉大禮，皆雜用
> 焉。此聲所興，蓋符堅之末，呂光出平西域，得胡戎之樂，因又改
> 變，雜以秦聲，所謂秦漢樂也。

又說：

> 西涼者，起符氏之末，呂光、沮渠蒙遜等據有涼州，變龜茲聲為
> 之，號為秦漢伎；魏太武既平河西得之，謂之西涼樂，至魏、周之
> 際，遂謂之國伎。今曲項琵琶、豎頭箜篌之徒，並出自西域，非華
> 夏舊器。……胡戎歌非漢魏遺曲，故其樂器聲調，悉與書史不同。
> 其歌曲有永世樂，解曲有萬世豐，舞曲有于闐佛曲。

《舊唐書·音樂志》中說：

> 西涼樂者，後魏平沮渠氏所得也。……樂用鍾一架，磬一架，彈箏
> 一，搊箏一，臥箜篌一，豎箜篌一，琵琶一，五絃琵琶一，笙一，
> 簫一，篳篥一，小篳篥一，笛一，橫笛一，腰鼓一，齊鼓一，檐鼓
> 一，銅拔一，貝一。編鐘今亡。

涼州在今甘肅武威。西涼樂，是後涼呂光所得之龜茲樂和漢族舊樂（清
樂）融合而造成的新樂。因雜有秦、漢之聲，故稱爲秦漢樂，魏周又謂之
國伎。樂曲方面係歌曲、解曲及舞曲所屬者各一曲。所用樂器以胡樂器與
俗樂器與若干雅樂器編成。

(四)西域樂系——高昌樂、龜茲樂、疏勒樂、康國樂、安國樂、天竺樂、

高昌在今新疆吐魯番。《隋書·音樂志》中說：

> （北周）太祖輔魏之時，高昌款附，乃得其伎，教習以備饗宴之
> 禮。及天和六年，武帝罷掖庭四夷樂。其後，帝娉皇后於北狄，得
> 其所獲康國、龜茲等樂，更雜以高昌之舊，並於大司樂習焉。採用
> 其聲，被於鍾石，取周官制以陳之。

《唐六典》卷14高昌伎條文記其所用樂器：

豎箜篌、琵琶、五弦、笙、橫笛、簫、篳篥、腰鼓、鷄婁鼓各一，銅角一，舞二人。

龜茲在今新疆庫車。《隋書‧音樂志》中說：

龜茲者，起自呂光滅龜茲，因得其聲。呂氏亡，其樂分散，後魏平中原復獲之。其聲後多變易。

《舊唐書‧音樂志》中說：

龜茲樂，……舞者四人，……樂用豎箜篌一，琵琶一，五絃琵琶一，笙一，橫笛一，簫一，篳篥一，毛員鼓一，都曇鼓一，答臘鼓一，腰鼓一，羯鼓一，鷄婁鼓一，銅拔一，貝一。毛員鼓今亡。

疏勒指今新疆疏勒。《隋書‧音樂志》中說：

疏勒，歌曲有亢利死讓樂，舞曲有遠服，解曲有鹽曲。樂器有豎箜篌、琵琶、五弦、笛、簫、篳築、答臘鼓、腰鼓、羯鼓、鷄婁鼓等十種，為一部。工十二人。

《舊唐書‧音樂志》中說：

疏勒樂，……舞二人。

康國指今中央亞細亞一帶。《隋書‧音樂志》中說：

康國起自周代（武）帝娉北狄為后，得其所獲西戎伎，因其聲。歌曲有戢殿農和正，舞曲有賀蘭鉢鼻始、末奚波地、農惠鉢鼻始、前拔地惠地等四曲。樂器有笛、正鼓、加鼓、銅拔等四種，為一部。工七人。

《舊唐書‧音樂志》中說：

康國樂……舞二人，……舞急轉如風，俗謂之胡旋。樂用笛二，正鼓一，和鼓一，銅拔一。

安國也指今中央亞細亞一帶。《隋書‧音樂志》中說：

疏勒、安國、高麗並起自後魏平馮氏及通西域，因得其伎。……安國，歌曲有附薩單時，舞曲有末奚，解曲有居和祇。

《舊唐書‧音樂志》中說：

安國樂，……舞二人，……樂用琵琶、五絃琵琶、豎箜篌、簫、橫笛、篳篥、正鼓、銅拔、箜篌。五絃琵琶今亡。

天竺即爲印度。《隋書‧音樂志》中說：

天竺者，起自張重華據有涼州，重西譯來貢男伎，天竺即其樂焉。歌曲有沙石疆，舞曲有天曲。

《舊唐書‧音樂志》中說：

天竺樂，……舞二人，樂用銅鼓、羯鼓、毛員鼓、都曇鼓、篳篥、橫笛、鳳首箜篌、琵琶、銅拔、貝。毛員鼓、都曇鼓今亡。

綜上述六樂而言，它們都是西域、印度等地的音樂，大概自四世紀中葉至七世紀中葉長時間不斷傳入中國。六樂所使用的樂器，大部分是西域和各民族之音樂所用的，如琵琶、豎箜篌是伊朗系統的，鳳首箜篌、五弦琵琶、銅鼓、銅角、羯鼓、都曇鼓、毛員鼓、雞婁鼓、答臘鼓、正鼓、和鼓、銅鈸、貝等是印度系統的，篳篥可能爲西北少數民族系統的，簫可能包含伊朗系統的，橫笛可能爲印度系統的（註15）。由六樂之原產地和其樂器編成而言，大抵都屬於前述之胡樂的範圍，進而可說此六樂都屬於印度系統音樂。

㈤東夷樂系──高麗樂

《隋書‧音樂志》中說：

高麗，歌曲有芝栖，舞曲有歌芝栖。樂器有彈箏……等十四種，為一部。工十八人。

《舊唐書‧音樂志》中說：

高麗樂，……舞者四人，……樂用彈箏一，搊箏一，臥箜篌一，豎箜篌一，琵琶一，義觜笛一，笙一，簫一，小篳篥一，大篳篥一，桃皮篳篥一，腰鼓一，齊鼓一，檐鼓一，貝一。武太后時尚二十五曲，今惟習一曲。

高麗樂指高句麗之樂舞。樂器編成，除高句麗特有之義觜笛與桃皮篳篥以外，其他都屬於胡樂器，因此可認爲西域樂系統之樂舞。

　　上述十部樂，據《唐代音樂史的研究》之說，其基本性質如下：

　　　(1)屬於太常寺之宮廷燕饗樂之一種，內容均係胡、俗兩樂之藝術性
　　　的舞樂，但上演形式，則具有儀禮性格，(2)第一伎（樂）至第十
　　　伎（樂）均係同時依序上演，等二點。一般言，十部伎（樂）係將
　　　唐代胡俗音樂，分類為十種與二部伎之分為兩類易招誤解，因十部
　　　伎（樂）僅係集合胡、俗兩樂代表性之樂曲之一大組合而已，故並
　　　非包括所有俗樂、胡樂也。

可證明唐代燕樂即俗樂之內容確是包含大量西域及各民族音樂之本質，且
它不僅用於宮廷宴樂，進而普及於民眾而引起民間音樂之興盛。

【附　　註】

1.所謂四夷之樂，指東夷的靺樂，南夷的任樂，西夷的朱離樂，北夷的禁樂。

2.依《晉書・樂志》說：「橫吹有雙角，即胡樂也。張博望入西域，傳其法於西
　京，惟得〈摩訶兜勒〉一曲，李延年因胡曲更造新聲二十八解，乘輿以為武
　樂。」

3.依《文獻通考》卷129樂二說：「（梁武）帝既篤敬佛法，又制〈善哉〉、〈大
　樂〉、〈大勸〉、〈天道〉、〈仙道〉、〈神王〉、〈龍王〉、〈滅過惡〉、〈
　除愛水〉、〈斷苦輪〉等十篇，名為正樂，皆述佛法。又有〈法樂童子〉、〈
　倚歌梵唄〉，設無遮大會則為之。」又依《陳書・章昭達傳》說：「昭達每飲
　會，必盛設女伎雜樂，備羌、胡之聲。」

4.‘禮畢’就是文康伎。依據《隋書・音樂志》說：「本出自晉太尉庾亮家。亮
　卒，其伎追思亮，因假為其面，執翳以舞象其容，取其諡以號之，謂之為文康
　樂。每奏九部樂終則陳之，故以禮畢為名」。

5.日人、岸邊成雄著，梁在平、黃志炯譯《唐代音樂史的研究》上冊p.6，臺灣中
　華書局，民國62年。

6.俗樂包括燕樂即新俗樂，燕樂包括胡樂。燕樂雖是採胡戎之伎，究竟不是如西
　涼、扶南、龜茲等一般純粹的胡樂，它還是有中國固有音樂的分子在裏面。

7.依郭茂倩《樂府詩集・近代曲辭》中說：「唐武德初，因隋舊制，用九部樂。
　太宗……著令者十部：一曰讌樂，二曰清商，三曰西涼，四曰天竺，五曰高
　麗，六曰龜茲，七曰安國，八曰疎勒，九曰高昌，十曰康國，而總謂之燕樂。
　聲辭繁雜，不可勝紀，凡燕樂諸曲，始於武德、貞觀，盛於開元、天寶。其著
　錄者十四調二百二十二曲；又有梨園別教院法曲樂章十一曲，雲韶樂二十
　曲。」可知高祖、武德初九部樂中讌樂只是一部樂名，直至太宗、貞觀時把包
　括讌樂的十部樂統稱爲燕樂。

8.見楊蔭瀏《中國古代音樂史稿》第二冊p.25，丹青圖書有限公司，民國76年。

9.關於二部伎之創設時期，有兩種說法；一爲高祖以後唐初期，如《舊唐書・音
　樂志》中記載：「高祖登極之後，享宴因隋舊制，用九部之樂。其後分爲立坐
　二部。今立部伎有安樂、太平樂、破陣樂、慶善樂、大定樂、上元樂、聖壽
　樂、光聖樂凡八部。……坐部伎有讌樂、長壽樂、天授樂、鳥歌萬歲樂、龍池
　樂、破陣樂凡六部。」又據《唐會要》卷32之記錄，高宗、儀鳳2年太常卿韋
　萬石奏中已有立部伎之名，又記其曲。二爲玄宗時期，如《文獻通考》卷146
　中記載：「玄宗分樂爲二部，堂下立奏謂之立部伎，堂上坐奏謂之坐部伎。」
　雖有兩種文獻資料，因史料不夠，兩種都不能確信。

10.依照《舊唐書・音樂志》說明立部伎八部，說：「自破陣舞以下，皆雷大鼓，
　雜以龜茲之樂，聲振百里，動盪山谷；大定樂加金鉦，惟慶善樂獨用西涼樂，
　最爲閑雅。」又說明坐部伎六部，說：「自長壽樂以下，皆用龜茲樂。」

11.依照《舊唐書・音樂志》說：「自周、隋以來，管弦雜曲將數百曲，多用西涼
　樂；鼓舞曲多用龜茲樂。其曲度皆時俗所知也。」

12.中國音樂的宮調，以十二律旋相爲宮，構成十二均；每均都可構成七種調式，
　共得八十四調。隋、唐、五代，長期應用於宮廷燕樂及民間俗樂的宮調，大致
　爲二十八調，也叫俗樂二十八調。（參《中國音樂詞典》，丹青圖書有限公
　司。）

13.《舊唐書・職官志》之中書省條文內教坊記有：「武德以來，置於禁中，以按
　習雅樂。」

14.據《資治通鑑》卷218記載:「玄宗酺宴,先設太常雅樂,坐部、立部,繼以鼓吹、胡樂、教坊府縣散樂雜戲。」鼓吹是指用於軍樂或用於宴享之樂;散樂(雜戲)又名百戲,指各種民間音樂形式的總稱,唐五代散樂多爲來自西域系統。(楊蔭瀏《中國古代音樂史稿》第二冊p.p38-39,丹青圖書有限公司。)

15.見同註5,p.p16-17。

第二節　敦煌民歌與俗樂之關係

一、唐代俗樂之庶民化

　　前已敘述燕樂指漢族俗樂(清商樂之主體)與境內各民族及西域音樂之總稱。唐中葉極盛的燕樂,以唐初十部樂和當時的二部伎爲中心,主要在宮廷貴族之燕饗樂和儀禮樂中形成發展。不過,到了唐末葉畢竟形成燕樂之庶民化時期。自安史之亂(公元755-756)後皇室衰微,許多樂人失散,宮廷大型樂舞之縮小規模(註1),因而宮廷貴族享受的燕樂逐漸凋落。但唐中葉以後到唐末葉,由於音樂之藝術要求逐漸提高;隨都市間商業發達和市民生活提高,以都市妓館爲主上演那些宮廷的音樂(註2);原爲官賤民之樂工樂妓專門從事樂舞等情形,貴族獨佔的音樂對民間開放,從而加速了唐代音樂文化之遮民化(註3)。至此,音樂已超越胡、俗交流融合的過程,進入新俗樂在民間確立的局面。

　　至於唐末葉,《舊唐書》、《通典》及《樂府雜錄》等文獻上已不見燕樂之名,僅有俗樂一語,是與雅樂對立的概念。此種唐末的新俗樂,爲包含燕樂,除雅樂之外,所有音樂的通稱。

　　五代之音樂繼承唐末,當時已沒有十部樂、二部伎的樂制,史書中不見梨園記載,僅有教坊一語,宮廷燕樂也逐漸消滅,如觀看五代前蜀王建棺木中雕刻的樂器,即是唐末新俗樂的樂器,多爲傳承五代之一大證據(註4)。五代隨著都市市民生活的提高,妓館盛行,更有助於新俗樂之庶

民化。

二、民間曲子

民間曲子是在民間口頭上廣泛流行的小曲，是民間在自己創作的大量民歌曲調中自己進行了選擇加工，形成了若干藝術性較高的音樂形式，然後加以著重推薦和運用的（註5）。南北朝以來在民間不斷產生流傳的民間小曲，有的在鄉間得到民間的愛好，或進入樂人之手中，並經過音樂上的加工，就成為一種新的曲子。當時因胡樂之大量輸入，直到唐代經歷了與漢族民間音樂相互交流而融合。曲子原多為在中國本地自生的，但由於胡樂與固有民間音樂之交融，引起民間曲子的大量創作，其在唐代民間中相當流行，依《碧雞漫志》說：「蓋隋以來，今之所以曲子漸興。至唐稍盛，今則繁聲淫奏，殆不可數。」可推測當時曲子流行的情形。

鄉間流行的曲子進入都市，並被歌妓、樂工逐漸定型化，於是有曲調上的變化。即，由於歌妓、樂工之改變，又填入了新的歌辭，同一曲調就產生許多新的變體。此外，樂工、歌妓也吸收胡樂之音調，創作了新的曲子，如開元（公元713-741）年間教坊樂工滄州人何滿，在臨死前創作的〈何滿子〉（註6），大中（公元847-851）初教坊樂工爲描寫當時女蠻國的生活習俗而創作的〈菩薩蠻〉以及可能根據吐蕃樂曲改編而成的〈贊普子〉（註7）等。

就曲子的應用範圍而言，單獨清唱以外，有用於說唱、歌舞音樂的，也有用於扮演的戲弄的（註8）。就曲子的歌辭形式而言，有齊言的，也有長短句的。就曲調的結構而言，以單遍的隻曲爲主的，如敦煌發現的中唐五代之〈望江南〉、〈菩薩蠻〉等；也有用前後兩個單遍合成的雙遍；也有同一曲調配上多段歌辭而重復歌唱；也有用幾個不同的隻曲聯成一首大型套曲、即大曲。曲子因在多方面的應用，由於不同內容的要求，在結構上已突破民歌的限制，而向更高的藝術形式發展。

尤其，唐中葉以後俗樂的庶民化現象可能爲推動曲子的大量創作和流傳的因素。但，由於留下的有關曲子之資料，僅有歌辭部分；特別音樂方

面的文獻上記載缺乏，難以評估其藝術價值，不能說明它的全部真相。

三、敦煌民歌與唐代俗樂之關係

　　燕樂即唐代俗樂與敦煌民歌都具有曲調，但其聲音無法保存，不能察知兩者之間在音樂上的關係如何。因此本文考兩者所用的歌辭之形式，以接近問題的闡明。

　　唐代樂曲歌辭創作，其音樂來源大致除利用胡樂創作新曲（註9）、以清商舊曲填新辭（註10）等外，採摘各民族民間曲調以制腔填辭（註11）。由樂人將辭填入已有曲調或配合新創作的曲調演唱的。這種新曲調，是樂人吸收各地音樂和各民族音樂以至外來音調而創作出的新曲子。或在舊曲、採摘民歌、汲取外來音樂的基礎上創作新的曲調（註12）。透過這些方法，燕樂樂曲漸爲繁複多樣，因而也使填辭進一步興盛發展。依照胡震亨《唐音癸籤》記載，唐五代盛行樂曲爲523曲（註13）。唐五代燕樂興盛，大量流行樂曲，但多僅存曲名而不帶歌辭。

　　《唐音癸籤》卷1中說：「譜之樂者，自有大樂、郊廟之樂章，梨園教坊所歌之絕句、所變之長短填詞，以及琴操、琵琶、箏笛、胡笳、拍彈等曲，其體不一。而民間之歌謠，又不在其數。」，說明梨園、教坊所歌，有絕句及由絕句變化而成之長短填辭。那些歌辭與在廣大民間流行的民間歌辭都屬於燕樂（俗樂）歌辭。燕樂歌辭在格式上有聲詩、長短句、大曲三種。敦煌發現寫卷中唐五代歌辭中，此三種格式的歌辭都有。就燕樂發展趨勢看，三種歌辭中長短句辭代表了整個燕樂歌辭的發展方向，長短句歌辭漸爲燕樂之填辭中主要形式。

　　唐末葉燕樂普及到廣泛民間社會，其形式更爲繁複多樣，逐漸成爲新俗樂的形態，並有更多創作而應民間娛樂之需。這樣，燕樂之遮民化過程上，不斷地變化發展要求即刻填辭。特別，唐末五代都市中心盛行的歌樓妓館是提供新俗樂及填入歌辭的重要娛樂場所，並是當時民間流傳的歌謠之採集、加工和普及的媒體。宋，胡仔《苕溪漁隱叢話後集》卷39中說：「苕溪漁隱曰：唐初歌辭多是五言詩或七言詩，初無長短句，自中葉

以後，至五代漸變成長短句，及本朝則盡爲此體。」可知歌辭形式變爲長
短句的情況。敦煌民歌中絕大多數的長短句歌辭能合乎當時新俗樂需要的
歌辭形式，可說敦煌民歌的長短句形式證明民間的歌辭是推動唐末燕樂之
庶民化的主要因素。

【附　　註】

1.據《通典》說：「玄宗分樂爲二部。堂下立奏，謂之立部伎。堂上坐奏，謂之
　坐部伎。」立部伎，舞的人數，最多是180人，最少是60人；坐部伎，舞的人
　數較少，大約最多是12人，最少是3人。唐中葉以後宮廷上演的樂舞常是小規
　模的坐部伎。

2.由於玄宗時樂制已改爲二部伎以後，供宮廷貴族之享樂生活的已由堂下大規模
　的樂舞，較變爲堂上小規模之音樂，唐末都市妓館或戲場所上演的樂舞，並不
　是大型性樂舞曲。

3.燕樂之庶民化過程，與本書第二章第二節所談的樂工歌伎散入民間而興起民間
　歌辭的情形，可互相參考。

4.唐末由於藩鎮的割據，發展成爲五代十國的局面，王建（公元846～918）在四
　川自立爲十國中前蜀的皇帝。近代發現的王建之墓中有石刻樂隊，其樂隊所用
　的樂器，大部分是《舊唐書・音樂志》龜茲音樂所使用的樂器。（參見王維
　貞《漢唐大曲研究》p.99-102，學藝出版社，民國77年。）

5.見楊蔭瀏《中國古代音樂史稿》第二冊p.90，丹青圖書有限公司。

6.《樂府詩集》卷80說：「唐白居易曰：〈何滿子〉開元中滄州歌者臨刑進此曲
　以贖死，竟不得免。」

7.‘贊普’爲吐蕃語。據《酉陽雜俎》續集卷7中說：「蕃將賞以羊革數百，因轉
　近牙帳。贊普子愛其了事，遂令執轟左右，有剩肉、余酪與之。」就是蕃將之
　義。

8.見同註5，p.6。

9.例如〈霓裳羽衣曲〉、〈涼州〉、〈伊州〉等大曲；有的更改調名後，直接進

　　入樂壇，例如天寶十三載七月十日太樂署所公布的一批樂曲（《唐會要》卷
　　33）；有的直接填詞，用以歌唱，例如〈蘇莫遮〉、〈菩薩蠻〉、〈羌心
　　怨〉、〈贊普子〉、〈歸國謠〉等。樂壇上，外來曲調曾經風行一時；文人才
　　士，多以填詞；樂工歌妓，爭相傳唱。（見施議對《詞與音樂關係研究》
　　p.20，中國社會科學出版社，1985年。）

10.如〈楊柳枝〉本爲隋曲名，樂府橫吹曲稱〈折楊柳〉，敦煌民歌中〈楊柳枝〉
　　是長短句格式的新辭，此表明以舊曲制腔填辭，在唐代也有了。

11.如《教坊記》中〈剉碓子〉、〈拾麥子〉等勞歌，以及〈臥沙堆〉、〈怨黃
　　沙〉、〈送征衣〉、〈回戈子〉等戍邊歌曲，僅存曲名而不傳曲辭，有關記載
　　不多。

12.此種工作，首先在民間廣泛進行。從敦煌民歌看，「有邊客游子之呻吟、忠臣
　　義士之壯語、隱君子之怡情悅志，少年學子之熱望與失望，以及佛子之贊頌，
　　醫生之歌訣，莫不入調。」可見民間創作隊伍相當廣泛。在宮廷也創制新曲，
　　據《事文類聚續集》卷24引吳曾〈能改齋漫錄〉說：「迄於開元、天寶間，君
　　臣相與爲淫樂，而明皇尤溺於夷音，天下薰然成俗，於時才士，始依樂工拍擔
　　之聲，被之以辭，句之長短，各隨曲度，而愈失古之‘聲依永’之理也。」此
　　說明在外來音樂之影響之下，採集民間新腔，依樂工拍擔之聲，創作新曲，填
　　入新辭，已形成了風氣。

13.依據《唐音癸籤》卷13、14，胡氏統計唐五代樂曲周、隋以前之清商舊曲37
　　曲，出前雅樂及各朝樂中之曲10曲，有年代題義可考之大小曲137曲，題義無
　　考之曲297曲，總共523曲。

第三節　敦煌發現樂譜及舞譜之淺探

　　前節已考察唐代由胡樂與固有俗樂融合而產生的新俗樂（燕樂）使唐
代音樂展開了新的局面。由於新俗樂的產生發展，引起民間創作大量的民
間歌辭，而且爲中國音樂帶來高峰。不過唐代音樂今日已經失傳，無法原

音重現。敦煌發現寫卷中三件樂譜可能是晚唐五代流行的曲子，這些資料可以證明當時音樂的燦爛情形。除樂譜之外，六件舞譜也可做爲唐五代音樂研究之珍貴的資料。因爲古代音樂常與舞蹈一起表演，提到音樂就等於說樂舞，兩者有不可分的關係。

對於樂譜與舞譜之研究工作不過開始於五十多年前，而到現在學者們慢慢明瞭它的內容與重要性，目前有令人刮目相看的成果。唯對樂譜和舞譜之解讀，有人說：

> 過去曾有人為唐樂譜未能流傳下來而感惋惜，並認為唐樂已絕響，令人已見不到其作品、聽不到其音樂了。其實不然，我們不僅尚能通過一些民間音樂和樂種間接瞭解唐代音樂，而且可在對現存〈敦煌唐人琵琶曲譜〉（指樂譜）的進一步研究中，比較直接地瞭解其音樂，並可演奏賞聽（註1）。

雖然如此，至今爲止有幾次進行了解讀嘗試，還沒有得到學界之公認的。不知其研究進行是否能再現唐五代樂舞之原樣，筆者認爲若考察那些研究成果而整理樂譜及舞譜的解讀，進而淺探其與敦煌民歌歌辭之關係，此就是更接近敦煌民歌的全面性研究的一種嘗試。

本文分述樂譜和舞譜，先略述各譜子的情況及內容，然後淺探譜子的解讀以及其與民間歌辭之關係。至於譜子的解讀，全依據目前的研究成果而論。

一、敦煌樂譜

㈠樂譜之情狀

敦煌發現寫卷文書中，有樂譜資料三種，此三種之編號是：

- P.3539寫卷背面的二十譜字表
- P.3719寫卷背面的〈浣溪沙〉殘樂譜
- P.3808寫卷背面的二十五首樂譜

對於這些樂譜，‘二十譜字表’無調不成曲，‘〈浣溪沙〉殘樂譜’雖有曲名，但樂譜不完整，因此主要在於P.3808這卷樂譜的情狀。王重

民《敦煌曲子詞集》以爲這件樂譜包括〈傾杯樂〉等八譜（註2）；任二北《敦煌曲初探》以爲王氏漏列〈急胡相問〉，實有〈傾杯樂〉、〈西江月〉、〈心事子〉、〈伊州〉、〈水鼓子〉、〈急胡相問〉、〈長沙女引〉、〈撒金沙〉、〈營富〉等九調（註3）；饒宗頤〈敦煌琵琶譜讀記〉認爲開首是〈品弄〉一調，在〈傾杯樂〉前，實際上是十調（註4）。但，林謙三《敦煌琵琶譜的解讀研究》認爲把〈慢曲子〉、〈又慢曲子〉、〈急曲子〉、〈又急曲子〉應分別作一曲計算，所以共計二十五曲（註5）。

此譜的原卷一面爲〈長興四年（按：後唐明宗年號，公元933）中興殿應聖節講經文〉，樂譜寫在背面，可以肯定此譜的寫卷時代該是長興四年以前，即出於五代時樂工之手。

此譜的紙本墨寫，可明顯分辨出有三種不同的筆跡，表示抄寫的人不同或抄寫時期不同。自〈品弄〉至〈傾杯樂〉之慢曲子第三首爲一種筆跡，計十曲，每曲都有曲名；由此空數行再開始至〈長沙女引〉爲另一種筆跡，一開始只有譜字而無曲名，字體較爲工整，餘九曲都有曲名；由〈長沙女引〉過遍，字體頗草率，以至卷末〈水鼓子〉爲第三種筆跡。三種不同筆跡，有兩處的曲子，前半部被剪去，這二種不完全的曲子屬於何曲調都無從知道。

至於此樂譜之性質，自從1937年林謙三、平出久雄在〈琵琶古譜之研究——‘天平’、‘敦煌’二譜試解〉曾認定其中所用的譜字是爲了表示琵琶演奏法的文字（註6），迄於1983年席臻貫在〈‘佛本行集經‧憂波離品次’琵琶譜符號考〉肯定由於P.3539二十譜字表上的‘四聲’是指琵琶，其表必是琵琶指法（註7），其間經過許多學者的討論，如今得到了一致的結論，即P.3808曲譜的確是四弦琵琶的曲譜。

此譜在莫高窟藏經洞所出的寫卷中目前所知的僅有的一卷譜子，也是中國現存最古老的樂譜之一。

㈡樂譜之體裁和內容

關於P.3808樂譜之二十五曲體，目前有兩大說法。其一，是以向達、任二北、葉棟爲中心之大曲或套曲說；其二，是以張世彬、饒宗頤爲中心之歌曲、樂舞曲等一般曲子之伴奏曲說。

向達從巴黎帶回中國的樂譜照片所寫的說明中稱之爲'敦煌唐人大曲譜'；任二北《敦煌曲初探》認爲'大曲之譜'（註8）；葉棟〈敦煌曲譜研究〉中認定說：「由一系列不同分曲組成的唐大曲。」（註9），《敦煌琵琶曲譜》中進一步說明：「這套曲譜可能爲唐歌舞大曲後來發展中由小曲聯綴而成的又一種類型。作爲琵琶譜來看，也可說是歌舞大曲樂隊中的琵琶分譜，聲樂伴奏譜，但也是骨幹譜。」（註10）

張世彬《中國音樂史述稿》說：「此時（五代後唐）流行的'曲子'一名，稱呼短篇歌曲。而此卷上（敦煌樂譜）亦出現'慢曲子'、'曲子'、'急曲子'三名，可見此批曲，最可能是歌曲伴奏曲。」（註11）；饒宗頤也認爲：「由於琵琶譜原件是由三卷紙貼接成卷，三紙係不同人不同時期所書寫，因此，不應作整個大曲來處理。」（註12）；席臻貫〈關於敦煌曲譜研究問題的通信〉中提出六方面考證其不是大曲，而認定：「敦煌曲譜乃當時樂工所奏'小曲'之分譜，這些'小曲'互相之間並無必然的音樂邏輯關係，猶若今天歌舞晚會上某演奏員所抄全部節目之分譜中因有〈梁祝〉小唱而不能以爲這份譜是'奏鳴曲'一樣。」（註13）

兩種說法，各有道理，但由綜合饒氏、張氏、席氏之說而來考察，筆者認爲因著三方面簡單明確的理由，此樂譜不可能是大曲。其一，是它原卷的情狀，乃是三紙係不同人不同時期所寫的，而且三件紙貼接而成卷的；其二，從敦煌民歌大曲歌辭的每段前都標有'第一'、'第二'、'第三'……等字樣（註14），但P.3808樂譜上沒有分別各遍樂曲之標記；其三，依本章第二節'民間曲子'的性質而言，樂譜中所見的曲名，多爲表明民間小曲的〈慢曲子心事子〉、〈又慢曲子伊州〉、〈又急曲子〉、〈又慢曲子西江月〉等'曲子'（註15）。由此，P.3808敦煌琵琶曲譜很可

能是用於宮廷和民間流行的小曲之琵琶伴奏譜。

其次，把樂譜的二十五首曲子以其曲名之性質分三類，來說明樂譜之內容。

甲、帶有標題性或詞牌名的曲名

〈傾杯樂〉二首、〈伊州〉二首、〈西江月〉、〈心事子〉，這些曲名都在《教坊記》所列的曲名表中記載。〈急胡相問〉與《教坊記》中的〈胡相問〉，可能是同一曲，其‘急’字當係根據歌曲內容而加（註16）。〈水鼓子〉疑是《教坊記》中的〈水沽子〉或《唐音癸籤》卷14中的〈水牯子〉。〈撒金砂〉與《教坊記》中的〈撒金沙〉也可能是同一曲。這些曲調雖來自各地，或受有胡樂之影響，但都屬於唐代教坊曲名。《教坊記》是收錄開元、天寶時流行的曲調名的，所以以樂譜中的曲調一定是唐中葉流行的俗樂曲調。此外，〈長沙女〉雖未見於《教坊記》，但鑒於五代之前的詞牌中已有此曲名，當屬境內各地傳入的音樂無疑。任二北《敦煌曲初探》說〈長沙女引〉疑即〈柘枝引〉，〈營富〉即〈瀛府〉（註17），此二曲名，要待考證。

乙、以節拍速度爲標題的曲名

P.3808敦煌樂譜中，以‘曲子’爲曲名的有二首，以‘急曲子’爲曲名的有三首，以‘慢曲子’爲曲名的有四首。這些曲名只表示樂曲演奏的速度，沒有標題性曲名，《教坊記》曲名表中也未見。依據關也維〈敦煌古譜的猜想〉中樂曲之調式音階表，它們有的應用龜茲樂之音階，有的以中國固有音樂之五聲音階爲基礎而應用，可說這些曲子都包括胡樂和俗樂兩種音樂的風格。

丙、佚名曲名及〈品弄〉、〈？弄〉

由於P.3808寫卷之樂譜是由三卷紙貼接而成，第二、三卷的開頭部分都沒有曲名。〈品弄〉、〈？弄〉二首，依葉棟〈敦煌曲譜研究〉，它是大曲中散序，即散板敘誦歌調（註18）；饒宗頤〈敦煌琵琶譜讀記〉認爲：「品弄應即‘品令’，弄爲小曲，與‘令’義同。」（註19）二首都

應用龜茲樂之音階，可能是受了胡樂的影響（註20）。

　　由三類曲名之性質，可推想P.3808敦煌樂譜中二十五首曲子，應該是反映中國固有音樂與從西域、西北各少數民族傳入的胡樂的。

　㈢樂譜之解讀

　　自從敦煌寫卷發現以來至今，有關樂譜的解讀工作不斷地進行著。1938年日人、林謙三、平出久雄發表〈琵琶古譜之研究〉為開端，經過許多學者五十餘年之研究，目前在某方面已驗證推斷無誤。據關也維〈敦煌古譜的猜想〉之列，如下：

・樂譜之種類為琵琶譜。

・敦煌樂譜使用有三種定弦法和調式音階。

・林謙三對譜字旁標記的部分符號及解釋是合理的。

・林謙三對譜字的辨認、排列，以及 '乀'、'丨'、兩個譜字位置的調整是正確的。

・葉棟對反覆演奏符號的解釋是妥當的。

　　解讀樂譜的目的，除了以現代的譜法解讀古譜之外，必須達到恢復原樣的音樂。目前發表的論著上最受爭論的中心，就是調弦與節拍節奏兩方面。本文取林謙三、葉棟、陳應時三位學者所做的樂譜解讀和其理論，以比較此三種說法而窺見敦煌樂譜之原樣為何。

　甲、調弦

　　中國彈弦樂器的定弦常以某種調名來表示，不過，S.3808敦煌琵琶曲譜並沒有標出任何定弦或調名。由此如何決定各曲的琵琶調弦，就決定各曲的旋律，此是解讀樂譜上很重要的工作之一。

　　林謙三〈敦煌琵琶譜的解讀研究〉（1955年）中，認定敦煌樂譜是唐代四弦四相琵琶之演奏譜字，後來發現的P.3539二十譜字和譜字旁注明的 '散打四聲'、'頭指四聲'、'中指四聲'、'名指四聲'、'小指四聲'，證明正好適用於四弦四相琵琶上的二十個音位。林氏對推定調弦的態度和方法，如下：

筆者在解讀本譜時，通過對古代典籍記載的種種調弦類型作詳細調查，從而弄清調弦的種種原則（此處對調弦原則省略不談，請參見〈天平琵琶譜的解讀〉），再根據這些調弦原則來考慮唐代的曲和調的關係，考慮當時流行的調（當時只用宮、商、羽、角諸調，微調是不多用的）等方面；然後盡可能據此來研究推敲出在可能範圍內的各種調弦法，最後得出我以為是比較妥當的三種調弦法（註21）。

由以上的方法，再根據各曲所用的譜字構成正常音階爲原則，並由於三種筆跡的三組樂譜，每組內各曲所用的譜字和曲終掃弦琶音基本相同，因而林氏判斷樂譜採用三種調弦。即第一組十曲包含著變徵調和變宮調，第二組十曲和第三組五曲，都是宮調。對林氏之此種調弦的推論，饒宗頤評述：

林氏此種逆推法，過於機械，只能以所見譜字推測調弦之某種可能性，但對於‘住’字及該曲所屬宮調，無從確知。其所譯五線譜，充其量只表現音之高低而已，而不能定宮商也（註22）。

林氏之研究成果中，特別對第二、三組的解讀受學界的肯定。因爲兩組中用不同相位音高譜字記錄的兩首同名曲〈水鼓子〉，在移成同調高時，它們的旋律骨幹竟能相合。1969年，林氏在〈敦煌琵琶譜的解讀〉中對第一組調弦更改爲角調。

葉棟1982年發表〈敦煌曲譜研究〉時，採用林氏之第二、三組調弦而解讀樂譜，但對第一組十曲，認爲仲呂宮的角調式，1986年〈敦煌琵琶曲譜〉中再修正爲角調式。

陳應時1987年發表〈敦煌樂譜新解〉時，採用林氏1955年所推定的三組調弦方法來進行補充而解讀二十五曲樂譜。

在上述三人對三組樂曲之調弦方法的說法，再參考葉棟〈敦煌曲譜研究〉和應有勤等四人著〈驗證‘敦煌曲譜’爲唐琵琶譜〉等二種文章所推定的調式音階，可以認定第一組十曲包括清樂音階的角調式樂曲；第二、

三組的二十五曲都是七聲雅樂音階的宮調式樂曲（註23）。

　　乙、節拍節奏

　　　旋律和節奏是構成敦煌音樂最基本的要素。旋律方面在前述三人之解讀工作蓋已解決，確認敦煌音樂的節拍與節奏規律，才能完全揭示旋律的原樣。敦煌樂譜的節拍節奏，與樂譜旁標記的‘□’、‘、’等號的判斷有關。

　　　　任二北《敦煌曲初探》曾說：

　　　　唐俗歌絕非一字一聲，……絕非一句一拍，……因譜內例以『、』為眼，以『□』為拍。〈西江月〉辭，每片四句、四韻而已，而譜內每片之『、』有十，『□』有八（註25）。

　　林謙三〈敦煌琵琶譜的解讀〉中對‘口’號的說明：

　　　　本譜除第1、2兩曲以外，所有的譜字，每隔幾個，在其右側就附有‘口’的符號。……這在太鼓中叫做拍子。因為拍子原則上是有一定的間隔，所以兩個拍子間的音，其長短應該是相對地相等的，在本譜中，由於這種拍子間的譜字數，每曲都是固定的，故每一個譜字自然會表示一定的時值（註26）。

　　林氏對‘、’號，1964年發表的〈琵琶譜新考〉中認為它表示返撥。

　　　　後來，葉棟否定林氏之一字一拍說而說：

　　　　林氏將曲譜中每個譜字均作一個相同時值音解，彷彿一字一拍、一拍一音從頭到尾，音樂顯得呆板；林氏又將敦煌曲子詞〈西江月〉第一首用一字一音與〈又慢曲子西江月〉譜相配，音樂也顯得支離破碎。林氏這類譯法，從節奏節拍來說，既不符合與大量唐代壁畫中所見樂舞動律的多變場面，也不符合與之有密切關係的唐代歌辭的結構規律和我國民族民間音樂的實際情況與傳統特點（註27）。

　　葉氏採用任二北的眼拍說，處理以‘口’號為板，以‘、’號為眼來解讀樂譜的節拍。但對葉氏之解讀方法，引起學界的爭論，有人對葉氏解讀的樂曲之節奏，評述：

葉先生所譯之曲譜使人唱來感到節律怪異，音調急促，纏舌拗口，更不能體現古詩詞之吟誦風格，且其抑揚平仄亦有詞曲不合之嫌。唱吟葉先生之譯譜，使人不能不生疑：難道唐曲的風格、節律、分句、神韻真是這樣的麼（註28）？

由於‘、’號解讀之不同，葉氏對二十五曲的節奏形式，却與林氏解讀之樂譜迥然相異。

陳應時根據沈括《夢溪筆談・補筆談》說談：「樂中有敦、掣、住三聲。一敦一住，各當一字。一大字住當二字。一掣減一字。如此遲速方應節，琴瑟亦然。」以及張炎《詞源》說：「法曲之拍，與大曲相類，每片不同。其聲字疾徐，拍以應之。如大曲〈降黃龍・花十六〉，當用十六拍。前袞、中袞六字一拍，要停聲待拍，取氣輕巧。煞袞則三字一拍，盡其曲將終也。」此二說，發現沈括所述的‘掣聲’和張炎所述的‘拍’乃是解讀敦煌樂譜節拍節奏的一把鑰匙，由此主張‘掣拍說’（註29）。即陳氏以‘、’號爲減一字的時值符號而解讀敦煌樂譜。

此三種‘口’、‘、’之解讀，各有道理，但還要待更進一步的研究。於此，我們只能弄清在各曲之‘口’、‘、’數與曲辭字數的確相異。

四樂譜與敦煌民歌之關係

沈括《夢溪筆談・樂律》中批評當時填辭而說：

> 然唐人填曲，多咏其曲名，所以哀樂與聲尚相諧會。今人則不復之有聲矣，哀樂而歌樂詞，樂聲而歌怨詞，故語雖切而不能感動人情，由聲與意不相諧故也。

唐五代人填辭入樂多數是依曲子的標題名稱來填寫的，因而悲哀、歡樂的情緒和曲子（音調）還配合得當。歌辭與曲調之關係只要這樣，才能達到曲調與歌辭之意義和風格之統一。在前面既然述及三位學者對樂譜解讀之不同點，目前三人解讀的二十五曲已出版了。所以本文在敦煌民歌中採取譯譜中有標題名的樂曲一致的歌辭而填入其同一樂曲，以作爲探討唐五代

民歌表演時其與所配的音樂之風格的嘗試。因筆者對音樂之見解甚淺，並本文之重點還在於敦煌民歌之歌辭，於此選第十三曲〈又慢曲子西江月〉一首來欣賞其與S.2607〈西江月〉三首[54-56]歌辭之間的風格特徵。筆者作爲底本的樂譜，是林謙三〈敦煌琵琶譜的解讀研究〉（1955年）中譯譜之第十三曲、葉棟〈敦煌琵琶曲譜〉（1986年，此譯譜是依照1982年發表的〈敦煌曲譜研究〉之解譯理論而加以翻譯的。）譯譜之第十三曲以及陳應時〈敦煌樂譜新解〉（1987年）中譯譜之第十三曲等三種。先試聽此三種樂譜代表的琵琶演奏〈又慢曲子西江月〉一首，然後比較三種樂曲之情形（註30）。

・P.3808＜又慢曲子西江月＞樂譜

・林謙三譯＜又慢曲子西江月＞樂譜

・葉棟譯＜又慢曲子西江月＞樂譜

・陳應時譯＜又慢曲子西江月＞樂譜

　　〈西江月〉是唐教坊曲名，曲調是雅樂宮調式音階、即燕樂稱仲呂宮，該曲是速度較慢的曲子。譜字約九十六個，中間有‘重’字，意味著重頭反覆之意。陳應時依照張炎之論而認爲該譜子中十六個拍號（口）表示現在的十六小節。敦煌民歌〈西江月〉三首是雙片之辭，上下句式均爲六六七六，三人將該歌辭試配在曲調的樂譜上。

　　三種樂曲的旋律的風格基本上一致，它不像西域或西北游牧民族之奔放、豪邁、熱情的音樂，卻有嫻雅、單薄之風格。歌辭詠接觸江月、秋煙、雲水等景色而流露的閑適之情和旅人之鄉愁。曲調之旋律正符合歌辭之風格，兩者結合時令人感到沖淡、迫切的感覺，富於節奏和韻律之和諧美。林氏之譯譜沒有曲調的反覆，另二種曲調，透過前七小節的反覆，不僅產生音樂旋律之美，並且引起語言的重疊，令聽者體會到一種情韻迴環的感覺。

二、敦煌舞譜

　　唐五代舞蹈，隨著音樂之發達而極盛了。玄宗時整理、編制了宮廷樂舞，分坐部伎和立部伎，其中當時新創的許多樂舞，大量吸收了龜茲音樂

之成分（註31）。據歐陽予倩《唐代舞蹈》中說：

> 唐墓出土的舞俑中，有許多穿著短衣，寬口袖，細腰，長裙，裸露
> 著胸頸的舞人形象。最有意思的是它們的服飾和許多不同的舞姿，
> 都有相當濃厚的新疆舞風格，這可能就是當時盛行的龜茲舞，或是
> 受到‘龜茲舞’影響而創作的舞蹈形象（註32）。

又據劉芹《中國古代舞蹈》中說：

> 以龜茲樂為代表的西域樂舞，那健朗明快的舞曲，輕盈的舞步，彈
> 指擊節、移頸動頭的傳神動作，急轉如風的旋轉技巧，很使人陶
> 醉，所以一下子就在民間流傳開來（註33）。

如此可窺龜茲樂舞影響唐五代舞蹈發展，以及其如何受民間的愛好。

　　唐五代樂舞，雖被統治者整理、編制，但不少樂曲和舞蹈原來自民間
和西域、各少數民族。唐末葉，在俗樂之庶民化過程中，大量舞蹈也與樂
曲一起流傳到民間生活中。可推想的，就是民間只能有較簡單的表演，因
文獻上的記載極少，難以了解當時民間流行的舞蹈形態和內容如何。敦煌
發現的六件舞譜可以提供這個問題一些證據。那些珍貴資料無疑是音樂舞
蹈史之重要一部分，它和敦煌壁畫中千姿百態的舞伎必然有著內在關係。

　㈠舞譜之情狀

　　目前已發現的敦煌舞譜殘卷，共有六件，其編號是：

· P.3501殘卷。此卷係一長卷，中無斷裂，前無總題，起自〈遐方遠〉
譜，止於〈鳳歸雲〉譜，末端殘闕，共存六名十四譜。即〈遐方遠〉五
譜、〈南歌子〉一譜、〈南鄉子〉一譜、〈雙鷰子〉一譜、〈浣溪沙〉三
首、〈鳳歸雲〉三譜。

· S.5643殘卷。此卷原似爲一蝶裝小冊，共十六面（七整頁，首尾兩半
頁），舞譜抄在第七至十五面，前接〈波羅密多心經〉寫卷，也無總題。
由此冊中背上被撕去一半圓形缺口，使得舞譜文字也有殘闕，共存十譜。
依次爲即闕名二譜、〈驀山溪〉二譜、〈南歌子〉二譜、〈雙鷰子〉二
譜、闕名二譜。

・S.5613寫卷中〈南歌子〉舞譜。此卷〈書儀〉殘卷中〈與夫書〉標題之下的空白處，自左而右，共四行，即〈南歌子〉一譜。第一行載「開平己巳歲七月七日悶題德深記之。」，可知抄寫時期是後梁開平三年（公元九〇九），抄錄者是德深。

・P.3719寫卷中〈浣溪沙〉殘譜。P.3719寫卷背面存三行，其中第一行可能為舞譜之標記。此譜與樂譜混寫，當是舞與樂之合譜（註34）。

・S.785寫卷中〈曲子荷葉杯〉殘譜。此譜倒寫於S.785寫卷〈李陵與蘇武書〉前，殘存二行。

・S.7111寫卷中〈曲子別仙子〉殘譜。此譜寫於S.7111寫卷背面，存前面一行。就這六件舞譜的曲名而論其時代，大既是從盛唐到五代。

（二）舞譜之結構和性質

甲、舞譜之結構

六件敦煌舞譜，從抄寫的格式與內容來看，其有特定的結構。即開頭標明該譜的曲調名（譜名），然後有一段簡練的說明性文字，這段文字在簡單地說明該譜的節奏、節拍以及歌、舞配合的情況，屬於序詞。最後是由令、舞、送、掭、據等舞蹈動作或舞蹈程式的字排列組合而成的字譜。這些字組的了解，就是解讀舞譜的關鍵。

例如，P.3501殘卷第三首〈南歌子〉舞譜：

・第一行；南歌子兩段慢二急三慢二令掭三拍舞據單急三中心

・第二行；送中心慢拍兩拍送

・第四、五、六行為字譜的組成

第一、二行是序詞部分，說明〈南歌子〉譜的節奏是以慢二急三慢二急三慢二而構成，節拍的規定是令、掭各三拍子，舞、據各一拍子，兩個急三的中心是送，中間的慢二是兩拍送（註35）。第四、五、六行是字組部分，揭示具體舞蹈動作的構成。

乙、舞譜之性質

敦煌舞譜所記載的舞蹈有如何性質？它是用於宮廷樂舞還是用於民間

娛樂的？譜子只有表示動作述語的字組和說明舞蹈時節拍，並目前未有受學界公認的解讀。但是，唐五代舞譜的出現反映當時舞蹈活動極爲普遍的一面。以觀察以下兩方面而試探敦煌舞譜之性質是什麼樣的。

第一，《教坊記》曲名中舞曲，除〈破陣樂〉、〈奉聖樂〉、〈回波樂〉等在宮庭或寺院表演的舞曲之外，其餘大部分是在民間流行的。敦煌舞譜殘卷中〈浣溪沙〉、〈退方遠〉（註36）、〈鳳歸雲〉、〈南歌子〉、〈南鄉子〉、〈荷葉杯〉六曲名都載於《教坊記》曲名表。因爲這些都是流行於唐中葉以後的曲子，並六曲都不屬於《教坊記》的大曲名，由此可說敦煌舞譜大部分是比較短小的舞曲。

第二，任二北《敦煌曲初探・舞容一得》說：

> 唐人之舞，大別爲雅舞、俗舞兩部分。俗舞以合俗樂，又可別爲普通之常舞，與酒筵之小舞兩種。

朱熹《朱子語類》卷92中說：

> 唐人俗舞，謂之打令。其狀有四：曰招，曰搖，曰送，其一記不得。蓋招則邀之之意；搖則搖手呼喚之意；送者送酒之意。舊嘗見深村父老爲余言：其祖父嘗爲之收得譜子。曰：『兵火失去。』舞時皆裹幞頭，列坐飲酒，少刻起舞。有四句號云：『送搖招搖，三方一圓，分成四片，得在搖前。』人多不知，皆以爲啞謎。

此說明唐代之俗舞有酒筵用打令（註37），那些俗舞因具有一定的程式而也有譜子。

再依北宋、劉攽《中山詩話》載：

> 古人多歌舞飲酒。唐太宗每舞，屬群臣。……李白云：『要須回舞袖，佛盡五松山。醉後涼風起，吹人舞袖環。』今時舞者，必欲曲盡奇妙，又恥效樂工，藝益不復如古人常舞矣。

又說：

> 唐人飲酒，以令爲罰，韓吏部詩云：『令徵前事爲。』白傅詩云：『醉翻襴衫拋小令。』今人以絲管歌謳爲令者，即白傅所謂。

　　　大都欲以酒勸，故始言『送』；而繼承者辭之。搖首，授舞之屬，
　　　皆却之也。至八遍而窮，斯可受矣。其舉故事物色，則韓詩所謂耳
　　　（註38）。

由二段記載，可知當時行酒令有著辭（註39）、兼舞。

　　再次，看花蕊夫人徐氏〈宮詞〉：

　　　新翻酒令著詞章。侍宴初聞憶却忙。宣使近臣傳賜本。書家院裏
　　　抄將。（《全唐詩》卷798）

又依任二北《唐聲詩》說：

　　　民間之例，以酒令中所謂‘著辭’者最著。蓋舞之事本在容，合樂
　　　為節已可，初不必歌。舞之情志於容止而外，且須暢於言詞者，謂
　　　之‘著辭’。敦煌曲〈長相思〉曰：『終日紅樓上。□□舞著
　　　辭。』紅樓，酒樓也。

從此段記載可認爲行酒令時所用的著辭，較爲簡短，大多應合歌舞。初聞
的新酒令要填入新辭，但是短時間內不易記起。〈宮詞〉中所謂‘賜本’
就是指行酒令所用著辭之傳鈔本，其中可能還兼錄歌譜、舞譜以及行令規
定等（註40）。

　　從最近發現的S.5613〈南歌子〉舞譜中：「上酒曲子南歌子」一句，
可知此類乃用於宴樂舞蹈之雜曲子，並認定〈南歌子〉是用於酒令的曲
子。據李正宇〈敦煌遺書中發現題年‘南歌子’舞譜〉之推測：

　　　〈南歌子〉形式短小，僅有二段。……古人宴會時，全體預筵人員
　　　中眾目所矚的高座人物總是極少數。這極少數的高座人物是主要的
　　　勸酒對象，而多數人則是陪酒者。在賓主入座時和末了散筵時為了
　　　烘托氣氛，樂工乃操器奏曲，但不唱不舞。而在主人行酒，眾賓向
　　　主賓敬酒勸酒才樂、歌、舞三者並作，用以助興。無論是賓主入
　　　座，或行酒敬酒，都是間歇性，階段性的。所用樂舞，以形式短
　　　小，時值短暫的雜曲子最為合適（註41）。

他較具體地猜想行酒令之情景和程序。當時士大夫或民間中極爲盛行行

令，因詞的興盛緣於青樓茶肆的歌曲，詞中的小令也可能與唐五代酒令的小調有關（註42）。

　　由上述兩方面的探索，可推斷唐五代民間盛行的酒令，有辭、樂、舞，形式爲較簡短，爲了應於常開設的酒席之需，要易於記憶而簡單地記錄其譜子，敦煌舞譜也屬於那些性質的譜子。

　　㈢舞譜之解讀

　　自從敦煌舞譜發現以來，研究這部分的論著不多，1950年代有羅庸、葉玉華共著《唐人打令考》和任二北《敦煌曲初探》中〈舞容一得〉等，直到1980年代才有較具體的研究，並另一面有新舞譜的發現和探索。目前研究敦煌舞譜時較難以突破的問題，就是譜子中記錄的譜字和字組代表什麼樣的舞蹈動作和姿態。葉玉華曾認定過十三個譜字可分爲代表舞容、節拍、聲曲的三項（註43），但此說已被任二北修正其爲說明某種動態，目前學者們都接受任氏之說。因此，了解那些譜字所表示的動態，是解讀舞譜代表的舞蹈的關鍵。另外，譜子開頭表示的該譜之節奏、節拍，也是解讀舞譜的主要因素。

　　首先參考任二北、饒宗頤、王克芬、柴劍虹四人對十三個譜字的解釋（註44），來推測唐五代俗舞有什麼樣的動作。

　　·令：舞蹈開始的動作。敦煌舞譜各譜子幾乎都以令字開頭。柴氏認爲此字表明即是打令舞譜。

　　·頭：頭部的舞姿，即動頭的動作。

　　·舞：相當於‘手舞足蹈’之意，傳統舞蹈中以手及手臂動作爲主的十分豐富。

　　·授：表示一種雙手推搓的動作。王氏〈敦煌舞譜殘卷探索〉中據《東京夢華錄》之記載，說明它可能是雙手叉腰，左右肩一前一後，反覆扭動的舞姿，可原地不動，也可向左右移動，所以是挪動。

　　·送：表示送酒、敬酒的舞蹈化的動作。

　　·搖：有手的搖動，同時配合以身體出胯的擺動。

- 据：可能是拮據之簡稱，即手、足、口之協調動作。
- 奇：原寫作奇，無可考（註45）。
- 捐：柴氏認爲抛擲酒杯的動作。
- 約：王氏以爲是一種有纏束感的動作（註46）。
- 請：無可考。
- 與：原寫作局。王氏認爲表示兩行舞隊。
- 拽：不能舉足，只曳而行的動作。

後五字，只在P.3501殘卷第二首〈返方遠〉舞譜中可見，別譜沒有。

例如，依照前述對P.3501殘卷第三首〈南歌子〉舞譜序詞部分之解讀，試探字組部分之節拍構成：

令三拍，挼三拍，舞、据各一拍，送四拍。

搖三拍，挼三拍，舞、据各一拍，送四拍。

奇三拍，挼三拍，舞、据各一拍，送四拍。

頭三拍，挼三拍，舞、据各一拍，送四拍（註47）。

每組都是十二拍，除每組開頭有各別的舞蹈動作之外，其餘都是同樣的動作，不難想像一場簡單、活潑的舞蹈。由此可推定此首舞譜標明反覆一定規律中具有變化的動作的舞蹈，合乎簡短的酒令。

　　㈣舞譜與音樂之關係

舞蹈是在一定樂曲的旋律與節奏中進行的動作藝術。因而舞譜不僅提示舞蹈的動作與節奏，且需要伴隨的樂曲的節奏。換言之，一首譜子代表的舞蹈之動作節奏與伴隨之樂曲節奏的關係很密切。敦煌舞譜中譜名的曲子都已失傳，現只能在僅有的節拍節奏上探索舞譜與音樂的關係。

依據張炎《詞源下卷・拍眼》中說：「……繩以慢曲，八均之拍不可，又非慢二急三拍與三台相類也。」可知舞譜上見的‘慢二急三’一類的字組都是說明節拍的。再看P.3719〈浣溪沙〉殘譜中「慢二急三慢二急三」字組表示節拍，其字組與一些曲調符號一起被記載，可知此譜子是不僅證明了樂譜與舞譜、即音樂與舞蹈有密切關係，也說明了舞譜中此類字

組確是對節拍、節奏的規定（註48）。

　　敦煌民歌中有甚多舞曲歌辭，其中如〈破陣樂〉、〈何滿子〉、〈菩薩蠻〉、〈百歲篇〉、〈楊柳枝〉、〈劍器詞〉、〈蘇莫遮〉、〈樂世詞〉等曲名，都是唐代流行的舞蹈（註49），而且此類大部分都在《教坊記》曲名表上可見。

　　又看歐陽予倩《唐代舞蹈》中說明〈楊柳枝〉舞：

> 唐代的詩人在民間俚曲小調的基礎上又加工改制，填上新詞，成為歌伎所經常演唱的節目。後來根據這些歌詞又配上舞蹈，歸為健舞類，在當時非常流行。〈楊柳枝舞〉都是由一些年輕的歌舞伎人演出。它的內容原是表現臨別折柳相贈的，柳諧音為留，這種風俗古代就有。……舞〈楊柳枝〉的人一面唱一面舞，唐代這種形式是很多的，並不是歌者不舞，舞者不歌（註50）。

　　由此可窺知敦煌舞譜，代表的舞蹈不僅是反映唐五代民間或宮廷普遍流行的舞蹈形態，且證明當時舞蹈除伴隨樂曲之外，還有歌唱。

【附　註】

1.葉棟〈敦煌曲譜研究〉（饒宗頤編《敦煌琵琶譜論文集》臺一版中，新文豐出版公司，民國80年。）

2.王重民《敦煌曲子詞集》初版p.6，商務印書館，1950年。

3.任二北《敦煌曲初探》p.p.455-459，上海文藝聯合出版社，1954年。

4.饒宗頤〈敦煌琵琶譜讀記〉（饒宗頤編《敦煌琵琶譜論文集》p.37，新文豐出版公司。）

5.林謙三著，潘懷素譯《敦煌琵琶譜的解讀研究》，上海音樂出版社，1957年。

6.見饒宗頤編《敦煌琵琶譜論文集》p.p1-25，新文豐出版公司。

7.同前揭書p.p.255-258。

8.見同註3，p.457。

9.同註1，p.104。

10.葉棟《敦煌琵琶曲譜》p.47，上海文藝出版社，1986年。

11.張世彬《中國音樂史論述稿》p.297，友聯出版社有限公司，1975年。

12.饒宗頤編《敦煌琵琶譜論文集》、小引p.4，新文豐出版公司。

13.見席臻貫〈關於敦煌曲譜研究問題的通信〉（同前揭書p.p430-440。）

14.如P.3360〈蘇莫遮〉六首[1001-1006]、S.6537〈鬪百草〉四首[1007-1010]、S.6537〈何滿子〉四首[1014-1017]等大曲歌辭每一首前有‘第一’、‘第二’……等字樣；依照任二北《教坊記箋訂》說：「唐大曲之普通形式……以定其序。凡具此形式者，必爲大曲。」（任半塘《教坊記箋訂‧大曲》p.148，北京中華書局，1962年。）

15.當然，在曲子的應用上，可以用幾個不同的隻曲聯成一首大型套曲。但此時的宮調必須一調貫始終，依據關也維〈敦煌古譜的猜想〉一文中所列的樂譜之調式音階表，其宮調不合乎大曲之條件。（見同註6，p.326。）

16.見同註4，p.43。

17.見任二北《敦煌曲初探》p.p113-114，p.458。

18.見同註4，p.40。

19.見同註1，p.105。

20.見關也維〈敦煌古譜的猜想〉（同註6，p.323。）

21.林謙三著、陳應時譯〈敦煌琵琶譜的解讀〉（同註6，p.71。）

22.同註4，p.53。

23.見葉棟〈敦煌曲譜研究〉（同註6，p.106）；應有勤、孫克仁、林友仁、夏飛雲〈驗證‘敦煌曲譜’爲唐琵琶譜〉（同註6，p.246）；關也維〈敦煌古譜的猜想〉（同註6，p.p326-327）。

24.同註3，p.459。

25.同註21，p.82。

26.同註10，p.38。

27.趙曉生〈‘敦煌唐人曲譜’節奏另解〉（同註6，p.p297-298。）

28.陳應時〈敦煌樂譜新解〉（饒宗頤編《敦煌琵琶譜》臺一版 p.p34-35，新文豐

出版公司，民國79年。）

29.見同註28, p. 39. p.48。

30.S. 2607〈西江月〉三首：

「女伴同尋煙水。今宵江月分明。舵頭無力一船橫。波面微風暗起。　撥棹乘船無定止。漁歌處處聞聲。連天江浪浸秋星。誤入蔘花叢裏。」

「浩渺天涯無際。旅人船薄孤洲。團團明月照江樓。遠望荻花風起。　東去不迴千萬里。乘船正值高秋。此時變作望鄉愁。一夜苦吟雲水。」

「雲散金烏初吐。煙迷沙渚沈沈。棹歌驚起亂棲禽。女伴各歸南浦。　船押波光搖艣。貪歡不覺更深。楚歌哀怨出江心。正值月當南午。」

31.《舊唐書·音樂志》：「自〈破陣樂〉以下（〈大定樂〉、〈聖壽樂〉、〈光聖樂〉）皆雷大鼓，雜以龜茲之樂，聲振百里，動蕩山谷……自〈長壽樂〉以下（〈天授樂〉、〈鳥歌萬歲樂〉）者用龜茲樂、舞人皆著靴。」

32.歐陽予倩主編《唐代舞陷》p.67，蘭亭書店，民國74年。

33.劉芹《中國古代舞蹈》p.45，北京商務印書館，1991年。

34.此譜之解讀上，饒宗頤〈浣溪沙琵琶譜發微〉（《敦煌琵琶譜》p.135，新文豐出版公司）中說第一行屬於節拍，但第二、三行的確是琵琶譜號；柴劍虹〈敦煌舞譜的再探索〉（《西域文史論稿》p.465，國文天地，民國80年。）中認爲第二、三行都與舞譜有關。

35.對節奏、節拍之說明，據於柴劍虹〈敦煌舞譜的整理與分析〉（《西域文史論稿》，國文天地。）中的解釋。

36.《教坊記》中記載〈遐方怨〉名，‘遐’似即‘怨’字之訛。

37.打令就是一種極簡單的民俗酒令舞。一般的打令不僅有舞，還有管弦伴奏，或以歌伴唱。

38.何文煥輯《歷代詩話》三版上冊，藝文印書館，民國63年。

39.所謂酒令，就是勸酒侑酒時所用之小調，所謂著辭，指行酒令時所用之辭，即樂曲歌辭，唐五代其歌辭多屬於燕樂歌辭。歌辭較爲簡短，樣式繁多，活潑生動。

40.見任二北《敦煌曲初探・舞容一得》p.157，上海文藝聯合出版社。

41.李正宇〈敦煌遺書中發現題年‘南歌子’舞譜〉（《敦煌研究》1986年4期）

42.依據沈義父《樂府指迷》說：「秦樓楚館所歌之詞，多是教坊樂工及閭井做賺人所作。」說明詞在民間即‘秦樓楚館’發育滋長的情形。

43.葉玉華《唐人打令考》說：「敦煌殘譜（指P.3501殘卷和S.5643殘卷）中，有音節拍眼，有歌聲曲韻，有舞容動作，其聲容蓋甚盛也。」（引自任二北《敦煌曲初探》p.173，上海文藝聯合出版社。）

44.任二北《敦煌曲初探・舞容一得》，上海文藝聯合出版社；饒宗頤《敦煌曲・敦煌曲與樂舞及龜茲樂》，法國國家科學院；王克芬〈敦煌舞譜殘卷探索〉（《舞蹈藝術》1985年4期）；柴劍虹《西域文史論稿・敦煌舞譜的再探索》，國文天地。）

45.彭松〈敦煌舞譜殘卷破解〉中認爲此字是作驚奇狀，雙繞手。（《敦煌學輯刊》1989年2期）

46.冒廣生〈敦煌舞譜釋詞〉中解釋爲「舞者以手自束其腰。」（引自任二北《敦煌曲初探》p.170，上海文藝聯合出版社。）

47.原譜上的三行，依照譜字的組成規律，可分爲四組。（見柴劍虹《西域文史論稿・敦煌舞譜的再探索》p.421，國文天地。）

48.見前揭書p.p400-402。

49.歐陽予倩主編《唐代舞蹈》第二章、唐代舞蹈分述中列舉的唐代著名舞蹈中有與此類舞曲歌辭同樣或相似之曲名，即〈綠腰〉、〈渾脫舞〉、〈劍器〉、〈楊柳枝〉、〈何滿子〉、〈嘆百年〉、〈菩薩蠻隊舞〉、〈破陣樂〉等。（p.p86-168，蘭亭書店）；陰法魯〈敦煌曲子詞集序〉中說明〈綠腰〉是〈樂世詞〉的舞蹈名，〈渾脫舞〉是〈蘇莫遮〉的舞蹈名。（參見王重民《敦煌曲子詞集》p.p4-6，商務印書館，1950年。）

50.同註32，p.119。

第 八 章
唐五代敦煌民歌對後世文學之影響

第一節　對音樂文學之影響

　　詩原於歌，歌與樂相伴，所以它保留著音樂的節奏。詩的語言重視韻，韻把渙散的聲音聯絡貫串起來，成爲一個完整的曲調（註1）。由此可說詩與音樂關係密切，進而可推斷詩就是音樂文學之一（註2）。即歌辭與曲調的密切結合而構成一種混合性的藝術。

　　依《尚書‧舜典》說：「詩言志，歌永言，聲依永，律和聲，八音克諧，無相奪倫，神人以和。」鄭玄在《詩譜序》已認定此段爲詩的起源（註3），其實可說此也是對文學最古的定義。朱謙之《中國音樂文學史》指此段文說：「可見中國從古以來的詩，音樂的含有性是很大的，差不多中國文學的定義，就成了中國音樂的定義，因此中國的文學的特徵，就是所謂‘音樂文學’。」（註4）由於詩爲最足以宣洩人類真摯的情感之手段，據《詩‧大序》說：「詩者，志之所之也，在心爲志，發言爲詩，情動於中，而形於言，言之不足，故嗟嘆之，嗟嘆之不足，故永歌之，永歌之不足，不覺手之舞之足之蹈之也。」那些情感很自然協於音律而歌唱舞蹈，由此可見詩在發達的最初的階段，是和樂舞結合著的。詩、樂、舞結合之藝術始於民間生活，因而詩之起源，來自民歌，民歌多配以曲調，所以民歌是音樂文學之一種重要因素。

　　《詩經》爲中國最古的民歌總集，也是音樂文學的開端。由於《詩‧大序》：「多出於里巷歌謠之作，所謂男女相與咏歌，各言其情也。」可

見《詩經》之民歌都可以合樂，可以歌唱。它的感情思想溫厚、單純，其
音調節奏也許較簡單。楚辭也採集了許多南方民歌，其句法變化多樣，感
情委婉纏綿，因此音調的節拍也會變化多端（註5）。漢代樂府搜集民
歌，經整理後譜件新聲，被之管弦，依劉勰《文心雕龍・樂府》說：「樂
府者，聲依永，律和聲也。」可見樂府民歌是被之管弦配合音樂的。南北
朝民歌，北方民歌配合於鼓角橫吹樂曲，南方民歌多配合於清商樂曲，由
此可窺視當時民歌仍然與音樂結合發展。而且鼓角橫吹（註6）之演奏法
證明北朝音樂文學已受了外來音樂的影響。北朝與西域交通頻繁，輸入音
樂的機會更多，直到唐朝，十部音樂大半都是外來新樂。郭紹虞在〈中國
文學演進之趨勢〉就文學與音樂之關係而說：「文學雖不很受外來的影
響，而音樂則常以外樂的輸入而發生變化，這亦是音樂容易變遷的一因。
詩以和音樂相關之故，所以音樂變遷了，詩體亦不得不隨之以具變。」（
註7）可知音樂與文學─韻文─有密切的關係，外來音樂流行，在文學上
乃發生詩體形式和內容的變化，因此成為音樂文學的一大轉變。

　　朱謙之《中國音樂文學史》認為絕句為唐代的民間文學（註8），但
從民間文學之定義來看，許多文人作之絕句絕不可屬於其範疇。至於唐
朝，由於外來音樂與漢族音樂融合而產生的新樂多以琵琶為主樂，樂曲長
短參差、高下錯雜，必有新的歌辭才能與之調協。胡仔《苕溪漁隱叢話》
說：「唐初歌曲多是五七言詩，以〈小秦王〉為最，即七言絕句也。」五
七言絕句，一篇歌詩只好反覆歌唱才能配繁複的一篇新樂曲。不過，西域
曲調的變化無窮，有長短曲折剛柔的分別，若用那種長短一律的字句去歌
唱，自然不能盡聲音之妙。因此樂人只好加添一些字進去，即是和聲或泛
聲之增加，而配於新樂。再如歌辭過於單調，樂調過於曲折繁長者，專添
一些和聲，還不能歌唱，因此只好將字句改為長短句，以就其曲拍，於是
文字增多了，句式也變成長短不齊的形式，這樣就自然是為了適應音樂的
限制。這種為音樂而填辭的現象，在教坊和民間早已有了。唐朝民間之歌
謠多為長短句形式，它在八世紀初在民間醞釀起來，而應民間流行的外來

樂曲之需，逐漸按照聲音繁變的樂調創作長短句的歌辭。

　　敦煌發現的民歌便是此種新歌辭，形式都適合反覆歌唱，婉轉參差無定的新樂曲。所以中唐以後文人多創作長短句詩歌，此爲詞的萌發原因。由此可見敦煌民歌代表的長短句歌辭純爲了應音樂之樂曲和節拍的變化就產生發展了。依照上述，敦煌民歌之發現和研究在探討中國音樂文學史上，可做爲三方面的佐證。

　　第一，敦煌民歌證明它是唐五代新俗樂所需的最初長短句歌辭，並詞的起源乃在民間的長短句，而絕不出於《詩經》、樂府、齊言詩等（註9）。隨著社會的發展，已形成「變舊聲，作新聲」的風氣，民間的新樂曲越來越繁複，與之填進去的長短句歌辭越來越多，以致詞的體裁日益完整，應該說這是敦煌民歌的歌辭盛行於民間引起文人創作歌辭向新形式轉變的直接原因（註10）。

　　盛唐至中唐，由於新樂曲的創作甚多，並民間的長短句歌辭廣泛流行，當時文人吸取民間歌辭之新鮮、自然的形式，嘗試填些歌辭。李白的〈菩薩蠻〉「平林漠漠煙如織」與〈憶秦娥〉「簫聲咽」等就是對於這種形式的嘗試（註11）。中唐張志和作〈漁歌子〉五首，今列舉其中一首：

　　　西塞山前白鷺飛。桃花流水鱖魚肥。青箬笠。綠簑衣。斜風細雨不須歸。

此首描寫水鄉漁人生活中，喜愛閒適、羨慕自由的情趣，與敦煌民歌中S.2607〈浣溪沙〉(61)「浪打輕船雨打篷」有相似之處。而劉禹錫〈憶江南〉一首：

　　　春去也。多謝洛城人。弱柳從風疑舉袂。叢蘭裛露似霑巾。獨坐亦含嚬。

又白居易〈憶江南〉一首：

　　　江南好。風景舊曾諳。日出江花紅勝火。春來江水綠如藍。能不憶江南。

這些小令，清新閒適，具有民歌的活潑性。歌辭運用長短不齊的句式，把語言的音樂性和音樂曲調上的節奏結合起來，促進了長短句歌辭——詞的發展，進而到了晚唐五代，引發了無數文人之詞創作，此種現象顯然是深受敦煌民歌長短句影響的結果。

　　第二，敦煌民歌的興盛助於唐詩的繁榮，使唐詩與音樂結合而形成音樂文學。唐代爲五七言律絕等近體詩極盛時期，近體詩與音樂結合而可以歌唱的，一般稱爲聲詩。所謂唐聲詩，是「指唐（五）代結合聲樂、舞蹈之齊言歌辭——五、六、七言之近體詩，及其少數之變體；在雅樂、雅舞之歌辭以外，在長短句歌辭以外，在大曲歌辭以外，不相混淆。」（註12）即聲詩除近體之外，本來兼容變體，如拗格、仄韻、或二句或三句等皆是。民歌占聲詩中之多數，而民歌中作拗格、仄韻、或二句或三句者，乃知對於聲詩中之變體。

　　敦煌民歌中有些五、七言齊言之歌辭。齊言民歌乃直接承漢、魏、六朝、隋之民歌而來，就指隋唐統一南北以後「歌者雜用胡夷里巷之曲」（《舊唐書‧音樂志》）中屬於‘里巷’之傳統民間曲子。如〈五更轉‧閨思〉七首及〈十二月‧相思〉十二首，皆爲七言四句。尤其唐五代小令，字數、句法、用韻確有不少與唐五、七言齊言近體詩十分相近（註13）。敦煌民歌中，如〈水調詞〉二首、〈樂世詞〉二首、〈皇帝感〉十二首、〈長安詞〉三首、〈何滿子〉四首等皆爲七言四句，則上四下三式齊言；〈劍器詞〉三首爲五言八句、〈泛龍舟〉一首爲七言八句之齊言。將這些齊言之民歌與文人之齊言近體詩通稱爲唐聲詩。

　　其實民間文藝的趨向，正代表當時文藝思潮與文人之風尚（註14）。所以任二北也在《唐聲詩》上說：

　　　所謂聲詩，包含民歌與文人詩兩部分。民歌並不以齊言為限。唐代五、七言民歌乃直接繼承漢、魏、六朝、隨之民歌而來。唐聲詩內之‘文人詩’部分，一面直接繼承漢、魏、六朝、隨之‘文人詩’，一面又摹仿唐代民歌，歌謠乃聲詩之本體，並非其流變。

依此角度看來，民間的齊言歌辭仍在民間保存，可能爲使文人獲得啓發而創作齊言詩入樂曲之推動因素。

故，敦煌民歌中一些齊言體歌辭類支持文人之詩創作有輝煌的成果，從而成了唐詩繁盛的基石。

第三，敦煌民歌證明音樂對中國韻文形成有深刻的影響，尤其唐五代詩與樂之間成立‘依聲塡辭’的關係，以提高音樂在文學史上的重要性。敦煌民歌除失調名之外，幾乎都以曲調名爲標題，而且長短句歌辭的突出現象，使我們十分肯定其的確爲了合樂而創作。因‘由樂以定辭，非選辭以配樂’，辭的音樂性加強，而辭的內容感情方面，反而受到了拘束。但這是空前的現象，並可認定中國文學與音樂之結合演變過程中所出現的一大轉變。

【附　　註】

1. 朱光潛《詩論・中國詩的節奏與聲韻的分析》p.233，國文天地，民國79年。

2. 中國歷代雖有不可歌的詩，卻仍須可誦，據朱光潛《詩論・中國詩何以走上律的路》說：「歌與誦所不同的就在歌依音樂（曲調）的節奏音調，不必依語言的節奏音調；誦則偏重語言的奏音調，使語言的節奏音調之中仍含有若干形式化的音樂的節奏音調。音樂的節奏音調（見於歌調者）可離歌詞而獨立；語言的節奏音調則必於歌詞的文字本身上見出。」（同前揭書p.269）因此不可歌的詩也只少要考慮在歌辭上的音樂性。

3. 鄭玄《詩譜序》說：「詩之興也，諒不於上皇之世？大庭軒轅逮於高辛，其時有亡，載籍莫云焉。《虞書》曰：詩言志，歌永言，聲依詠，律和聲，然則詩之道，放於此乎。」

4. 朱謙之《中國音樂文學史》p.31，北京大學出版社，1989年。

5. 楚辭的形式結構，爲漢朝的賦所承襲，成爲更富麗的韻文，文字愈繁複，無法配樂，反而不能歌唱。

6. 崔豹《古今注》說：「橫吹胡樂也。」，馬融〈長笛賦〉說：「此器（長笛）

起於近代，出於羌中。」

7.《中國文學論叢》p.748，梁啟超等，明倫出版社，民國58年。

8.朱氏說：「唐代不論在梨園所奏的大曲，或在酒席上所唱的小令，那些歌辭都
　是絕句，絕句就是唐代的樂章，也就是唐代的平民文學了。」（見《中國音樂
　文學史》p.48，北京大學出版社。）

9.見陸侃如《中國詩學發達史》p.532，明倫出版社；劉大杰《中國文學發展史》
　p.505，華正書局。

10.見張錫厚《敦煌文學》p.154，上海古籍出版社，1980年。

11.至於〈菩薩蠻〉與〈憶秦娥〉是否為李白之作，本文全靠邱師燮友等著《中國
　文學史初稿》之說（p.p610-611）而論。

12.任二北《唐聲詩》上冊p.46，上海古籍出版社，1982年。

13.見李旭東編《詞的寫作與賞析》p.37，益群出版社，民國73年。

14.見邱師燮友等著《中國文學史初稿》修訂三版、p.602，福記文化圖書，民國
　74年。

第二節　對民間文學之影響

　　敦煌民歌之發現對研究民間文學的影響極為深遠。從敦煌民歌之歌辭看來，題材豐富，形式生動活潑，語言通俗自然，反映了民間普遍的社會生活和思想感情，其風格以清新質樸、剛健有力為特徵。這些都合乎民間文學內容形式之基本特色。

　　民間文學，是指「反映出民族心靈集體創作的生活圖卷，普遍地流傳於廣大的群眾當中，反映出人民的生活實態與思想感情。」（註1）的一切文學形態。民歌也是人類集體的口頭詩歌創作，真實表現民間的心情，屬於民間文學中可以歌唱和吟誦的韻文部分。

　　敦煌民歌，從表現形式來看，它保存著不穩定性體制和俚俗質樸的口頭語言。其形式有疊字、有和聲、字數不定、平仄不拘、叶韻不定；至於

語言，它常用俚俗質樸的俗語、方言等口頭語，這些都是民歌的風味。

從思想內容來看，它保留著濃厚的生活氣息，如時政大事、生民疾苦、戰爭動亂、日常生活、男女愛情、邊塞風光、京城宮闕、草原蕃帳等，在生活環境、社會事實、思想感情上無不反映。

從作者方面而言，不僅寫卷內本來沒有作者名，而且廣泛地題材和多方面的描寫顯示出征夫、離婦、商人、儒士、歌妓、少女、醫生等社會中下層人物的思想感情。即敦煌民歌的作者是包含民間各階層的廣大群衆。

從上述形式、內容及作者之形態來看，其可爲民間文學之本色。

再次，敦煌民歌除了民間韻文之本質以外，它本身有與其他民間文學形態不同的特點。其特點，大抵是從社會、時代背景不同之緣故而伴隨的特殊現象，也屬於民間文學的變異性，即社會、時代之使命特點。依照邱師燮友〈唐代敦煌曲的時代使命〉中說：

> 敦煌曲子詞保存了唐人西北邊區俗文學的原貌，代表了唐人的民歌。從歷代民歌的發展來看，各時代的民歌都表現了時代的特色，《詩經》代表周代民歌，具有風雅比興的特色。漢樂府代表兩漢民歌，以感於哀樂，緣事而發爲特色，開創了敘事詩的蹊徑。吳歌、西曲、神弦曲和梁鼓角橫吹曲，代表了六朝和北朝的民歌，以清商哀苦，戀歌小詩爲特色，開創了抒情小詩的風格。敦煌曲代表了唐代民歌，具有敦煌詞史，邊塞風情的特色，開展了白話長短句的詩風（註2）。

可知中國古代民間興起的每一韻文，各有其時代的特色及發展，本文在兩方面考察其特色。

第一，敦煌民歌在描寫的範圍上已有變化。筆者已在第五章探討過敦煌民歌內容風格之特色；其一，它反映的社會生活實多於都市民衆，如妓女、商人、醫生、儒生等，描寫這些人物形象或他們的哀歡都帶著濃郁的都市情調，而如《詩經·國風》中的農村社會或男女之情，漢樂府民歌中的病婦、孤兒之貧窮疾苦生活等這些生活之反映，幾乎不見。其二，它比

之其他民間韻文，屬於歌咏妓女、閨房之歌和歌功頌德之曲相當多。描寫女子微妙複雜的感情、華麗的容貌，使歌辭帶有委婉的風致，在表現上有一點由樸而變華，由粗糙而精細的發展趨勢（註3），但絕不失去了坦率熱烈、清新生動的民間健康之美。特別對妓情之歌辭，任二北《敦煌曲初探》區別於婦情而說：「伎情者，正欲使內容不同之『裙裾脂粉』、『花柳風情』，不與征婦怨思想混。敦煌曲辭中，凡及『五陵年少』、『公子王孫』者，可以概歸伎情，……其曲之歌舞，亦供閑者侑酒享樂而已。」（註4）唐代商業經濟發達和都市形成帶來小市民之娛樂之需，並在新樂曲之創作和普及過程上，妓女也許與社會生活和民間階層接觸的機會較多，所以她們的哀歡也往往以歌辭爲口口相傳。

至於歌功頌德之曲，主要是大部分站在愛國、肯定性立場來唱。一般說，民間文學反映統治者對老百姓是統治、壓迫的階層。敦煌民歌中歌功頌德之歌是否在統治者的協助之下推動流傳，此點無法求證。但唐五代的確沒有採詩制度，並從敦煌民歌被無名和尚或抄錄員採集抄錄的情況看來，這類民歌證明它反映當時社會民生安定、唐朝繁榮之面貌。

反映當時社會，有積極便立志（註5）、消極便隱逸（註6）兩種情緒。敦煌民歌當然也有抒發對統治者不滿之歌，但是這些歌功頌德之內容，爲一般民間文學罕見的現象，是敦煌民歌獨有的風格，而且使民間文藝的內容開拓了新的領域。

第二，敦煌民歌在形式上仍傳承民間文學之形式特徵，還有本身的特色。民歌中常見的基本形式，大概是張紫晨《民間文學基本知識》中列舉的比興、誇張、雙關、復沓等表現手法（註7），並必須講究音韻和節奏、語言的簡潔、生動、形象。

依照第六章表現形式特色的考察，可以認定敦煌民歌有兩種突出的特色。其一，敦煌民歌絕大多數是長短參差的句法，並用各種形態的反覆手法。這種形式上的特殊現象，重要的是因爲其與音樂之關係很密切。一般民歌由於能唱，重視語言的音樂性，特別唐五代在外來音樂與漢族音樂的

融合發展而產生新樂的背景之下，民間的歌辭提早很自然地變其本身之句式而應於變化多樣的新樂曲之需。民歌為了幫助記憶和口傳需要歌辭的反覆歌唱，字句的反覆加以歌辭的節奏鮮明，聲韻流暢，能夠琅琅上口，鏗鏘悅耳，使聽而不忘。這種特點可證明民間文學與音樂的關係很密切。其二，敦煌民歌運用相當多的當時西北方言俗語。《詩經》、漢樂府民歌經過文飾之後，其中的方言都被雅言所取代，並造成了規律一致的韻腳，無從考證它們的方言（註8）。敦煌民歌，雖經過樂人之修改、加工，但是考慮其被抄錄的當時社會、地理環境時，不難確定它保留著相當多數的西北方言和俗語，本論文第六章第一節中所探索的方言俗語，可做佐證。

　　民歌與方言俗語之關係極為密切，在中國由民歌研究開始現代的方言研究，沈兼士〈段硯齋雜文、今後研究方言新趨勢〉中曾說：

> 歌謠是一種方言的文學。歌謠裏所用詞語，多少是帶有地域性的，倘使研究歌謠而忽略了方言，歌謠中的意思、情趣、音調至少有一部分的損失，所以研究方言可以說是研究歌謠的第一步基礎工夫（註9）。

由於語言的變化，古代的方言自然不會都保存在現在的語言中。它一方面在變化，一方面還在繼承，所以在民間文學中保留下來的一部分方言，有的與現在的語言互相做佐證。但是，《敦煌曲初探》、《敦煌變文字義通釋》等著書對一些方言俗語做的解釋，有時只是依照傳統的語辭之義去解釋，有時難免望文生義的牽合，還有待於進一步研究它的確切含意（註10）。筆者以為方言的解釋應該在以今證古的觀點去進行，即以現在西北地方的方言和寫卷上抄錄的原辭相印證。

　　敦煌民歌中多量的方言俗語，不僅顯明民間文學帶著濃郁的鄉土氣息和生動、純樸的口頭語言，而且它帶有若干野氣，這是極為自然的現象。

　　由上述考察了敦煌民歌不僅有一般民間文學的特徵，而且它本身在文學的演進而變化上形成獨有的形態。它對中國民間文學研究提供民間文學隨著時代和社會背景，其內容能收容帶著時代性的題材，形式也受文化背

景之影響而變的事實。敦煌民歌的發現闡明漢魏樂府民歌與宋詞之間空白的民間韻文之脈流，以此證明一切正統文學都由民間來的文學產生規律。它提高被輕視的唐五代民間文學之重要性，進而探討它與敦煌樂譜、舞譜之關係使後人能接近於唐五代民歌本色的正確了解，此類嘗試對民間文學的全面性研究有很大的幫助。

【附　　註】

1.鄭志明《中國文學與宗教》p.19，學生書局，民國81年。

2.《漢學研究》第4卷第2期，民國75年。

3.見楊海明《唐宋詞史》p.58，江蘇古籍出版社，1987年。

4.任二北《敦煌曲初探》p.268。

5.如P.3821〈生查子〉[96]，P.3821〈蘇莫遮〉[108]。

6.如P.3128〈浣溪沙〉[63]，S.2607〈臨江山〉[76]。

7.見張紫晨《民間文學基本知識》p.p87-95，上海文藝出版社，1979年。

8.見周振鶴、游汝杰著《方言與中國文化》p.191，上海人民出版社，1991年。

9.引自前揭書p.193。

10.例如孫其芳〈敦煌詞中的方言釋例〉中提到：「〈搗練子〉云：“辭父娘了，入妻房，莫將生分向耶娘。”生分，《初探》云：“猶言疏慢。”非是。生分爲河西方言，今猶用，其義有二：一指相識以後不相親近；二指本來相識而久不相見，見後不相親近，都指關係不密切，不親近。此處用第一義。〈搗練子〉云：“君去前程但努力，不敢放慢向公婆。”慢，《初探》云，“任意，斯慢。”不切。河西方言謂對人任性隨便怠慢爲慢待。此處的慢，就是慢待之意。」（見《社會科學》1982年4期）

第三節　對民俗學之影響

　　所謂民俗，在中國古代人的觀念上是「凡民稟五常之性，而有剛柔緩

急音聲不同，繫水土之風氣，故謂之風；好惡取舍動靜無常，隨君上之情欲，故謂之俗。」（《漢書・地理志》），即在長久的歷史中，在五常、自然、社會、君情等的條件之下形成風俗；又依現代人的說法，民俗是「普通民衆始終保存的未受當代知識和宗教影響的，以片斷的變動的或較爲穩固的形式，繼續存在至今的傳統信仰、迷信、生活方式、習慣及儀式的總稱。」（註1），即在歷史發展中爲穩定、普遍的大衆生活與意識之總稱。從兩種觀念共同指向的意義來看，民俗乃是在人類社會中長期反復變化而穩定的人類生活習慣和意識風尚。這些人類生活習慣和意識風尚，往往做爲民間文學的內容，加強民間文學反映民間社會生活與思想感情的本質特色。所以民間文學自然以民俗爲內容，記錄了一定程度的民俗資料，此在緒論上已周知。

　　筆者在第四章探索了敦煌民歌中之民俗內容，它實際上廣闊地涉及著唐五代民間社會生活和思想感情的百態。既然認定敦煌民歌反映當時的民俗，本文要考察究竟敦煌民歌在與民俗之關係上有哪些部分值得影響民俗學的研究。

　　第一，從民歌歌辭之主題或內容可找到民俗事象。此時的民俗內容大部分是反映當時民衆的社會風尚，大概屬於精神上的文化結構。例如，敦煌民歌有多數有關婦女之歌，除唐五代民歌之興起過程中有許多歌伎參與創辭和普及之外，又〈雲謠集雜曲子〉三十三首幾乎都是詠閨房婦女之愛情心理的。由此種現象我們可推想唐五代民間婦女參與文學活動較活潑。

　　看《開元天寶遺事》卷下記載，長安豪民郭行先的女兒紹蘭，嫁給巨商任宗。任宗到湘中行商，數年不歸，音信不通，因此紹蘭對梁間的雙燕嘆息說：「我聞燕子自海東來，往復必經於湘中。我婿離家不歸數歲，蔑有音耗，生死存亡，弗可知也。欲憑爾附書投於我婿。」她又將一首詩系在燕子足上，即：「我婿去重湖，臨窗泣血書。殷勤憑燕翼，寄與薄情夫。」此故事能說明唐代民間婦女習詩的情況，並其思婦之心理描寫和樸素率直的風格是在敦煌民歌裏常可見的。值得注意的是，婦女習詩現象就

由唐代崇尚詩歌的社會風氣而來的。唐代作詩作爲生活的主要內容，作爲投贈詩文而求官職的方法，以至成爲一種社會風氣。作詩風氣首先從文人儒生開始，由於他們在民間吸取廣泛的題材，下層民間愛好詩歌成爲風氣，甚至影響到各階層的婦女中（註2）。

又如，敦煌民歌中〈發憤十二時〉十首[(467-478)]、〈定風波〉二首[(98,99)]、〈蘇莫遮〉二首[(108,109)]、〈臨江山〉[(76)]、〈生查子〉[(96)]等表現邊塞立功、儒生之志願或隱逸，從內容和主題來看，作辭的動機都基於唐代男子建功立業、科舉仕途之強烈欲望。因爲唐代繼承發展隋代的科舉制度，吸收當時庶族地主階層的文人參與政治，從而擴大它的統治基礎（註3）。因此許多儒生有入世之志，力求榮顯，畢竟成爲重視能詩善文風氣，有人坦白說「唐代之風俗可以科舉代表之。」（註4）特別隱逸之歌，它真正意味不是遺世，而是把隱居作爲入仕的心理表現。此種重視科舉之社會風氣，不僅給貧寒的儒生們有積極或消極的情緒，而且影響到民間對求學的認識形成。

由上述我們不可否認的事實，就是民俗學研究的範圍不只限於下層民眾之生活和思想，而牽涉到民間中上層人之風習。將兩者結合起來加以考察，才能揭示民俗豐富的內容，才能認識中國精神文化之由來，可以說敦煌民歌之特殊主題或內容，具體證明了廣泛社會人類的文化心理爲造成民俗之主要因素。

第二，從民歌所使用的題材，可以考查當時民俗之具體形象或程序，而且與記錄當時民俗之文獻互相做證據。第四章就是在此類研究方式來加以分析考察了敦煌民歌所表現的各種民俗事象。敦煌民歌顯示的各種民俗往往與敦煌發現有關敦煌民俗文獻和唐五代或後代有關民俗記錄書互相印證。

第三，從敦煌民歌中可見的另一種現象，就是唐五代人雅愛節日，如端午泛龍舟、鬥百草、乞巧、拜新月、千秋節、清明節等。依照胡震亨《唐音癸籤·談叢三》說：

> 唐時風習豪奢，如上元山棚誕節舞馬，賜酺縱觀，萬眾同樂。更民
> 間愛重節序，好修故事，綵縷達於王公，牧粍不廢俚賤。文人紀嘗
> 年華，概入歌詠。

從此段文可知人們一遇節日，就有各種活動。因爲節日比其他民俗傳統性
較強，而且往往有歌舞的助興，由此可以令人歡樂，也可以當做集體性娛
樂活動。就在敦煌民歌中突出的唐五代民俗而言，可以提到邊塞特有的潑
水風俗和慶祝各皇帝的千秋節。敦煌民歌中有〈蘇莫遮〉曲名，其代表西
域特殊民俗的歌舞曲，通常與潑胡乞寒之戲同時上演（註5）。此種民俗
活動從唐朝與西域活潑的文化交流而傳來的樂舞曲中所舉行的，如今印度
還有潑水節的民俗。由〈感皇恩〉二首[89,90]、〈獻忠心〉二首[70,71]等可
見有關千秋節之描寫，由於唐朝在政治、社會上是空前的繁榮、安定的時
代，統治者不僅繼承前代之皇室祝壽典禮而舉行，而且依照《唐會要‧節
日》之記載，其規模更隆重、豪華，並且不少皇帝舉行此種祝壽活動。所
以敦煌民歌反映千秋節之民俗者特別多。

　　唐代社會開放，以至成了後代社會民俗之楷模。後代的民俗正是在繼
承唐代民俗的基礎上才得以發展的。唐五代民俗既繼承和發展了以前的民
俗，而其流變又影響了後代民俗。在此種過程中唐五代民間如何發揚他們
的民俗，我們從當時民間流傳的民歌的研究可以得到其具體答案。

　　當然，敦煌發現寫卷中敦煌寺院酒帳、結社文書、歷書、契約書等經
濟、社會文書爲揭示當時民俗內容的最明確的證據，並敦煌發現其他俗文
學即變文、賦、詩文也包含豐富的民俗內容。不過，民歌是反映民俗之最
好的民間文學。由於它易於記憶和流傳，因此能夠容納廣大民間社會所有
的生活習慣和人類精神文化，而且它提供很客觀、眞實的資料，可以當做
補充歷史文獻的不足之準據或其他民俗文獻之佐證。

　　總之，唐五代敦煌民歌保存的民俗，對民俗學研究不僅提示研究範圍
之擴大，而且確證歷代民俗用民間文學的媒體顯示其不斷繼承而發展的原
理；它又給唐五代民俗研究說明當時有獨特的民俗活動和唐五代民間游藝

生活的豐盛。

【附　　註】

1.《大英百科全書》中對民俗的解釋。（引自張紫晨編《民俗學講演集》p.474，
　書目文獻出版社，1986年。）

2.見李志慧《唐代文苑風尚》p.p120-121，陝西人民出版社，1988年。

3.見前書p.50。

4.張亮采《中國風俗史》p.123，上海三聯書店，1988年。

5.見向達《唐代長安與西域文明》p.71，北京三聯書店，1987年。

第四節　對唐五代文學形成之影響

　　敦煌民歌對唐五代文學形成之貢獻，大致上在兩方面可以探討。

　　第一，敦煌民歌開拓了唐代邊塞詩的新領域。唐統一中國以後，由於國力強盛，東征西討，與西域和胡族之交流頻繁，特別西北邊地爲交易、政治重要之地，唐初設置都護府以統馭邊疆各民族，盛唐玄宗時又沿邊域改置十節度使。唐朝另一方面調和南北朝文化、融和各少數民族及輸入西域各國之文物等使唐代文化更爲豐盛。在文學上也廣泛收容外來文化與胡族之風，唐詩形成了氣勢雄渾，內容開闊的氣象。如此文化因素對文學形成是重要關鍵，梁啓超〈中國韻文裏頭所表現的情感〉中也提到了：

　　　　五胡亂華的時候，西北有幾個民族加進來，漸漸了中華民族的新份
　　　　子，他們民族的特色，自然也有一部分溶化在諸夏民族的裏面。不
　　　　知不覺間使令我們文學頓增活氣，這是文學史上的重要關鍵，不可
　　　　不知。

　　唐代繁盛的邊塞詩，就是在如此的時代環境之下興起的。即邊塞長城有當地的小調，唐代胡樂夷歌流行，於是詩人受邊塞小調的影響，而作邊塞詩（註1）。著名的邊塞詩人中高適、岑參、王昌齡、王之渙等曾出塞

過，他們詩中有踏過西北邊疆的足跡。如「虜塞兵氣連雲屯。戰場白骨纏草根。劍河風急雪片闊。沙口石凍馬蹄脫。」（註2），「清海長雲暗雪山。孤城遙望玉門關。黃沙百戰穿金甲。不破樓蘭終不還。」（註3），「黃河遠上白雲間。一片孤城萬仞山。羌笛何須怨楊柳。春風不度玉門關。」（註4）都是描寫風沙冰雪，胡笳羌笛，沙場征戰等西北邊地激越悽涼的情景。

岑參曾兩次出塞，都在西北邊地，接觸過胡族生活和西域文物。在詩中敘述邊塞的風景和情感。如「黃沙磧裏人種田」、「颯颯胡沙進人面」、「胡人向月吹胡笳。」，這些邊塞詩在內容上，都有悲壯、豪邁的氣概，其與敦煌民歌中詠邊塞之歌幾乎一致。即S.6537〈何滿子〉二首
(1014,1016)：

> 半夜秋風凜凜高。長城俠客逞雄豪。手執鋼刀利霜雪。腰間恆掛可吹毛。
>
> 城傍獵騎各翩翩。側坐金鞍調馬鞭。胡言漢語真難會。聽取胡歌甚可憐。

P.3128〈菩薩蠻〉(44)：
> 敦煌古往出神將。感得諸蕃遙欽仰。敦節望龍庭。麟台早有名。
>
> 只恨隔蕃部。情懇難申吐。早晚滅狼蕃，一齊拜佩顏。

都表現了戍邊征人之豪氣、胡族生活風貌、邊地民眾之痛苦等。

文人邊塞詩與敦煌民歌中邊塞之歌雖其標題不同，但在題材、表現風格上兩者却有相似之處。敦煌邊塞民歌在不斷地創作流傳過程中，往往提供邊地文人豪爽、剛健而直率坦白的民間風格，使得文人在詩作上開拓了含有邊塞風情、悲壯、雄渾的詩境。實際上敦煌民歌是開拓唐邊塞詩題材、風格之主要因素。

第二，敦煌民歌促成長短句之形成，引起晚唐五代文人多從事長短句的創作，以致成為五代之主要文學潮流。安史之亂以後，國力漸逐衰落，到晚唐，黨爭甚烈，導致政策的失敗和朝政的腐敗，藩鎮之坐大，引發了

黃巢之亂。唐代文學思想也開始了由盛唐崇尚風骨、追求興象玲瓏的抒情
和理想之傾向，較變綺靡、險僻、冷艷之唯美主義傾向。此時民間的長短
句形式已經滲透進文人之創作世界，漸逐形成新體詩的面貌。中唐張志
和、劉禹錫等採集民歌而作新詞的嘗試以來，到晚唐溫庭筠和花間詩人喜
用長短句形式而創作新詞。

　　敦煌民歌的長短句形式與晚唐綺靡文風相扇，漸有艷麗之風，以此展
開晚唐五代文學上新的思潮。五代是政治極爲混亂，社會不安之紛爭時
代，當時文學思想的主要趨勢，依羅宗強《隋唐五代文學思想史》之說：

　　　　文學思想的主要傾向，是緣情說。緣情說從兩個方面發展，一是走

　　　　向娛樂消遣，因此追求輕艷；一是雖亦用於消遣，而著重於追求真

　　　　情抒發，追求內心感情的細膩表達和意境的細美深廣（註5）。

當時文學思想在創作上取得成就的，是以李璟、李煜、馮延巳爲主要代表
的南唐文人。後期李煜之詞以描寫女人的姿色情態和內心生活而自然抒發
內在細膩的感情，李璟之詞在細膩的感情抒發中追求平淡，馮延巳之詞是
曲折、深遠地抒情寫意的（註6）。在這種環境之下，文人將苟安心理和
感慨憂愁的情緒藉由民間流傳的長短句形式表達出來。文學重抒情傾向使
當時文學內容更爲複雜細膩且帶有脂粉之味。

【附　　註】

1.見王忠林、邱師燮友等共著《中國文學史初稿》p.501，福記文化圖書。

2.岑參〈輪臺歌奉送封大夫出師西征〉中。（《全唐詩》卷199）

3.王昌齡〈從軍行〉（《全唐詩》卷143）。

4.王之渙〈涼州詞〉（《全唐詩》卷253）。

5.羅宗強《隋唐五代文學思想史》p.433，上海古籍出版社，1986年。

6.如李煜之詞〈虞美人〉：「春花秋月何時了。往事知多少。小樓昨夜又東風。
　　故國不堪回首。月明中。　　雕闌玉砌應猶在。只是朱顏改。問君能有幾多愁。
　　恰似一江春水。向東流。」（《全唐詩》卷889）由此詞可見自然表達寂寞深

愁的內心世界。又如李璟之詞〈望遠行〉：「碧砌花光照眼明。朱扉長日鎖長扃。餘寒不去夢難成。爐香煙冷自亭亭。 遼陽月。秣陵砧。不傳消息但傳情。黃金窗下忽然驚。征人歸日二毛生。」（《全唐詩》卷889）此首詞也細膩抒發內心之感傷。再看馮延巳〈采桑子〉：「馬嘶人語春風岸。芳草綿綿。楊柳橋邊。落日高樓酒斾懸。 舊愁新恨知多少。目斷遙天。獨立花前。更聽笙歌滿畫船。」（《全唐詩》卷889）此首詞，是觸景而抒發淒愴之嘆。

第九章 結 論

　　民歌受中國文學研究者的注目，實乃近七十年之事。因爲提及中國文學，通常以貴族、文人之詞章文學爲主，而忽略民間文藝，自古以來民間文藝即爲被遺忘的，且爲統治者所拋棄，故留傳於史籍上的極少。

　　由於民歌是最古的詩歌，它含有原始樂、歌、舞合一的綜合性藝術特徵。《詩・大序》說：「情動於中而形於言，言之不足，故嗟嘆之；嗟嘆之不足，故永歌之；永歌之不足，不知手之舞之，足之蹈之也。」即古代民歌因‘言之不足’才借音樂與舞蹈，以補充歌辭表達情意的不足。

　　民歌以眞摯的情緒和豐富的想像反映人類社會生活與民間普遍心理，所以它描寫內容甚爲廣泛，如事物名稱、方言、地理風俗、歷史事件、生活相等皆涵蓋其中。可說它是人類以往生活的記事。

　　民歌包含的領域既然如此，但保存在歷史文獻的古代民歌都是屬於文學性的歌辭，未有兼含樂舞的形式。因爲古代搜集紀錄民歌之主要目的在於‘觀民風’、‘察朝政之得失’多以政治目的爲主，對民歌缺乏全面的認識而且在搜集整理上並沒有嚴格的科學方法。

　　自從民國七年北京大學開始搜集民歌而刊行《歌謠週刊》，並檢討民歌之觀念和研究方向，以引起學者對民歌的重視。鄭振鐸《中國俗文學史》、朱自清《中國歌謠》以及許多有關民間文藝之文章專論對歷代民間文藝之價值和評估，並建立民歌之文藝特質和理倫。不過，這些嘗試大多集中於歌辭之文藝性研究，而另一方面，因與民俗學之連結交叉研究，故民歌研究愈趨蓬勃。

　　民歌是綜合性民間文藝，其內容很廣大，因而不僅可做與相關學科比

較研究，且可以在多角度的觀點進行考察。

　　唐五代民歌，只見史籍中以文字被片斷紀錄的，不見當時人所編之專集或選集流傳。但唐五代四百餘年在民間流行的歌辭保存於敦煌莫高窟石室之寫卷中。此外，三件樂譜與六件舞譜之發現不僅證明唐五代爲樂舞發展之高峰期，而且給予唐五代民歌之系統性研究助於解決難題的證據。本論文的重點在於以民歌之全面性研究，再評估唐五代敦煌民歌之民間文藝性價值。茲分爲四方面進行對敦煌民歌之全面性考察；其一是建立民歌之概念和範圍；其二是就民俗學理論和研究方法來分析唐五代敦煌民歌所反映當時民間風俗習慣；第三是考察唐五代敦煌民歌之文藝性而提高其文學的成就；第四是透過敦煌發現唐五代樂譜與舞譜之觀察，以及其與敦煌民歌之關係探索，窺知音樂和歌辭、音樂和舞蹈如何結合而表現出來，進而闡述‘依聲塡辭’之潮流之下俗樂對唐五代敦煌民歌之興起實在是非常重要的外緣因素。就此四方面初步已得之結論，在本論文第八章裏以四類不同角度來整理分述。

　　的確，敦煌民歌之所以有樸素眞摯的內容、生動形象性的表現、參差節奏的形式等民間文藝之藝術性特點，可說不僅是敦煌一帶流行的歌謠，更代表唐五代社會流傳的民歌。並且，它是在中國詩歌變遷史上，突破唐代繁榮的齊言近體詩形式，奠定長短句新詩體的起源。因此敦煌民歌與長短句的詞有直接的關係。

　　民間文學在文學上，不僅開拓了文學反映現實、表現理想的廣闊世界，而且它創造新的形式，不斷爲文學開闢新的領域。如此的功能，在敦煌民歌也不例外，使我們可以確認它對唐五代文學發展之貢獻極大，並這種現象乃是一種不變的自然律。

　　敦煌發現的民歌，目前在兩種文學角度進行研究，其一是從敦煌文學之一要素而繼續在研究校勘、註釋方面；其二是從詞學方面來探論詞的起源、詞體以及曲調之考證等。至於從民間文學的角度考察敦煌民歌，幾十年以來似並不多人注意，只有零碎片斷性研究而已。由於敦煌遺產是當代

發現的，對敦煌民歌的研究工作應當與敦煌文學研究同時並行，另一方面待考與其他敦煌發現有關資料之聯係研究。如與樂譜、舞譜及壁畫之關係，與各種社會經濟文書內容之關係，又與變文、詞文、賦等屬通俗性的文學體裁之關係等，可互相印證，更使我們能全面系統地把握敦煌民歌之原貌。

主要引用、參考書目

一、主要引用書目

㈠典籍及近人專著類

大唐新語，唐、劉肅撰，叢書集成簡編，商務印書館。

口頭文學與民間文化，劉守華，中國文聯出版社，1989年。

山海經校注，袁珂注，里仁書局，民國71年。

太平御覽，宋、李昉等，商務印書館，民國81年。

太平廣記，宋、李昉等，藝文印書館。

中國文化史導論、臺12版，錢穆，正中書局，民國62年。

中國文學與宗教，鄭志明編，學生書局，民國81年。

中國文學論叢，梁啟超等，明倫出版社，民國58年。

中國古代民俗，白川靜，陝西人民出版社，1988年。

中國古代音樂史稿（4冊），3版，楊蔭瀏，丹青圖書，民國76年。

中國民俗學發展史，王文寶，遼寧大學出版社，1987年。

中國民俗學論文選，中國民間文藝出版社，1986年。

中國民間文藝，王顯恩編，上海文藝出版社，1992年。

中國民間文學史初稿（2冊），北京師大中文系55級編，人民文學出版社，1959年。

中國民間文學論文選（3冊），中國民間文藝研究會，上海文藝出版社，1980年。

中國民間文學概要，段寶林，北京大學出版社，1981年。

中國民間文學概論、修定本，譚達先，貫雅文化事業有限公司，民國81年。

中國民歌研究，胡懷探，香港百靈出版社，1976年。

中國社會史料叢鈔（2冊），瞿宣穎撰，商務印書館，民國54年。

中國音樂文學史，朱謙之，北京大學出版社，1989年。

中國音樂史綱要，沈知白，上海文藝出版社，1982年。

中國俗文學概論、6版，楊蔭深，世界書局，民國74年。

中國俗文學史、臺6版，鄭振鐸，商務印書館，民國70年。

中國風俗史，張亮采，上海三聯出版社，1988年。

中國詩學發達史，陸侃如，明倫出版社。

中國詩歌美學，肖馳，北京大學出版社，1986年。

中國歌謠論，朱介凡，中華書局，民國73年。

中國傳統文化的反思，洋溟編，廣東人民出版社，1987年。

中國舞蹈史（唐代舞蹈，全唐詩中的樂舞資料二種），歐陽予倩主編，蘭亭書店，1985
　　年。

中國舞蹈發展史，王克芬，上海人民出版社，1989年。

中國韻文史，龍沐勛，太平書局，1964年。

中華古今注，後唐、馬縞撰，叢書集成簡編，商務印書館。

方言與中國文化，周振鶴、游汝杰著，上海人民出版社，1991年。

文心雕龍注釋，梁、劉勰著・周振甫注，人民文學出版社，1981年。

文學評論（第6、7集），柯慶明等，巨流圖書，民國69年。

文獻通考，元、馬端臨，四部集要史部歷代經義考，新興書局。

白虎通義，漢、班固，叢書集成初編，商務印書館。

古今注，崔豹，四部備要本，中華書局。

古今圖書集成、博物彙編禽蟲典，清、聖祖御定，鼎文書局。

民間文學的藝術美，李惠芬，武漢大學出版社，1986年。

五代會要、4版，王溥，世界書局，民國68年。

古詩十九首探索，馬茂元，純眞出版社，民國77年。

古謠諺（2冊）、四版，杜文瀾，世界書局，民國72年。

北京大學歌謠週刊（3冊），婁子匡編纂，東方文化出版社，民國58年。

冊府元龜，北宋、王欽若等編，中華書局，1960年。

朱子語類、臺1版，宋、黎靖德編，華世出版社，1978年。

西京雜記，晉、葛洪，四部叢刊本，商務印書館。

民俗學概論，陶立璠，中央民族學院，1987年。

民俗學講演集，張紫晨，書目文獻出版社，1986年。

民俗叢書（第1～3輯），北京大學中國民俗學會，東方文化供應社，民國59年。

民間文學基本知識，張紫晨，上海文藝出版社，1979年。

民間文學理論基礎，吳蓉章，四川大學出版社，1987年。

民間文學論文選，中國民間文藝研究會，湖南人民出版社，1982年。

民間文學叢談，趙景深，湖南人民出版社，1982年。

民間文學概論，鍾敬文編，上海文藝出版社，1980年。

民間文藝學探索，鍾敬文主編，北京師範大學出版社，1987年。

艾略特文學評論選集，杜國清譯，田園出版社，民國58年。

西域文史論稿，柴劍虹，國文天地，民國80年。

初學記（3冊），唐、徐堅編，新興書局。

社會變遷與傳統禮俗，黃有志，幼獅文化，民國80年。

酉陽雜俎，唐、段成式，漢京文化，民國72年。

宋本樂府詩集（3冊）3版,宋、郭茂倩，世界書局，民國68年。

東京夢華錄注，宋、盈元老撰・鄧之誠注，漢京文化，民國73年。

事文類聚（4冊），宋、祝穆，中文出版社。

明皇雜錄，唐、鄭處誨，叢書集成初編，商務印書館。

苕溪漁隱叢話，宋、胡仔，國學基本叢書，商務印書館。

封氏聞見記校注，趙貞信校注，中華書局，1958年。

風俗通義，漢・應劭，四部叢刊正編，商務印書館。

修辭學、五版，黃慶萱，三民書局，民國79年。

洛陽伽藍記，北魏、楊衒之，四部備要本，中華書局。

神異經，漢、東方朔，增訂漢魏叢書，大化書局。

脈經，晉、王叔和，國學基本叢書，商務印書館。

唐五代詞評析，徐育民，山西人民出版社，1983年。

唐五代詞賞析，紀作亮，安徽文藝出版社，1989年。

唐代文苑風俗，李志慧，陝西人民出版社，1988年。

唐代音樂史的研究（2冊），岸邊成雄著・梁在平等譯，中華書局，民國62年。

唐代婦女的妝飾，蔡壽美，中外圖書，民國65年。

唐代長安與西域文明，向達，三聯書局，1987年。

唐代社會概略，黃現璠，商務印書館，民國24年。

唐宋詞史，楊海明，江蘇古籍出版社，1987年。

唐宋詞風格論，楊海明，上海社會科學院，1986年。

唐宋詞通論，吳熊和，浙江古籍出版社，1985年。

唐宋詞選釋，俞平伯，人民文學出版社，1990年。

唐宋愛情詞選，王錫力，江蘇古籍出版社，1989年。

唐宋愛國詞選，馬興榮，江蘇古籍出版社，1989年。

唐音癸籤、5版，明、胡震亨，世界書局，民國74年。

唐國史補，唐、李肇，筆記小說大觀，新興書局。

唐語林校證（2冊），宋、王讜・周勛初校證，中華書局，1987年。

唐會要（3冊）5版，王溥，世界書局，民國78年。

唐聲詩（2冊），任二北，上海古籍出版社，1982年。

荊楚歲時記校注，王毓榮，文津出版社，民國77年。

黃帝內經素問，王冰注，國學基本叢書，商務印書館。

陳寅恪先生文集（3冊），陳寅恪，里仁書局，民國71年。

隋唐五代文學思想史，羅宗強，上海古籍出版社，1986年。

隋唐史，王壽南，三民書局，民國75年。

隋唐史（2冊），岑仲勉，中華書局，1982年。

隋唐史話，木鐸出版社，民國77年。

隋書，唐、魏徵等，鼎文書局。

教坊記，唐、崔令欽，叢書集成初編，商務印書館。

教坊記箋訂，任二北，中華書局，1962年。

現代漢語修辭學，黎運漢、張維耿編，書林出版社，民國80年。

國風與民俗研究，徐華龍，中國民間文藝出版社，1988年。

通典，唐、杜佑，大化書局。

通志，宋、鄭樵，新興書局。

新唐書，宋、歐陽修等，鼎文書局。

朝野類要，趙升，叢書集成初編，商務印書館。

詞的寫作與賞析，李旭東編，益群出版社，民國73年。

詞話叢編（5冊），唐圭璋編，新文豐出版公司，民國77年。

詞論，劉永濟，上海古籍出版社，1981年。

詞與音樂，劉堯民，雲南人民出版社，1982年。

詞與音樂關係研究，施議對，中國社會科學出版社，1985年。

詞學季刊（創刊），學生書局，民國56年。

詞學論叢，唐圭璋，宏業書局，民國77年。

詞調與大曲，梅應運，新亞研究所。

敦煌文學，顏廷亮編，甘肅人民出版社，1989年。

敦煌文學，張錫厚，上海古籍出版社，1980年。

敦煌文學作品選，周紹良，中華書局，1987年。

敦煌民俗學，高國藩，上海文藝出版社，1989年。

敦煌曲，饒宗頤，法國國家科學院，影印本。

敦煌曲子詞欣賞，高國藩，南京大學出版社，1989年。

敦煌曲子詞集、初版，王重民，商務印書館，1950年；修訂本，商務印書館，1956年。

敦煌曲校錄，任二北，上海文藝聯合出版社，1955年。

敦煌曲初探，任二北，上海文藝聯合出版社，1954年。

敦煌詞話，潘重規，石門圖書，民國70年。

敦煌論集，蘇瑩輝，學生書局，民國68年。

敦煌論集續編，蘇瑩輝，學生書局，民國72年。

敦煌學論集，甘肅社會科學院，甘肅人民出版社，1985年。

敦煌歌辭總編（3冊），任半塘，上海古籍出版社，1987年。

敦煌琵琶曲譜，葉棟，上海文藝出版社，1986年。

敦煌琵琶譜，饒宗頤，新文豐出版公司，民國79年。

敦煌琵琶譜論文集，饒宗頤編，新文豐出版公司，民國80年。

敦煌變文社會風俗事物考，羅宗濤，文史哲出版社，民國63年。

敦煌變文字義通釋、第4次增訂本2版，蔣禮鴻，上海古籍出版社，1988年。

敦煌變文論文錄，周紹良等，明文書局，民國74年。

敦煌叢刊初集（16冊），黃永武編，新文豐出版公司，民國74年。

開元天寶遺事，唐、王仁裕，叢書集成初編，商務印書館。

禽經，晉、張華注，增訂漢魏叢書，大化書局。

歲時習俗資料彙編（30冊），藝文印書館，民國54年。

資治通鑑，宋、司馬光，四部叢刊正編，商務印書館。

資暇集，唐、李匡義，叢書集成簡編，商務印書館。

詩論，朱光潛，國文天地，民國79年。

詩詞曲語辭匯釋，張相，中華書局，民國78年。

詩經語言藝術、臺1版，夏傳才，雲龍出版社，1990年。

傷寒論，漢、張機，四部叢刊正編，商務印書館。

管色考，清、徐養源，叢書集成續編，新文豐出版公司。

漢唐大曲研究，王維眞，學藝出版社，民國77年。

歌謠論集，鍾敬文編，上海古籍出版社，1989年。

碧鷄漫志，宋、王灼，古今詩話叢編，廣文書局。

夢溪筆談，沈括，國學基本叢書，商務印書館。

夢梁錄，宋、吳自牧，筆記小說大觀第20卷，新興書局。

齊民要術，北魏、賈思勰，國學基本叢書，商務印書館。

羯鼓錄，唐、南卓撰・清、錢熙祚校，古典文學出版社，1957年。

樂記論辯，郭沫若等，人民音樂出版社，1983年。

樂書，宋、陳暘，四庫全書珍本九集，商務印書館。

談文學，朱光潛，國文天地，民國79年。

魯迅全集・且介亭雜文，魯迅，人民大學出版社，1989年。

寫作方法一百例，劉勵操，國文天地，民國79年。

歷代社會風俗事物考，尚秉和，商務印書館，民國74年。

歷代詩話，何文煥編，藝文印書館，民國63年。

舊唐書，五代、劉昫等，鼎文書局。

禮記，孔穎達疏，十三經注疏，藍燈。

藝文類聚，唐、歐陽詢編，商務印書館，民國72年。

觀堂集林，清、王國維，河洛圖書，民國64年。

　　㈡學位、期刊論文類

民間文學界說，魏同賢，文史哲，1962年6期。

唐代民間歌謠與敦煌曲子詞探述，邱師燮友，中國學術年刊，第1集，民國65年。

唐代社會的思想潮流與詩歌創作，陳伯海，社會科學戰線，1988年1期。

唐代敦煌曲的時代使命，邱師燮友，漢學研究，第4卷2期，民國75年。

從隋唐大曲試探當時歌舞戲的形成，陳中凡，南京大學學報，第8卷1期。

略論歌謠學的方法論，陳子艾，民間文學論壇，1985年3期。

略談中國民間文學的概念，高國藩，民間文學論壇，1985年1期。

盛唐時代民間流行的曲子詞，夏承燾、懷霜，文江報，1961年12月28日。

雲謠集概說，孫其芳，敦煌學輯刊，1988年1、2期。

敦煌上古歷史的幾個問題，劉光華，敦煌研究，1982年4期。

敦煌曲子詞概述，孫其芳，社會科學，1980年3期。

敦煌的俗文學，鄭振鐸，小說月報，第20卷3號。

敦煌詞中的方音釋例，孫其芳，社會科學，1982年3期。

敦煌詞中的方言釋例，孫其芳，社會科學，1982年4期。

敦煌歌辭中‘征婦怨’辭析論，王忠林，高雄師大學報，第1期。

敦煌歌辭研究年表，任半塘，唐代文學研究，1983年。

敦煌歌辭探勝㈠，吳蕭森，敦煌研究，1986年2期。

敦煌歌辭探勝(續篇)，吳蕭森，敦煌研究，1987年1期。

敦煌舞譜殘卷破解，彭松，敦煌學輯刊，1989年2期。

敦煌舞譜殘卷探索，王克芬，舞蹈藝術，1985年4期。

論文學的民俗化傾向，曲金良，民間文藝季刊，1988年1期。

論唐五代詞，楊海明，唐代文學論叢，第4輯，1983年。

論敦煌曲中的佛曲歌辭，李世英，蘭州大學學報社科版，1990年1期。

二、主要參考書目

㈠典籍及近人專著類

中山大學民俗專刊（4冊），楊成志主編，東方文化共應社複刊，民國59年。

中古文學概論，徐嘉瑞，鼎文書局，民國66年。

中國田賦史、臺4版，陳登原，商務印書館，民國70年。

中國史籍概論，張志哲，江蘇古籍出版社，1988年。

中國古代文化，加地伸行著‧范月嬌譯，文津出版社，民國72年。

中國古代服飾研究，沈從文，南天書局，1981年。

古國古代音樂史料輯要，梁在平，學藝出版社，民國60年。

中國古代服飾風俗、臺1版，周汛等，文津出版社，民國78年。

中國古代飲食，王明德、王子輝，博遠出版社，民國78年。

中國古代歌謠散論，天鷹古典文學出版社，1957年。

中國民俗學，烏丙安，遼寧大學出版社，1985年。

中國民間諸神，宗力、劉群著，河北人民出版社，1986年。

中國民間禁忌，任騁，作家出版社，1990年。

中國民族史、臺6版，林惠祥，商務印書館，民國72年。

中國地方志民俗資料匯編（西北卷），丁世良等編，書目文獻出版社，1989年。

中國社會史論（2冊），周谷城，齊魯書社，1988年。

中國音樂史（樂譜篇），薛宗明著，商務印書館，民國72年。

中國音樂史料（6冊），中國史料系編，鼎文書局，民國64年。

中國音樂與文學史話集，黃炳寅，國家出版社，民國71年。

中國建築史、臺6版，伊東忠太原著‧陳清泉譯，商務印書館，民國70年。

中國俗文學論文彙編，劉經菴等，西南書局，民國67年。

中國倫理學史，蔡元培，中央文物供應社，民國68年。

中國商業史、臺4版，王孝通，商務印書館，民國70年。

中國教育思想史、臺8版，任時先，商務印書館，民國76年。

中國詞史，胡雲翼，經氏出版社，民國66年。

中國詩歌史，張敬文，幼獅書店，民國59年。

中國詩歌史論，張松如，吉林大學出版社，1985年。

中國歷代民歌賞析，陳浩民，大行出版社，民國79年。

中國歷代故事詩，邱師燮友，三民書局，民國74年。

中國歷代婦女妝飾，周汛等，南天書局，1988年。

中國醫學史、臺6版，陳邦賢，商務印書館，民國70年。

中國樂器圖誌，劉東升等，輕工業出版社，1987年。

中國藝文與民俗、2版，郭立城，漢光文化，民國73年。

中國鹽政史、臺4版，曾仰豐，商務印書館，民國76年。

元氏長慶集，元稹，四部叢刊本，商務印書館。

毛詩正義，鄭玄箋‧孔穎達疏，商務印書館。

日知錄，顧炎武，國學基本叢書，商務印書館。

方言、揚雄撰‧郭璞註，四部叢刊正編，商務印書館。

文學評論（第2集），林玫儀等，書評書局，民國64年。

文學概論、3版，王夢鷗，藝文印書館，民國78年。

文藝美學，胡經之，北京大學出版社，1989年。

瓜沙史事叢考，蘇瑩輝，商務印書館，民國72年。

古典樂舞詩賞析，徐昌洲、李嘉訓著，黄山書社，1988年。

古樂的沉浮，修海林，山東文藝出版社，1989年。

白氏長慶集，白居易，四部叢刊本，商務印書館。

世界民俗學，阿蘭、鄧迪期編·陳建憲、彭海斌譯，上海文藝出版社，1990年。

世說新語，劉義慶，國學基本叢書，商務印書館。

比興物色與情景交融，蔡英俊，大安出版社，民國75年。

甘肅民族史入門，中國社會科學院，清海人民出版社，1988年。

民俗學，林惠祥，商務印書館，民國75年。

民俗學概論，班尼編撰·岡正雄譯，東京岡書院，昭和2年。

民俗與文學特輯（文訊37號），民國77年。

民間文學論集，賈芝等，作家出版社，1963年。

民間文學論叢，中國民間文藝研究會，中國民間文藝出版社，1981年。

民間文藝新論集，鍾敬文，中外出版社，1950年。

民族文學與時代精神，王集叢撰，商務印書館，民國60年。

全宋詞（5冊），唐圭璋編，文光出版社。

全唐詩（12冊），清·聖祖御定，文史哲出版社，民國67年。

全唐詩外編，王重民等輯，木鐸出版社，民國72年。

全國敦煌學術討論會文集（石窟、藝術編下），敦煌文物研究所，甘肅人民出版社，1987年。

全國敦煌學術討論會文集（文史、遺書編下），敦煌文物研究所，甘肅人民出版社，1987年。

花間集、3版，後蜀、趙崇祚，世界書局，民國67年。

佛教與中國文學，張中行，安徽教育出版社，1984年。

周禮，賈公彥等疏，十三經注疏，藍燈。

風騷與艷情、臺1版，康正果，雲龍出版社，1991年。

品詩吟詩，邱師燮友，東大圖書，民國78年。

徐嘉瑞先生通俗文學論文集，王秋桂，學生書局，民國71年。

韋莊集校注，李誼校注，四川省社會科學院出版社，1986年。

唐人稱謂，牛志平、姚兆女著，三秦出版社，1987年。

唐五代宋詞選，龍沐勛註，商務印書館。

唐史論叢，史念海編，三秦出版社，1988年。

唐代文化史，羅香林，商務印書館，民國44年。

唐代文學論集，羅聯添編，學生書局，民國78年。

唐五代賦役史草，張澤咸，中華書局，1979年。

唐五代農民戰爭史資料匯編，張譯成，中華書局，1979年。

唐代文學研究年鑒，中國唐代文學會、陝西師大，陝西人民出版社，1985年。

唐代文學與佛教，孫昌武，陝西人民出版社，1985。

唐代的行政地理，平岡武夫、市原亨吉編，上海古籍出版社，1989年。

唐代音樂與古譜譯讀，葉棟，陝西社會科學院，1985年。

唐代婦女，高世瑜，三秦出版社，1990年。

唐代邊塞詩研究論文選粹，西北師範大學中文系，甘肅教育出版社，1988年。

唐代對西域之經營，包慧卿，文史哲出版社，民國76年。

唐宋詞欣賞，夏承燾，文津出版社，民國72年。

唐宋詞鑑賞集成，唐圭璋等，五南圖書，民國80年。

唐宋詩詞評注，陳滿銘等，文津出版社，民國72年。

唐短歌，劉念茲，四川人民出版社，1984年。

唐詩紀事，宋、計有功，四部叢刊初編，商務印書館。

唐詩與音樂軼聞、臺1版，樂維草，雲龍出版社，1991年。

唐摭言，王定保，商務印書館，民國44年。

唐戲弄（2冊），任半塘，漢京文化，1985年。

高麗史樂志，車柱環，韓國乙酉文化社，1981年。

高麗唐樂之研究、改訂版，車柱環，韓國同和出版公社，1983年。

淮南子鴻烈集解，國學基本叢書，商務印書館。

晚唐的社會與文化，淡江大學中文系，學生書局，民國79年。

隋唐五代史，傅樂成，中國文化大學出版社，民國69年。

隋唐燕樂調研究，林謙三著・郭沫若譯，商務印書館，1955年。

喬吉（元曲新賞第10輯），地球出版社，民國81年。

詞林紀事，清、張宗橚，木鐸出版社，民國71年。

詞曲史，王易，廣文書局，民國49年。

詞律，清、萬樹，四部備要，中華書局。

詞源注，夏承燾校注，木鐸出版社，民國71年。

詞學今論・增訂2版，陳弘治，文津出版社，民國80年。

詞學通論・臺7版，吳梅，商務印書館，民國77年。

詞學評論史稿，汪潤勳，龍門書局，1965年。

敦煌方言志，劉伶，蘭州大學出版社，1988年。

敦煌文書學，林聰明，新文豐出版公司，民國80年。

敦煌古籍敘錄、再版，王重民撰，日本中文出版社，1979年。

敦煌古俗與民俗流變，高國藩，河海大學，1990年。

敦煌石窟音樂，庄壯，甘肅人民出版社，1984年。

敦煌曲子詞斠證初編，林玫儀，東大圖書，民國75年。

敦煌吐魯番文書研究，沙知・孔祥星著，甘肅人民出版社，1984年。

敦煌吐魯番文書初探，武漢大學歷史系，武漢大學出版社，1983年。

敦煌吐魯番文獻研究論集，王重民等，明文書局，民國75年。

敦煌吐魯番文獻研究論集（2、3輯），北京大學中國中古史研究中心，北京大學出版社，1983、1986年。

敦煌俗文學研究，林聰明，東吳大學，民國73年。

敦煌—偉大的文化寶藏，姜亮夫，上海古典文學，1956年。

敦煌雲謠集新書，潘重規，石門圖書，民國66年。

敦煌雲謠集新校訂、增修版，沈英名，正中書局，民國67年。

敦煌語言文學研究，中國敦煌吐魯番學會語言文學分會，北京大學出版社，1988年。

敦煌語言文學論文集，姜亮夫等，浙江古籍出版社，1988年。

敦煌遺書最新目錄，黃永武主編，新文豐出版公司，民國75年。

敦煌遺書論文集，王重民，明文書局，民國74年。

敦煌學研究論著目錄，鄭阿財、朱鳳玉編，漢學研究中心，民國76年。

敦煌學研究論著目錄，鄺士元編，新文豐出版公司，民國76年。

敦煌學國際研討會論文集，漢學研究中心，民國80年。

敦煌學概要，蘇瑩輝，五南圖書，民國77年。

敦煌學概論，姜亮夫，中華書局，1985年。

敦煌學論文集，姜亮夫，上海古籍出版社，1987年。

敦煌韻文集，巴宙，台灣佛教文化服務處，民國54年。

敦煌縣志，中國方志叢書第351卷，成文出版社。

敦煌醫粹，趙健雄，貴州人民出版社，1988年。

敦煌變文集新書，潘重現，中國文化大學，民國73年。

敦煌の歷史，榎一雄，大東出版社，1980年。

敦煌の社會，池田溫，大東出版社，1980年。

敦煌と中國佛教，福井文雅等，大東出版社，1984年。

敦煌の自然と現狀，榎一雄，大東出版社，1980年。

敦煌の文學，金岡照光，日本大藏出版社，1971年。

敦煌の民衆—その生活と思想，金岡照光，東京評論社，1972年。

絲路佛教，金岡照光等，華宇出版社，民國74年。

詩詞曲格律與欣賞，藍少成等編，廣西師範大學出版社，1989年。

詩經音樂文學之研究，白惇仁，唯權出版社，民國69年。

詩經與周代社會研究，孫作雲，中華書局，1966年。

漢書，漢、班固，鼎文書局。

漢魏六朝唐代文學論叢，王運熙，上海古籍出版社，1981年。

歌謠小史，張紫晨，福建人民出版社，1982年。

醉翁談錄，宋、金盈之，宛委別藏，商務印書館。

樂書要錄，唐人撰，叢書集成簡編，商務印書館。

樂府雜錄，唐、段安節，叢書集成簡編，商務印書館。

簡明民間文藝學教程·葉春生、湖南人民出版社，1987年。

興的起源、臺1版，趙沛霖，明鏡出版社，民國78年。

燕樂考原，清凌廷堪，叢書集成簡編，商務印書館。

歷代風俗詩選，越杏根編，岳麓書社，1990年。

歷代筆記概述，木鐸出版社，民國76年。

舊五代史，宋、薛居正等，鼎文書局。

鍾敬文民間文學論集（2冊），鍾敬文，上海文藝出版社，1982年。

韓國音樂序說、改正版，李惠求，韓國漢城大學出版部，1989年。

關隴文學論業，甘肅省社會科學院文學研究室，甘肅人民出版社，1983年。

藝境，宗白華，北京大學出版社，1989年。

讀詞常識，夏承燾、吳熊和著，中華書局，1981年。

靈谿詞說，葉嘉瑩，國文天地，民國78年。

(二)學位、期刊論文類

中國民間文學書目，王國良、朱鳳玉輯，國文天地，1987年10期。

中國詩詞古譜蒐集與整理，邱師燮友，國文天地，第3卷6期。

中國詩歌與音樂，琦君，明道文藝，第39卷。

方志與民俗，汪玢玲、張徐，民俗研究，1989年1期。

文藝民俗學漫談，陳勤建，民俗研究，1989年3期。

民俗美學發生論，曲金良，人民音樂，1989年2期。

民俗語言學的創建與拓荒（評民俗語言學），烏丙安，民俗研究，1988年4期。

民俗學的研究對象、範圍、方法及其他，鍾敬文，文史知識，1985年6期。

民俗學與古典文學，鐘敬文，文史知識，1985年10月。

民間文學座談會、王秋桂等，國文天地，第3卷5期。

民間文藝學的中國特色問題，段寶林，民間文學論壇，1988年4期。

吐蕃支配敦煌時代，山口瑞鳳，邊政研究所年報，民國71年13期。

初盛唐時期的邊境戰爭及邊塞時評價問題，熊篤，社會科學，1982年2期。

修辭與民俗（民俗語言學修辭篇），曲彥斌，民間文藝季刊，1989年1期。

記別本敦煌曲〈別仙子〉，金榮華，大陸雜誌，第66卷5期。

訓詁學與文獻民俗學，宋薇茄，民俗研究，1986年1期。

唐大曲及其基本結構類型，王小盾，中國音樂學，1988年2期。

唐宋時期商人社會地位的演變，林立平，歷史研究，1989年1期。

唐代文人和妓女的交往及其與詩歌的關係，孫菊園，文學遺產，1989年3期。

唐代市井街陌歌謠的探述，邱師燮友，《潘重規教授七秩延辰論文條》。

唐代僧人詩和唐代佛教世俗化，湯貴仁，唐代文學，第7輯。

唐代邊塞詩與流行歌曲，何寄澎，幼獅月刊，第40卷1期。

國外民間文學研究新動向拾零，閻云翔，民間文學論壇，1985年3期。

雲謠集雜曲子校注(1)、(2)，孫其芳，社會科學，1981年1期、3期。

詞體之演進，龍沐勛，詞學季刊，創刊。

新斠云謠集雜曲子，冒廣生，東方學報第1卷2期。

敦煌文學急議，周紹良，社會科學，1988年1期。

敦煌曲子〈定風波〉校釋，周篤文，詞學，第4輯，1986年。

敦煌曲子詞方音習語及其他，汪泛舟，敦煌研究，1987年4期。

敦煌曲子詞中民族、愛國詞篇考析，汪泛舟，敦煌研究，1985年2期。

敦煌曲子詞用韻考，張金良，杭州大學學報，第11卷3期，1981年。

敦煌曲子詞校釋㈠，孫藝秋，唐代文學，1981年1輯。

敦煌曲子詞校釋㈡，孫藝秋，唐代文學，1982年1輯。

敦煌曲在詞學研究上之價值，林玫儀，漢學研究，第4卷2期，民國75年。

敦煌曲評介，蘇瑩輝，中國文化研究所學報，第7卷1期，1974年。

敦煌卷子俗寫文字與俗文學之研究，潘重規，孔孟月刊，第18卷10期。

敦煌雲謠集之研究，潘重視，中華文化復興月刊，第10卷5期。

敦煌詞研究述評，孫其芳，社會科學，1987年6期。

敦煌詞輯校四談，柴劍虹、徐俊，敦煌學輯刊，1988年1、2期。

敦煌與五代兩蜀文化，龍晦，敦煌研究，1990年2期。

敦煌〈歌謠〉的評價和譯注，高國藩，敦煌研究，1985年2期。

敦煌歌辭中〈征婦怨〉辭析論，王忠林，高雄師大學報，民國79年1期。

敦煌寫本〈南歌子〉舞譜之解讀，水原渭江，詞學，第7輯，1989年。

《敦煌歌辭總編》校釋商榷，黃征，敦煌研究，1990年2期。

敦煌遺書中發現題年〈南歌子〉舞譜，李正宇，敦煌研究，1986年4期。

敦煌學（第一～四輯），敦煌學會編，香港新亞研究所敦煌學會，1974～1979年。

敦煌學（第五～十四輯），敦煌學會編，中國文化大學敦煌學會，民國71～78年。

論貞觀之治的基本精神，劉家駒，中國歷史學會史學集刊，第17期。

論敦煌曲子，李正宇，第二屆國際唐代學術研討會，民國81年10月。

論敦煌佛曲與詞的起源，吳肅森，敦煌學輯刊，1989年2期。

談敦煌寫卷的解讀與通俗文學的研究，李殿魁，古典文學，第1集。

論詩經民歌的集體性表現，邱朝曙，文學遺產，1987年6期。

影響詩詞曲節奏的要素，曾永義，中外文學，第4卷8期，民國65年。

舞蹈和音樂的內在聯繫性（上），鏗迪、沙和士著‧郭明達譯，舞蹈藝術，1984年6期。

舞蹈和音樂的內在聯繫性（下），鏗迪、沙和士著‧郭明達譯，舞蹈藝術，1985年6期。

聲詩的和聲與詞體的關係，黃坤堯，詞學，第五輯，1986年。

關於唐曲子詞問題商榷，任半塘，文學遺產，1980年2期。

唐代文學批評研究，蔡芳定，師大博士論文，民國79年。

唐代敘事詩研究，梁榮源，臺大碩士論文，民國61年。

唐代邊塞詩研究，何寄澎，臺大碩士論文，民國63年。

敦煌曲子詞析論，成潤淑，文化大碩士論文，民國75年。

敦煌曲研究，林玫儀，臺大碩士論文，民國63年。

樂章集析論，廖爲祥，臺大碩士論文，民國65年。

碧雞漫志校箋，徐信義，師大博士論文，民國70年。

臺灣閩南語民間歌謠新探，臧汀生，政大博士論文，民國78年。